国家文化产业资金支持媒体融合重大项目

21世纪新概念教材 · 换代型系列
高职高专专业基础课教材新系

管理心理学

Guanli Xinlixue

（第四版）

孙喜林　荣晓华　主编

东北财经大学出版社
Dongbei University of Finance & Economics Press
大连

图书在版编目（CIP）数据

管理心理学 / 孙喜林，荣晓华主编．—4版．—大连：东北财经大学出版社，2019.8（2021.12重印）
（高职高专专业基础课教材新系）
ISBN 978-7-5654-3653-6

Ⅰ．管…　Ⅱ．①孙…②荣…　Ⅲ．管理心理学-高等职业教育-教材　Ⅳ．C93-05

中国版本图书馆CIP数据核字（2019）第169607号

东北财经大学出版社出版
（大连市黑石礁尖山街217号　邮政编码　116025）
网　　址：http://www.dufep.cn
读者信箱：dufep@dufe.edu.cn
大连天骄彩色印刷有限公司印刷　东北财经大学出版社发行

幅面尺寸：185mm×260mm　字数：293千字　印张：13.5　插页：1
2019年8月第4版　2021年12月第10次印刷

责任编辑：魏　巍　田玉海　郭海雷　责任校对：孙　越
　　　　　赵　楠
封面设计：冀贵收　版式设计：原　皓

定价：30.00元

教学支持　售后服务　联系电话：（0411）84710309

如有印装质量问题，请联系营销部：（0411）84710711

富媒体智能型教材出版说明

“财经高等职业教育富媒体智能型教材开发系统工程”入选国家新闻出版广电总局新闻出版改革发展项目库，并获得文化产业专项资金支持，是“国家文化产业资金支持媒体融合重大项目”。项目以“融通”“融合”“共建”“共享”为特色，是东北财经大学出版社积极落实国家推动传统媒体与新媒体融合发展的重要举措之一。

“财济书院”智能教学互动平台是该工程项目建设成果之一。该平台通过系统、合理的架构设计，将教学资源与教学应用集成于一体，具有教学内容多元呈现、课堂教学实时交互、测试考评个性设置、用户学情高效分析等核心功能，是高校开展信息化教学的有力支撑和应用保障。

富媒体智能型教材是该工程项目建设成果之二。该类教材是我社供给侧结构性改革探索性策划的创新型产品，是一种新形态立体化教材。富媒体智能型教材秉持严谨的教学设计思想和先进的教材设计理念，为财经职业教育教与学、课程与教材的融通奠定了基础，较好地避免了传统教学模式和单一纸质教材容易出现的“两张皮”现象，有助于教学质量的提高和教学效果的提升。

从教材资源的呈现形式来说，富媒体智能型教材实现了传统纸质教材与数字技术的融合，通过二维码建立链接，将VR、微课、视频、动画、音频、图文和试题库等富媒体资源丰富呈现给用户；从教材内容的选取整合来说，其实现了职业教育与产业发展的融合，不仅注重专业教学内容与职业能力培养的有效对接，而且很好地解决了部分专业课程学与训、训与评的难题；从教材的教学使用过程来说，其实现了线下自主与线上互动的融合，学生可以在有网络支持的任何地方自主完成预习、巩固、复习等，教师可以在教学中灵活使用随堂点名、作业布置及批改、自测及组卷考试、成绩统计分析等平台辅助教学工具。

富媒体智能型教材设计新颖，一书一码，使用便捷。使用富媒体智能型教材的师生首先下载“财济书院”App或者进入“财济书院”（www.idufep.com）平台完成注册，然后登录“财济书院”输入教材封四学习卡中的激活码建立或找到班级和课程对应教材，就可以开启个性化教与学之旅。

“重塑教学空间，回归教学本源！”“财济书院”平台不仅仅是出版社提供教学资源和服务的平台，更是出版社为作者和广大院校创设的一个教学空间，作者和院校师生既是这个空间的使用者和消费者，也是这个空间的创造者和建设者，在这里，出版社、作者、院校共建资源，共享回报，共创未来。

最后，感谢各位作者为支持项目建设所付出的辛劳和智慧，也欢迎广大院校在教学中积极使用富媒体智能型教材和“财济书院”平台，东北财经大学出版社愿意也必将陪伴广大职业教育工作者走向更加光明而美好的职教发展新阶段。

东北财经大学出版社

第四版前言

管理心理学是研究管理过程中人的心理活动和行为规律的一门科学。它把心理学的理论、原则和方法运用于组织管理中，通过研究组织中人的心理和行为规律，进而控制和预测组织中人的行为，以调动人的积极性，发挥人的潜能，提高生产和工作效率，改善人际关系及提高组织绩效。为了适应不断变化的环境，本书在第三版的基础上又做了进一步的修改与完善，具体如下：

（1）理论与实践高度结合。管理的终极目标在于实践。管理大师彼得·德鲁克说："管理是一种实践，其本质不在于知，而在于行；其验证不在于逻辑，而在于成果。"本书既给学生以宏观的理论启迪，具有较深的思想性、理论性和人文性，又给学生以微观的社会洞察，用较多的典型案例使之具有宽泛的可读性，所选案例力求富有吸引力，以使学生融会贯通。

（2）栏目设计新颖实用。本教材设计了如"引例""案例窗""小知识""课堂互动"等小栏目，尽可能做到既有知识性，又有趣味性。

（3）对书中过时的小栏目进行了更新。更换了全书每一章篇头的引例、课后的中型案例，力求使每一个案例都更具有权威性、前沿性与代表性，并且使其与本章节内容更加吻合。

（4）增加了富媒体资源。为了拓展学生的知识面，提高学生的学习兴趣，本版在每一章都设立了两个以上的链接栏目，其链接内容主要是一些与教材主要内容相关的拓展知识，并把这些链接的内容做成了二维码，学生在学习时通过手机扫码就可以阅读。

本书第四版由东北财经大学孙喜林、大连交通大学荣晓华担任主编，具体分工如下：孙喜林编写第1~4章，荣晓华编写第5~8章。

本书可供高职经管类各专业学生作为学习管理心理学的教材或参考书，也可以作为成人院校及企事业单位经营者和各类管理人员的培训教材。

在编写过程中，编者参阅、借鉴了国内外学者有关著作和教材中的一些素材，在此，谨向有关作者表示衷心感谢。

由于作者水平有限，缺点和不完善之处在所难免，恳请读者指正！

编　者

2019年7月

目　录

二维码资源目录

第1章

管理心理学概述

学习目标

通过本章的学习，你应该达到以下目标：

知识目标：了解管理心理学的概念和研究内容，认识研究管理心理学的目的，了解管理心理学与相关学科的关系。

技能目标：掌握管理心理学的研究方法。

能力目标：能够运用管理心理学的研究方法来分析和预测人们的行为。

第1章

思维导图

引例 华为、索尼这些大公司的管理之道

华为能成长为一家世界级的企业，与华为有着一套精准而实用的管理制度是分不开的。

日前，一份任正非会见索尼CEO吉田宪一郎的会谈纪要流出，在这份纪要中，吉田宪一郎和任正非从公司内部管理、人才录用以及企业决策等角度展开了对话。在思维的碰撞中，吉田宪一郎和任正非产生了许多共鸣。

2018年，吉田宪一郎接替平井一夫出任索尼新社长兼CEO。相比于很多索尼人对于自家的“尬吹”，吉田则是一个相当务实的人，索尼新帅不苟言笑、不善承诺，每个季度的索尼业绩说明会都是由吉田主持，其谦虚谨慎的态度给媒体留下了极好的印象。而此次吉田造访华为，向任正非学习起了企业管理经验。对吉田宪一郎而言，危机感、谦虚和长期视野是他在索尼学到的管理哲学，任正非谈到的华为管理经验又引发了吉田哪些思考呢？

吉田宪一郎：华为公司内部是否开放讨论，允许反对意见的存在？通过什么形式来保证发言人的安全？比如，您刚才提到的心声社区，是否匿名投稿？

任正非：你们懂中文的人可以游客身份访问心声社区，能够看到我们内部的反对意见是受到尊重的，而且是得到保护的。我们人力资源有个机制，在匿名发帖和匿名批评意见中，首先看他批评的准确性和中肯性，确定这个人以后，与他沟通是否愿意与我们谈谈。虽然匿名，我们还是知道他是谁，只是网络不知道他是谁，但我们绝对不会打击他。如果他愿意谈，有些人可能被选拔到公司机关的秘书机构，工作3~6个月，用机关的方法充电，回到一线去看能否用这个方法解决一两个问题。当然，如果发帖的意见是简单、空洞的，我们会容忍，但不一定会关注。

吉田宪一郎：对于反对意见，还用在了人才录用上？

任正非：是的。有些不是反对意见，是对事情的认识，可能比我们还深刻。反对的人，也许是有真知灼见的天才，容忍反对，才会人才辈出。一个有活力与创造力的组织，一定会鼓励一线员工坚持自己的观点并敢于直接表达，只有这样，才能让每个人的专业性与责任感真正发挥出来，避免企业犯经验主义的错误。作为领导者，要善于分析自己的不足，善于接纳他人的智慧。一个人的智慧是有限的，只有能容忍不同意见者，才能做到认识全面、理解全面。人才的真正价值应该体现在选用上。对于管理者而言，不拘一格使用人才不仅彰显胆识，更是必须尽到的责任。

让一线听得见炮火的人来决策

“谁来呼唤炮火，应该让听得见炮火的人来决策”出自任正非2009年1月在销服体系奋斗颁奖大会上的讲话提纲《谁来呼唤炮火，如何及时提供炮火支援》。让最明白的人最有权，也是民主决策、权威管理的补充，摒弃官僚作风，减少决策失误。没有冲突，决策的效率就会降低。在执行上，任正非给了员工很大的自由空间。在华为发展的早期，在公司的发展战略、文化建设等重大决策方面，任正非坚持“大权独揽，小权分散”，但在研发、干部任用、薪酬分配等方面却充分放权，这最大程度地激发了各层管理者的主动性与创造性，确保了华为更少地犯错误、更广泛地吸收集体智慧。在不断的调整中，时至今日，华为的决策体制形成了一种“有限民主+适度集

权”的风格。适度让不同意见的员工出来搅一搅，就像鲶鱼不停地蹿动，搅得满舱的鱼都跟着上下腾跃，从而带来了空气和活力。“鲶鱼效应”是企业领导激发员工活力的有效措施之一。作为华为的领军者，任正非坚持自我批判、慎思笃行。任正非常说思考能力是最重要的。员工智慧是华为最珍贵的资产。通过思考，管理者可以连点成线，制定灵活的企业愿景和战略。

管理不是独裁

管理不是独裁，一个公司的最高管理阶层必须有能力领导和管理员工。此语出自盛田昭夫。提起索尼，被誉为“经营之圣”的盛田昭夫更为世人所知。在创始人盛田昭夫的努力下，索尼不仅成为日本第一个被全球认可、在美国上市的公司，而且把索尼从一个简单的日本制造的公司变成引领全球电子产品时尚的跨国公司。公开提出意见在索尼公司内部非常受欢迎，公司鼓励大家提出意见和看法，不同的意见越多越好，因为最后的结论必然更为高明。许多日本公司之所以喜欢使用合作或者共识这样的字眼，是因为他们实在不喜欢特立独行的员工。盛田昭夫在担任副总裁时与当时的董事长田岛道治有过一次冲突。田岛是位老派的望族。盛田昭夫的一些意见激怒了他，盛田昭夫明知他反对，却坚持不退让。最后田岛道治气愤地对盛田昭夫说：“盛田，你我意见相左，我不愿意待在这个一切照你的意思行事的公司里，害得索尼有时候还要为这些事吵架。”盛田昭夫非常直率地回答：“先生，如果你和我的意见完全一样，我们俩就不需要待在同一家公司里领两份薪水了，你我之一应该辞职，就因为你我看法不一样，公司犯错的风险才会减少。请先不要动怒，考虑一下我的看法。如果你因为与我的意见不合而要辞职，就是对索尼公司的不忠。”盛田昭夫从自己的管理实践中体会到：激发良性冲突，让员工表达出自己的不满、发表批评意见于企业非但不是不幸，反而可以使企业少冒风险。所以，日本公司经常把“合作”挂在嘴边，并试图以此代表能善待员工不同的意见。索尼公司的成功，大部分原因在于索尼各级的经理都具备这种转化冲突为凝聚力的能力。

资料来源　郁伟. 华为、索尼、GE这些大公司为何都有搅局的“鲶鱼”[EB/OL]. [2019-03-18]. http: //sh.qihoo.com/pc/96affc39c5bad07f5? cota=4&refer_scene=so_1&sign=360.

1.1　什么是管理心理学

1.1.1　管理心理学的概念

管理心理学是研究管理过程中人的心理活动和行为规律的一门科学。它把心理学的理论、原则和方法运用于组织管理中，通过研究组织中人的心理和行为规律，进而控制和预测组织中人的行为，以调动人的积极性，提高工作-生活质量，建立良好的人际关系，并最终达到提高管理水平和组织绩效的目的。

管理心理学的研究对象是组织内人的心理和行为规律。这类组织是指成人社会中的正式组织，如企业、政府机构、学校、医院等。具体而言，管理心理学主要研究两个方面的问题：一是要研究工作组织对其成员工作行为的影响。二是要研究工作组织成员的行为方式及绩效对整个组织工作效率和绩效的影响。

1.1.2 管理心理学的起源与发展

管理心理学起源于19世纪末20世纪初，作为一门学科创立于20世纪50年代初的美国，随后在西方国家的企业管理理论和实践中得到普遍的承认和广泛的应用。

中国古代就有丰富的管理心理学思想。例如，春秋时期军事家孙武在其著作《孙子兵法》中就有“道者，令民于上同意，可与之死，可与之生，而不危也”的论述。孙武强调领导与下属之间意愿协调一致的重要性，这在今天看来也是十分重要的管理心理学原则。中国古代的管理哲学思想充分反映在关于人性的争论上。荀子认为：“今人之性，饥而欲饱，寒而欲暖，劳而欲休，此人之性情也。”孟子则认为：“人之善也，如水之下也。”中国古代管理心理学思想已经受到管理心理学家的广泛重视，中国的有关古籍也成了一些国家培养管理人员的必读书目。

不过，管理心理学的产生和发展还是与现代化大生产密切相联系的。19世纪末，随着资本主义自由竞争逐渐向垄断过渡，科学技术水平以及生产社会化程度不断提高，西方国家的工业出现了前所未有的变化：工厂制度日益普及，生产规模不断扩大，生产技术更加复杂，生产专业化程度日益提高，劳资关系也随之恶化。在这种情况下，传统的经验管理方法已经不能适应客观上的要求，于是一些有识之士开始致力于总结经验，进行各种实验研究，并把当时的科技成果应用于企业管理。这个时期的主要代表人物是泰勒。弗雷德里克·泰勒（F.W.Taylor）被誉为“科学管理之父”，是科学管理理论的杰出代表人物。他的科学管理是以工厂管理为对象，以提高工人劳动生产率为目标，在对工人的工作和任务进行研究的基础上，制定出所谓的标准操作方法，并以此法对工人进行指导、训练来提高产量。

知识拓展1-1

管理学的第一位大师——泰勒

而真正推动管理心理学产生的是1927年由梅奥（Elton Mayo）领导的“霍桑实验”。直至20世纪60年代，管理心理学才真正成为一门独立的学科分支并被人们广泛地应用。

霍桑实验共分四个阶段：

1）照明实验

这一阶段的时间是从1924年11月至1927年4月。

当时关于生产效率的理论占统治地位的是劳动医学的观点，认为影响工人生产效率的是疲劳和单调感等，因此当时的实验假设是“提高照明度有助于减轻疲劳，使生产效率提高”。可是经过两年多实验发现，照明度的改变对生产效率并无影响。具体结果是：当实验组照明度增大时，实验组和控制组都增产；当实验组照明度减弱时，两组依然都增产，甚至实验组的照明度减至0.06烛光时，其产量亦无明显下降；直至照明减至如月光一般、实在看不清时，产量才急剧降下来。研究人员面对此结果感到茫然，失去了信心。从1927年起，以梅奥教授为首的一批哈佛大学心理学工作者将实验工作接管下来，继续进行。

2）福利实验

这一阶段的时间是从1927年4月至1929年6月。

实验目的总体来说是查明福利待遇的变换与生产效率的关系。但经过两年多的实验发现，不管福利待遇如何改变（包括工资支付办法的改变、优惠措施的增减、休息时间的增减等），都不影响产量的持续上升，甚至工人自己对生产效率提高的原因也说不清楚。

后经进一步的分析发现，导致生产效率上升的主要原因如下：①参加实验的光荣感。实验开始时6名参加实验的女工曾被召进部长办公室谈话，她们认为这是莫大的荣誉。这说明被重视的自豪感对人的积极性有明显的提高作用。②成员间良好的互助关系。

3）访谈实验

研究者在工厂中开始了访谈计划。此计划的最初想法是要工人就管理当局的规划和政策、工头的态度和工作条件等问题做出回答，但这种规定好的访谈计划在进行过程中却出人意料，得到了意想不到的效果。工人想就访谈提纲以外的事情进行交谈，工人认为重要的事情并不是公司或调查者认为意义重大的那些事。访谈者了解到这一点，及时把访谈计划改为事先不规定内容，每次访谈的平均时间从30分钟延长到1~1.5个小时，多听少说，详细记录工人的不满和意见。访谈计划持续了两年多，工人的产量大幅提高。

工人们长期以来对工厂的各项管理制度和方法存在许多不满，无处发泄，访谈计划的实行恰恰为他们提供了发泄机会。发泄过后心情舒畅，士气提高，使产量得到提高。

4）群体实验

梅奥等人在这个实验中选择了14名男性工人在单独的房间里从事绕线、焊接和检验工作，对这个班组实行特殊的工人计件工资制度。实验者原来设想，实行这套奖励办法会使工人更加努力工作，以便得到更多的报酬。但观察的结果发现，产量只保持在中等水平上，每个工人的日产量平均都差不多，而且工人并不如实地报告产量。进行深入调查后发现，这个班组为了维护他们群体的利益，自发地形成了一些规范。他们约定，谁也不能干得太多，突出自己；谁也不能干得太少，影响全组的产量。此外，他们还约法三章，不准向管理当局告密，如有人违反这些规定，轻则挖苦谩骂，重则拳打脚踢。进一步的调查发现，工人们之所以维持中等水平的产量，是担心产量提高，管理当局会改变现行奖励制度，或裁减人员，使部分工人失业，或者会使干得慢的伙伴受到惩罚。这一实验表明，为了维护班组内部的团结，可以放弃物质利益的引诱。由此，梅奥提出"非正式群体"的概念，认为在正式的组织中存在着自发形成的非正式群体，这类群体有自己的特殊的行为规范，对人的行为起着调节和控制作用。同时，这类群体加强了内部的协作关系。

研究发现，原来假定的对工厂生产效率起影响作用的照明条件、休息时间以及薪水的高低与工作效率的相关度很低，而工厂内自由宽容的群体气氛、工人的工作情绪、责任感与工作效率的相关程度较大。也就是说，职工的士气、生产的积极性主要取决于职工与管理人员以及职工与职工之间的关系是否融洽等因素，而非工作条件等物理环境。人是社会人，是作为社会的一员而存在的。一个人的思想、情绪和行为，无时无刻不在受着周围人的影响。人的积极性产生于和谐友好的社会关系之中。

霍桑实验得出的具体结论包括：①生产条件的变化固然影响着劳动者的生产热情，但生产条件与生产效率之间并不存在着直接的因果关系。②生产条件并非增加生产的第一要素。③改善劳动者的士气（态度）及人与人之间的关系，使人们心情愉快地工作并对自己的工作感到满足，才是增加生产、提高效率的决定性因素。

霍桑实验发现的"霍桑效应"说明企业不仅仅是一些简单因素的并列、相加，而是一个有情绪、有需要的人的集合；作为管理者不仅应具有计划、组织、领导、控制的管理技能，更应该有激励职工工作热情、了解职工的需要与情感并加以控制和指挥的能力。可见，"管理"被提升到愈来愈重要的位置上。同一个公司、同样的员工，仅因为管理层采取了不同的领导风格和管理手段，绩效便可能产生惊人的差异。

1.1.3 管理心理学主要研究内容

管理心理学研究的内容是组织中具体的人的心理，包括个体心理、群体心理、组织心理和领导心理四个方面。

1）个体心理

个体心理是指管理心理学中以个体心理为研究对象，以调动个体积极性为目的的研究。有关调动个体积极性的理论称为激励理论。

激励指的是持续激发人的动机的心理过程，也可以说是调动人的积极性的过程。激励理论主要有三类：内容型理论、行为改造型理论和过程型理论。

（1）内容型理论

这是激励问题的基础理论，它主要研究激励的原因和起激励作用的因素。内容型理论有马斯洛的需要层次理论、奥德弗的生存-交往-发展理论、麦克利兰的成就需要理论和赫茨伯格的双因素理论。

（2）行为改造型理论

行为改造型理论重点研究如何改造和转化人的行为，以达到变被动为主动、变消极为积极的目的。行为改造型理论主要包括强化论、归因论、挫折论三种理论。

（3）过程型理论

过程型理论主要说明行为是如何产生的，怎样向一定方向发展的，如何能使这种行为保持下去，以及怎样结束这种行为发生的整个过程。过程型理论主要有期望理论和公平理论。

2）群体心理

管理心理学在界定群体概念时，使用了三个标准：各成员相互依赖，在心理上彼此意识到对方；成员间在行为上相互作用，彼此影响；各成员有"我们属于同一群人"的感受。组成群体的要素有三个：活动、相互作用和感情。群体的作用大致有四个方面：完成任务、进行有效的信息沟通、融洽人际关系和满足成员的心理需要。群体心理的研究主要集中在群体凝聚力、群体的规范和压力、正式群体和非正式群体等方面。

3）组织心理

简单地说，为了共同的目标而结合在一起的一群人就是组织，组织心理部分主要研究有关组织的一些理论以及组织设计、工作设计等。

4）领导心理

率领组织中的人去实现组织目标的过程就是领导，实施这个过程的人就是领导者。领导心理部分主要研究领导的概念和怎样提高领导行为的效率。提高领导效率的理论有领导素质论、领导行为论和领导权变理论等。

图1-1是基本的管理心理学模型，它展示了个体水平、群体水平和组织系统水平之间的关系，这三个水平之间是相互联系的。因此，影响最终结果的因素是非常复杂的，不能孤立和静止地看待某个因素的作用。

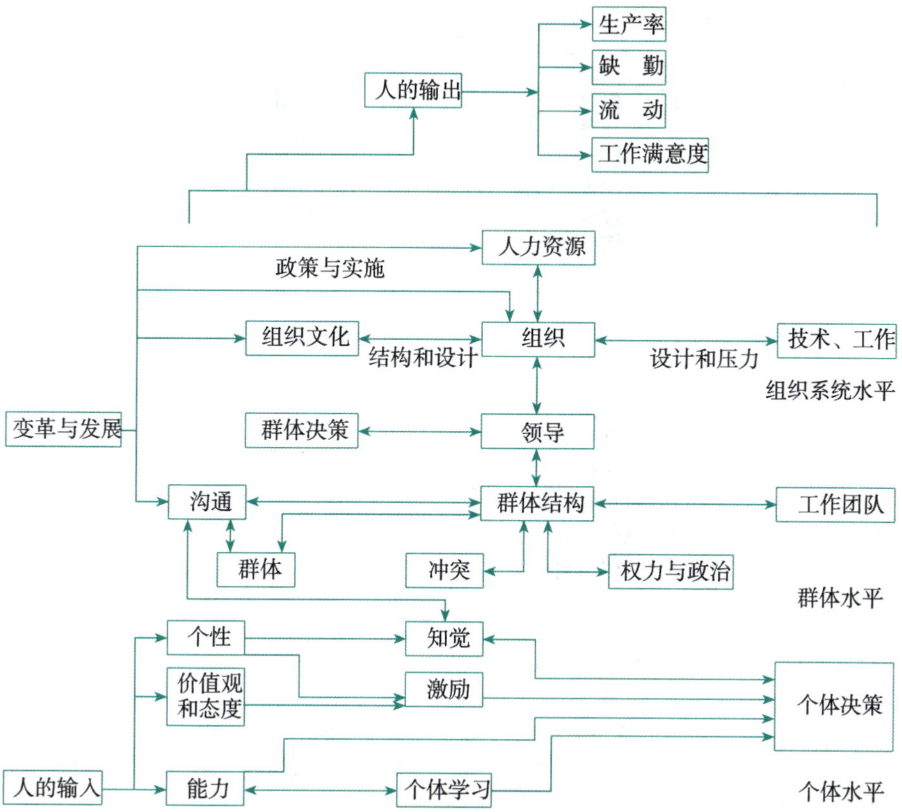

图1-1　基本的管理心理学模型

资料来源　罗宾斯，贾奇．组织行为学［M］．李原，孙健敏，译．12版．北京：中国人民大学出版社，2008.

1.2　管理心理学与相关学科

管理心理学是一门在多学科交叉渗透基础上发展起来的边缘性、综合性的应用学科。管理心理学的这些母学科都是研究人的行为的学科，主要包括心理学、社会学、社会心理学、人类学和政治学。心理学在个体和微观分析层面为管理心理学提供了研究成果和方法；其他几个学科则为管理心理学提供了群体和组织的宏观知识和研究方法（如图1-2所示）。

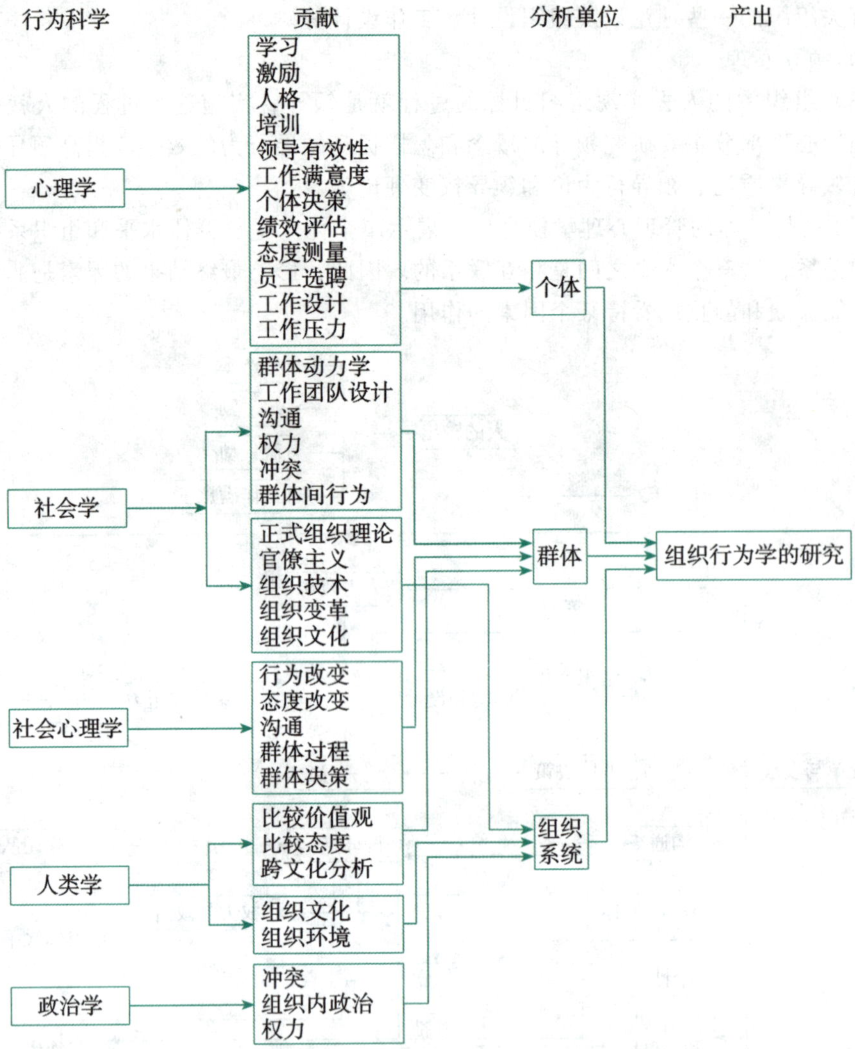

图 1-2　对管理心理学有贡献的学科

资料来源　罗宾斯，贾奇．组织行为学［M］．李原，孙健敏，等，译．12版．北京：中国人民大学出版社，2008.

限于篇幅和作者的学识，下面简要介绍社会学、人类学和政治学，重点介绍心理学和社会心理学。

1.2.1　社会学

心理学研究个体，而社会学则研究社会系统以及个体在社会系统中扮演的角色。如果说心理学关注孤立的人的话，社会学则关注在社会关系网中的人。社会学对管理心理学的贡献主要体现在群体行为研究上，如正式和非正式群体、群体动力学。社会学对管理心理学的研究贡献包括工作团队设计、组织文化等。

1.2.2　人类学

人类学分两大部分，即体质人类学和文化人类学，对管理心理学有贡献的是后者。文化人类学研究文化与环境的关系，揭示了不同国家和不同组织内人们的基本价值观、态度和民族文化的差异。管理心理学在组织文化和组织环境方面的研究借鉴了文化人类学的研究成果和方法。

1.2.3 政治学

政治学研究政治环境中群体和个体的行为，如冲突、组织内政治和权力等。这些内容和相应的思想方法为管理心理学的研究提供了帮助。

1.2.4 心理学

心理学主要研究心理现象的产生、发展和活动规律。心理学中有关知觉、学习记忆、需要、动机、情绪情感和人格的研究成果和相关理论，为解释人的行为提供了重要的帮助。

1）心理现象的内涵

心理现象分为心理动力、心理过程、心理状态和心理特征四个方面。

（1）心理动力

心理动力是指决定个体对现实世界的认知态度和对活动对象的选择与偏向的心理现象系统。它主要包括动机、需要、兴趣和世界观等心理成分。

人的一切活动，无论是简单的还是复杂的，都是在某种内部驱动力的推动下完成的。这种引起并维持个体活动，并使之朝向一定目标和方向进行的内在驱动力就是动机。个体在动机的作用下，产生行为并使其指向一定目标，在行为进行过程中不断调节行为的强度、持续时间和方向，使个体最终达到预定目标。

动机的内在心理基础是需要，需要是个体缺乏某种东西的一种主观状态，它是客观需求的反映，这种客观需求既包括人体内部的生理需求，也包括外部的社会需求。兴趣是一种对事物进行深入认知的需要，是需要的体现。世界观则对人的需要进行调节和控制，并由此确定个体对客观世界的总体看法与基本态度。

（2）心理过程

人的心理是一种动态的活动过程，即人脑对客观现实的反映过程。它包括认知过程、情感过程和意志过程。在现实生活中，个体的认知、情感、意志活动并非是彼此孤立的活动，它们是紧密联系、相互作用的。探讨心理过程产生和活动的规律以及它们之间的联系，是普通心理学研究领域的一项重要内容。

（3）心理状态

心理状态是指心理活动在一段时间里出现的相对稳定的持续状态。它既不像心理过程那样变动不停，也不像心理特征那样稳定持久。例如，在感知活动时可能会出现聚精会神或漫不经心的状态；在思维活动中可能会出现灵感或刻板状态；在情绪活动时可能会产生某种心境、激情或应激的状态；在意志活动时可能会出现犹豫或果敢的状态等。事实上，人的心理活动总是在睡眠状态、觉醒状态或注意状态下展开的，这些不同的心理状态体现了个体的心理激活程度和脑功能的活动水平。

（4）心理特征

心理特征就是人在认知、情绪和意志活动中形成的那些稳固且经常出现的意识特性，主要包括能力、气质和性格。

小知识1-1 气质类型

早在公元前5世纪，古希腊著名医生希波克拉底就观察到，不同的人有不同的气质。他认为人的体内有四种体液：血液、黄胆汁、黏液和黑胆汁。根据每种体液在人体内占优势的情况，他把人的气质分为不同的类型：多血质、胆汁质、黏液质和抑郁质。四种体液各由温、冷、干、湿四种性质在体内的不同配合而成：血液是温与湿的配合，因此多血质的人温而润，好似春天一般；黄胆汁是温与干的配合，因此，胆汁质的人热而躁，其气质犹如夏天；黏液是冷与湿的配合，因此黏液质的人比较冷酷，似冬天一样；黑胆汁是冷与干的配合，因此抑郁质的人冷而躁，就好像秋天一样。

①多血质：其主要特征是反应迅速、有朝气、活泼好动、动作敏捷、情绪不稳定、较粗心，喜欢与人交往，兴趣广泛但不持久，注意力易转移。

②胆汁质：其主要特征是易兴奋、直率、热情、精力旺盛，自我控制能力较差，容易冲动，情绪变化剧烈，脾气暴躁。

③黏液质：其主要特征是安静、稳重，动作迟缓、沉默寡言，善于克制忍耐，情绪不外露，做事慎重但不灵活，缺乏生气。

④抑郁质：其主要特征是敏感、多疑、孤僻，情感体验深刻但不外露，行动缓慢，外表温柔、怯懦。

资料来源 根据网络资料整理。

课堂互动1-1

答案提示

课堂互动1-1

根据以上的介绍，哪一种气质类型比较适合做会计人员？

2）心理学的发展

（1）从哲学的心理学到科学的心理学

自从有人类以来，就存在着心理现象，但心理学真正成为一门科学，才是近一百多年的事。自苏格拉底、柏拉图、亚里士多德等哲学家开始，就将人类的本性、本能、心灵、感觉、意识等问题作为哲学上的主要观念去讨论。但是，他们讨论这些问题时，都只凭主观的设想，而没有建立客观的研究方法和系统的理论。因此，在那一段漫长的时期内并没有形成科学的心理学，只能称之为哲学的心理学。

19世纪以来，自然科学得到更迅速的发展，特别是生物学、生理学等学科的发展积累了大量关于人体的知识。自然科学的突飞猛进，启发了人们的思维，刺激人们寻找研究心理的新方法，而且有许多勇于探索的学者，开始了他们的实验工作。德国生理学家、哲学家冯特受到前人的启发，在吸收前人成果的基础上，于1879年在莱比锡大学建立了世界上第一个心理学实验室，并在他的主持下开展了对感觉、知觉、情感和联想等系统的研究。

至此，心理学真正脱离了哲学，成为一门独立的实验科学。

小知识1-2 冯特与科学心理学的诞生

冯特，德国心理学家、生理学家、医学家和哲学家。冯特是实验心理学的开创者，是心理学史上第一个专业心理学家、构造心理学的倡导者。1862年，他出版了《感官知觉理论》，首次提出了实验心理学的名称。1863年，他出版了《人与动物的心灵讲义》，书中提出了许多实验心理学的重要问题。1867年，他出版了《生理心理学纲要》，构造心理学从此诞生。1879年，冯特在莱比锡大学创立了世界上第一个心理学实验室，开展了大量实验研究，造就出一大批心理学家。1881年，冯特创办了《哲学研究》杂志，刊载心理学实验室的成果。

（2）现代心理学的三大流派

现代心理学历史不长，流派却很多，其中最著名的是西方现代心理学的三大流派，即弗洛伊德创立的精神分析心理学、华生创立的行为主义心理学和以马斯洛为代表的人本主义心理学。

1.2.5　社会心理学

社会心理学是研究个体和群体的社会心理现象的心理学分支。个体社会心理现象是指受他人和群体制约的个人的思想、感情和行为，如人际知觉、人际吸引、社会促进和社会抑制、顺从等。群体社会心理现象指群体本身特有的心理特征，如群体凝聚力、社会心理气氛、群体决策等。

社会心理学是心理学和社会学之间的一门边缘学科，受到这两个学科的影响。社会心理学研究的内容主要包括以下几方面：

1）社会化

从社会心理学角度看待社会化问题，它关心的是自然的人如何变成了社会的人，以及在这个过程中为什么个体形成了独特的人格特征。

2）社会认知

社会认知是指对人及其行为的认知，而不是对物、对事的认知。社会认知的结果影响着人的社会行为。社会认知包括感知、判断、推测和评价等社会心理活动。对人的知觉、印象、判断以及对人的外显行为原因的推测和判断，是社会认知活动发生和进行时所经历的几个主要过程。

3）社会动机

社会动机是人的社会行为的驱动力，它的研究内容包括需要、动机、本能等方面。

4）社会沟通

社会沟通，从广义上讲，是指人类的整个社会互动过程，在这里，人们不仅交换观念、思想、知识、兴趣、情感等信息，而且交换相互作用的个体的全部社会行动。社会沟通是社会赖以形成的基础。

社会沟通的方式主要有两种：语言沟通和非语言沟通。语言是社会上约定俗成的符号系统，它具有两种基本功能：一是思维功能；二是沟通思想感情的功能。语言沟通是社会沟通的主要方式。非语言沟通是社会沟通的另一种重要形式。

5）社会态度

社会态度是社会心理学的基本内容之一，这方面的探讨比较多，甚至早期有的社会心理学家把社会心理学定义为研究社会态度的科学。社会态度的重要性在于人的社会化过程的最终结果就包含在个体的态度之中。

6）人际关系

社会心理学以社会中的人为研究对象，自然就要研究人际关系问题。人际关系是人与人之间心理上的关系、心理上的距离。这种关系，是在人与人之间发生社会性交往和协同活动的条件下产生的，是具有普遍意义的现象，在小群体中体现得尤其明显。人际关系的形成包含认知、情感和行为三方面的心理因素，其中情感因素起主导作用，制约着人际关系的亲疏、深浅和稳定程度。

1.3 研究管理心理学的目的

研究管理心理学的目的有两个：提高组织绩效和增强员工的满意度。很多时候人们把管理的目标界定为提高组织绩效，在今天的时代背景下就显得不够了。管理应该达成两方面结果：一是高绩效，高的绩效是组织存在的原因和保证；二是员工满意，没有员工满意的组织即使绩效好也不是完美的。

1.3.1 组织内员工的满意和高绩效是相互依存、相互保证的

首先，没有组织成员的满意就很难有组织的高绩效。一些理论研究已经证明了这一点（见第4章的双因素理论）。所以，为了实现组织的高绩效目标，作为手段存在的员工满意是必要条件。离开员工满意的高绩效只在特定的历史时期存在，如奴隶社会在奴隶主管理下的奴隶庄园，以及特定社会形态下受到严格监管的犯人组织（如第二次世界大战时的法西斯战俘营），这些特殊的组织可以创造脱离工作者满意的短暂的高绩效。这类组织的共同特点是组织成员的生存需要被管理者所掌握，被管理者只有两种选择：一是努力工作，以使自己的生命得以延续，也就是自己的生理需要和安全需要得到一定满足；二是不努力工作，这要付出自己的生理需要和安全需要得不到满足的代价——由于人求生本能的驱使，做出这种选择的人不多。

其次，没有组织的高绩效也无法长期维持组织内成员的满意。典型的例证就是空想社会主义者欧文（Robert Owen）的社会实验。

案例窗 1-1

欧文的失败

1825—1828年，欧文在美国创办"新协和村"，目的是要通过宣传、感化使人努力工作（全凭自觉），同时在结果分配上没有差别，大家各取所需。用欧文的话说，就是"我们的公社一切平等，衣食住行全部免费供应，还有免费学校"。实验以失败告终。

分析提示：因为实验组织的成员在无论付出多少劳动都可以得到同样的物质分配的情况下，许多人出于公平感或懒惰的本性等原因开始不努力工作，结果这个"新协和村"在经济上逐渐无以为继，不到3年就只好关门大吉。这个事例说明：首先，在现实社会中，没有行之有效的管理手段就不能保证组织内成

员努力工作；其次，仅有结果的公平其实是不公平的，这样会损害组织成员的积极性。只有把结果的公平和程序的公平结合起来才是公平。当然，欧文的失败也不排除社会大背景的影响，公社成员来自于规则迥异的外部社会，而且无法切断与它的联系，时时受其影响。公社就像怒海中的孤帆，倾覆也就不足为奇了。

在现代社会条件下，没有高绩效的支持，任何组织都不可能做到长期维持其成员获得高利益。结果只能有两种情况：一是坐吃山空；二是由于其非正当获取社会资源而遭到大部分其他社会成员的反对，最终其特权被剥夺。所以，在现代条件下，没有组织的高绩效，就没有组织成员的满意度。

1.3.2 组织成员满意是现代组织管理的目标

抛开满意对组织绩效的作用，现代社会的组织也要把组织成员的满意作为管理目标。沿着人类文明发展的长河，我们走到了21世纪，在科技、文化和物质高度发达的背景下，一个组织若仅仅追求经济目标，而毫不顾及其成员的福祉，是很难生存下去的。社会中所有的组织都应该是为增进人们的幸福而存在的，这个命题似乎无须证明和讨论。管理心理学的研究已经证明，只有物质上的满足不能使人感到满意。在现代社会中人们的快乐很大程度上被自己的职业和工作所决定。单纯从时间比例上看，人们的大部分清醒时间是在工作环境中度过的，此段时间人们是否过得快乐及这一问题产生的强大的精神感受，足以决定性地影响人们的生活质量。

研究工作生活质量的管理心理学者认为：组织的目的，不应该只是追求绩效的提升，更应该重视组织成员的满意，甚至是增进组织全体成员的幸福。在组织中推行各种生活质量观念，对员工做“全人关怀”，帮助其成长，可以增强员工的快乐感和向心力。

1.4 管理心理学的研究方法

如前所述，管理心理学始终具有多学科参与的特点，其中最主要的有心理学、社会学、社会心理学等。因而管理心理学的研究方法或多或少地受到这些比较成熟的学科的影响，而其中心理学的影响应该是最大的。心理学的发展为管理心理学的研究发展提供了知识和方法，这使得后者的研究发展变得迅速而有效。此外，社会学、管理学的知识和研究方法也成为管理心理学的重要知识和方法的来源。

1.4.1 管理心理学研究的信息来源

要想有效地对管理心理学进行研究，首先就要获取相关资料。这些资料主要有两类：第二手资料和第一手资料。

1）第二手资料

从事任何研究项目，首先应全面搜集与此项目有关的现有资料，即第二手资料。第二手资料又称间接资料，是他人为某种目的搜集的已经加工整理过的信息。第二手资料获取的成本低，需要的时间短，但由于是他人为其他目的搜集的，所以其适用性通常较差。

第二手资料的来源多种多样，主要包括：①企业；②图书馆；③政府部门；④市场调查机构、咨询机构、广告公司；⑤互联网。

2）第一手资料

第一手资料又称原始资料，是通过现场实地调查所搜集取得的资料。在许多情况下，利用第二手资料不能完全满足调研者的需要，因为毕竟这些资料通常不是针对研究的目的所搜集的。虽然第一手资料的获取更费时间，需要投入更多的成本，但有时第一手资料才有助于解决问题，甚至可以说是不可替代的。

获取第一手资料的方法很多，如观察法、实验法、访谈法等。

1.4.2 管理心理学研究的类型

根据调查研究中获取被试资料的方法的不同，我们可以把管理心理学的研究分为两种性质不同的类型：定性研究和定量研究，以及这两种研究方法的结合。

1）定性研究

所谓定性研究，就是通过综合描述与分类来对事物进行衡量的研究。定性研究的一个基本特点就是它不要求被调查者按照事先安排好的回复类别来回答问题。答案是文字性的，不是数量化的，被调查者要用自己的话来陈述答案。事实上，研究者可能也不知道真正的答案是什么，但也正因为这点，研究者才使用定性研究方法。这种方法可以使研究者发现被调查者的动机、态度、偏好及未来的行为倾向。后面我们要介绍的访谈法、投射技术等就属于这一类。

2）定量研究

定量研究是通过数量对事物进行衡量的研究。在定量研究中，被调查者根据数字化的量表进行回答。量化答案具有可比较性，从而使研究人员可以研究大量的被调查者，然后将他们的答案集中在一起，对所研究的被调查者行为的某个方面进行总体评估。定量研究的方法主要包括调查法和实验法两大类。

3）定性和定量相结合的研究方法

由于定性研究得出的结论非常有限，所以一些研究人员使用定性与定量相结合的研究方法来帮助制定战略决策。他们用定性的研究结果来发现新的观点，用定量研究的成果预测人们的行为。有时从定性研究中产生的观点又被经验检验并且成为设计定量研究的基础。研究人员已经发现，这两种研究方法不是相互矛盾的，而是一种真正的自然补充。定量研究使预测成为可能，定性研究提供了理解，二者相结合比单纯使用其中的一种研究方法能对人们行为的轮廓进行更充分的了解。

1.4.3 管理心理学研究的具体方法

1）观察法

观察法是在自然情况下，有目的、有计划、有组织地直接观察被研究者的外在表现，了解其心理活动，进而分析其心理活动规律的一种方法。

运用观察法，首先应有明确的目的，要制订研究计划，拟订详细的观察提纲。观察过程中要敏锐捕捉各种现象，准确、详细地记录下来，及时予以整理和分析，以利于科学结论的产生。由于观察法很少干扰或不干扰被观察者的正常活动，因而得出的结论比较符合实际情况；观察法简便易行，可以涉及相当广泛的内容。但由于观察者往往处于被动地位，他只能等待需要观察的现象自然出现，不能在必要时反复观察，因而对观察所得的材料往往不足以区别哪些是偶然的，哪些是规律性的事实。此外，观察法对研究者要求较高，表面看起来观察法很简单，但实际运用起来难度非常大，因此，只有经过严格训练的人才能有效使用。

观察法一般适用于以下情形：调查者所关注的行为是公开的；这些行为经常且重复出现或者是可以预测的；行为发生在相对较短的时间跨度里。

从不同的角度来划分，观察法可以分为以下几种类型：

（1）根据观察的情境，可以将观察法分为自然条件下的观察与人创情境下的观察。前者是在自然情境下等待某一行为的出现，后者是根据当时的需要，创设一定的条件而进行的观察。

（2）公开观察与隐蔽观察。公开观察是指观察者的身份是公开的，而且被观察者意识到自己的行为被观察；隐蔽观察是指观察者的身份不公开，而且被观察者没有意识到有人在观察自己。

（3）结构性观察与非结构性观察。如果将观察限定在预先确定的那些行为上，就是结构性观察；非结构性观察是指对所有出现的行为都进行观察和记录。

（4）直接观察与间接观察。直接观察是指对行为本身进行观察；而间接观察仅仅是对行为的结果进行观察。

（5）人工观察与机械观察。按照观察时是否借助于机械、仪器等设备，可以把观察分为人工观察与机械观察。

（6）参与式观察与非参与式观察。参与式观察指的是观察者要融入调查环境之中，并需要付出大量的时间和努力，而非参与式观察没有这个要求。

2）实验法

实验法是有目的地严格控制或创设一定的条件，人为地引起某种心理现象产生，从而对它进行分析研究的方法。因此，这种方法涉及在改变一个或多个变量的条件下，观察这种改变对另外一个变量的影响。在控制条件下改变的变量被称为自变量，受自变量影响而改变的变量被称为因变量。实验法有两种：实验室实验法和自然实验法。

实验室实验法是在专门的实验室内借助各种仪器来进行的。在设备完善的实验室里研究心理现象，从呈现刺激到记录被试反应、数据的计算和统计处理，都采用电子计算机、录音、录像等现代化手段，实行自动控制，因而对心理现象的产生原因、大脑生理变化以及被试行为表现的记录和分析都是比较精确的。

自然实验法是由研究者有目的地创造一些条件，在比较自然的条件下进行的，它既可用于研究个体一些简单的心理活动，又可用于研究较复杂的心理活动。自然实验法兼有观察法和实验室实验法的优点。由于自然实验法是在实际情况下进行的，所得到的结果比较接近于实际，并且自然实验法是由研究者有目的地改变或控制某些条件，因此比较具有主动性和严密性，所得到的结果也比较准确。

3）调查法

调查法是从大量对象中系统收集信息的方法。调查可以采用邮寄问卷、电话访问和人员访问等方式。

人员访问通常在工作现场进行，通过运用复杂的问卷等方式，能在较短时间内收集到大量的信息。邮寄问卷调查所花的时间较长，所问的问题一般应该比较简单。这种方法可用来收集中等复杂程度的数据，其优点是费用较低。电话访问的特点是完成迅速，能提供良好的样本控制（谁回答问题），而且费用也不太高。但询问的问题应该简单一点。

调查法的一个主要问题是拒访所引起的偏差比较大。在选择参与调查的对象中可能只有不到一半的人实际接受了调查。在电话访问和人员访问中，很多人不在家或者拒绝合作，而在邮寄问卷调查中，很多人拒绝或忘了做出回应。为了尽量避免这种情况的发生所带来的不利影响，调查人员可以通过电话或人员再访方式来提高调查反应率。再访应该安排在不同的日子或同一天的不同时段进行。

4）问卷法

严格地说，问卷法也属于调查法的一种，它是根据研究内容的要求，由调查者设计一份调查表，由被调查者填写，然后汇总调查表并进行分析研究的一种方法。

问卷法要求被调查者回答问题要明确，表达要正确，实事求是。问卷法的优点是可以同时进行大规模的调查，缺点是问卷回收率低，对所回收的问卷答案的真伪判断较难，因为有些问卷的回答者可能并不认真对待。

问卷法的用途非常广泛，它可以用来测量或衡量过去、现在或将要发生的行为；有关的人口统计特征，如年龄、性别、收入、职业等；被调查者的知识水平或对某一问题的了解程度；被调查者的态度和意见。

问卷法的关键是问卷的设计。一份好的问卷设计要按步骤回答以下这些问题：

（1）基本范围。需要收集哪些信息？向哪些人收集信息？

（2）确定所问问题与内容。这一问题确实需要吗？被调查者能正确地回答这一问题吗？是否存在外部的事件使得被调查者的回答具有倾向性？

（3）确定提问方式或形式。这个问题是以自由回答式、多重选择式还是以两分式的形式提出来？

（4）确定提问的措辞。所用的词语是否对所有的被调查者都只有一种含义？问题中是否隐含任何的备选答案？被调查者能从研究者所期待的参照体角度回答这一问题吗？

（5）确定问题的排列顺序。所有问题都是以一种合乎逻辑且避免产生偏差的方式排列的吗？换句话说，前后问题之间有没有矛盾的地方？

（6）预试与修正。最终问卷的确定是否取决于运用少量样本的预试？预试中的应答者是否与最后要调查的被试者相类似？

5）访谈法

访谈法是指调查者与被调查者进行面对面有目的的谈话、询问，以了解被调查者对所调查内容的态度倾向、人格特征等的方法。

访谈可以分为结构式访谈和非结构式访谈两种。所谓结构式访谈，是指由调查者按事先拟订好的提纲提出问题，被调查者按问题要求逐一回答，通过有目的、有计划的提问搜集所需要的资料。它的优点是针对性比较强，调查的问题比较明确，节省时间。它的不足是由于所提问题规范化程度比较高，可能会降低被调查者合作的积极性，或导致被调查者采取敷衍的态度。所谓非结构式访谈，是指调查者事先不确定谈话的具体题目，有时甚至也不告诉被调查者谈话的目的，而是在总体目标范围内采取自然交谈的方式。这样做的优点是谈话的气氛比较轻松，被调查者可以坦诚地谈出自己的真实想法。但这种方法要求调查者有较高的把握目标和掌握谈话技巧的能力。同时，这种方法对收集上来的资料进行归纳和整理也较困难。

访谈法可以涉及一个调查者和一个被调查者，也可以涉及一个调查者和多个被调查者。前者被称为一对一访谈，后者被称为集中小组访谈。在一对一访谈中，调查者要注意不能给被调查者任何压力或暗示，要使被调查者轻松、自然地回答问题，而不能有意识地影响其回答。标准的集中小组访谈通常涉及8~12名被调查者。一般来说，小组成员的构成应该能反映特定细分市场的特性。被调查者是根据相关的样本挑选出来的。小组讨论由一名主持人组织，主持人一般在1~3小时的讨论过程中试图完成以下三个清晰的阶段：一是与小组成员建立起融洽关系，设定访谈目标；二是在相关领域激发热烈的讨论；三是试图总结小组的各种反应，以确定小组成员在基本观点上一致的程度。

课堂互动1-2

课堂互动1-2
答案提示

访谈法属于定性研究还是定量研究？

6）投射技术

投射技术是指向被调查者提供一些含义模糊的材料，通过这些材料激发出被调查者潜意识中的感情和态度。投射技术用来测量被调查者在一般情况下不愿或不能披露的情感、动机或态度，是“根据无意识的动机作用来探询人的个性深蕴的方法”。

应用投射技术时，如果所需要的信息涉及很多私人问题或者是较深层次的问题，可以让被调查者在一张卡通画上表达自己的思想，或者是给被调查者一个未完成的句子让他来完成，或者是设定一个具体环境请被试者回答，观察他会把哪些人与这种环境联系在一起。因为这些问题并不是直接的，所以在每一种情况下，被调查者都更有可能表达出自己的真实感情。

知识拓展1-2
情绪感知技术与工作绩效

常用的投射技术测试有很多，如主题统觉测验、造句测验、角色扮演法等。比如，在角色扮演法中，向被测调查者描述某种情况，然后让被调查者充当情境中的某一角色，观察被调查者在该情境中的反应，从而取得实验结果。这是一种间接调查的方法，让被调查者在不知不觉中自然地流露出自己的真实动机和态度。

本章小结

★ 管理心理学是一门心理学应用于管理领域而产生的一个交叉学科，它研究个体、群体以及结构对组织内部人员心理的影响，目的是应用这些知识来改善组织的有效性。管理心理学的相关学科有心理学、社会心理学、社会学、政治学、人类学等。

★ 管理心理学的内容主要包括个体心理、群体心理、组织心理、领导心理；研究层次分为个体、群体和组织三个层次。研究管理心理学的目的是提高组织的绩效和员工的满意度。

★ 管理心理学研究的方法很多，本书主要介绍了观察法、实验法、调查法、问卷法、访谈法、投射技术。

核心概念

管理心理学　心理学　心理动力　心理状态　工作生活质量　第二手资料　第一手资料　观察法　实验法　访谈法　投射技术

基本训练

随堂测 1-1

判断题

随堂测 1-2

选择题

□ 知识题

1.1　判断题

1）管理心理学中有绝对真理。（　　）

2）观察法一般适用于行为发生在相对较长的时间跨度里的情况。（　　）

1.2　选择题

1）实验法有两种形式，包括（　　）。

A. 现场实验法　　B. 实验室实验法　　C. 自然实验法

2）管理心理学的研究目的是（　　）。

A. 提高绩效　　B. 增进员工的满意度

C. 促进全面质量管理　　D. 完善商业伦理

1.3　简答题

管理心理学的研究目的是什么？它们之间的辩证关系是什么？

□ 技能题

运用调查法尝试调查一个企业员工的工作满意状况。

观念应用

□ 分析题

为什么在管理心理学研究领域，有的人强调使用定量研究，有的人强调使用定性研究，而又有人强调定量研究与定性研究相结合？

□ 案例题

我们为什么越来越累？

20世纪30年代，经济学家凯恩斯曾有个令人振奋的预言：100年后，随着科技的发达、生产效率的提升，人类将只需要每周工作15小时（平均每工作日3小时！）。

但实际上，近100年后的我们，虽然用着在百年前的人面前仿佛外星文明的技术，但在争论不休的却是"'996工作制'到底值不值得提倡？"

最新的消息是，据国家统计局北京调查总队新发布的数据，2018年北京上班族每天工作时间，比2008年增长了56分钟。

通过10年的努力、10年的智能产品普及和移动互联应用的繁荣，人们不仅没被解放，反而过起了更辛苦的日子。

在这些“反常”中，人和组织，都该如何应对？

要说科技对管理者更重要的影响，就是让你再也无法逃离工作了。“996”似乎已经成为互联网公司的标配，“7×24”更是乙方公司的潜规则，钉钉、微信、QQ、短信、电子邮件……这些应用让你处于随时待命的状态，但“时刻准备着”的效果如何？

英国特许管理学会（CMI）和工作心理学组织（WPG）在调查了1 574名英国经理级管理者的工作和生活状态后，发布了《工作生活质量》报告。

报告显示，61%的受访者表示，科技让他们很难从工作中脱身；20%的人表示他们随时在线，时刻查收电子邮件；超过一半的人，在工作时间外经常检查工作邮箱。经理级的员工至少每天增加1.5小时的工作时间，相当于每年额外增加46天工作。这比他们的年假和灵活合同假期还多，相当于加班抵消了年假，更重要的是92%的人在超时工作。这种模式导致1/3的经理感到“超负荷”，认为长时间工作成了他们“别无选择”的事情。

《工作生活质量》的数据显示，与初级经理相比，高级经理的工作时间往往更长，他们要占用更多的下班时间处理工作。

这突显出一个令人担忧的现实：管理层资历的提高与工作时间的延长有关。高级经理是最常见的加班族，而且即时通信软件的普及助长了这种“超长待机”的工作模式。即使离开办公室也无法逃离工作，“停工”的时间所剩无几。如此超长时间的工作，效果如何？超过1/3（约34%）的经理认为，自己的工作效率在70%以下的水平里，能力远没有充分发挥出来。

相比之下，只有22%的经理认为自己的工作效率达到了100%。在每周平均工作时间60小时或以上的经理中，他们认为自己高效工作与低效工作的时间几乎持平。

值得注意的是，高强度的工作不可避免地带来了高压力。54%的经理表示，长时间工作会导致更大的压力。在超时工作人群中，压力是正常人群的3倍多。

如何解决以上的问题呢？

虽然科技无罪，但人可以“永远在线”并不意味着就应该在线。在科技爆炸的今天，工作与生活的界限更容易模糊，平衡技术价值与生活品质，变得前所未有的复杂。摩根大通（J.P.Morgan）和巴克莱（Barclays）等公司推出了“周末保护”政策，以阻止员工在非工作日上班。法国IT服务公司Atos早在2011年就颁布了“零电子邮件”政策，禁止企业内部电子邮件，这一举措减少了60%的邮件超载给员工带来的负担。

尽管加班成为管理者无法逃避的事，但《工作生活质量》的数据显示，67%的经理表示他们对自己的工作总体上感到满意。54%的人认为加班并不会影响工作热情，而且大多数经理（62%）认为在截止日期前加班是必要的。

为什么会这样呢？管理方式与企业文化是关键。

《工作生活质量》发现了提升员工敬业度的五大驱动力：工作成就感、团队归属感、与直属领导关系、决策自由度、职业发展前景。

数据显示，在工作幸福感高的经理中，约3/4（约76%）的人表示，他们为自己的工作感到自豪；61%的人认同公司价值观，认为自己在公司中受到的是公平对待；直属领导在激励他们投入工作和获得幸福感方面，扮演着关键角色，工作幸福感高的经理中，79%的人认为领导信任自己，给予充分的决策自由。

CMI首席执行官安·弗朗基（Ann Francke）在她的另一项研究《管理者报告》（Manager Report）中指出：当好的管理风格盛行时，员工的生产力会提高一倍。与“命令和控制”的管理风格相比，“宽松和放权”的管理模式，对经理级员工提高工作效率、降低工作压力、强化自我驱动的效果显著。而企业文化的建设，对员工实现自我驱动式发展，有着至关重要的作用。

资料来源 王爽. 对1 574名经理的调查，揭示我们为什么越来越累？[EB/OL]. [2019-04-24]. http：//www.zwgl.com.cn/cn/readinfo.asp？nid=24439&id=696&bid=735..

问题：你如何看待本案例中管理人员的“超长待机”？你有什么好的建议？

□ 实训题

假如你是某企业的人力资源部经理，受命通过角色扮演法来选拔一位生产经理，请你查阅有关资料，设计一份选拔方案。

第2章

个体心理

学习目标

通过本章的学习，你应该达到以下目标：

知识目标： 了解个体心理的主要内容。

技能目标： 能够依据管理心理学对气质类型的划分标准对周围的人进行气质类型分类。

能力目标： 具有把握人的个性的能力。

第2章

思维导图

引例 为什么谷歌和华为争夺天才少年？

所谓天才，指的是在某一行业或某一领域或某一专业上，有着独特天赋与能力的稀缺人才。他们能力强、个性突出、视野独特，我们所熟知的许多硅谷大佬都是天才，比如乔布斯、马斯克、扎克伯格等人，青少年时就显露出不凡的才能。天才少年就像"泥鳅"一样，激活了组织，激活了队伍。最关键的是：竞争环境下的危机感以及自我价值发挥盘活了整盘棋局。

1.天才少年有多优秀？

Aditya Paliwal，22岁，程序员。谷歌在纽约的AI Google Residency Program开出了高达1 200万卢比年薪（约115.5万元人民币）的offer，来自孟买的Aditya是全世界仅有的被选拔进入该计划的50人之一，2018年全印度约有5人被选中参加该计划。Aditya击败了全球各地学生中的6 000名选手才获得资格。

当被问及他对该计划的期望时，Aditya说："我们将致力于最先进的研究，并撰写尽可能多的研究论文，获得有意思的结果。我还不知道我将分配到哪个具体的领域。不过，我期待认识来自世界各地的高级研究人员和科学家。"

雅恩·霍恩，22岁，谷歌网络安全研究员，霍恩是公布英特尔芯片漏洞的第一人，这是有史以来发现的最严重的芯片bug，直到霍恩公开漏洞后数月，其他研究者才发现这些安全漏洞，而且他们对霍恩能够一个人发现此漏洞倍感吃惊。奥地利格拉茨技术大学的丹尼尔·格鲁斯表示："我们拥有数个团队，我们有线索知道从哪里开始入手，而他是从零起步。"

通过采访霍恩以及他身边的人可以得知，坚定的意志以及过人的才智帮助他发现了这个存在了十多年但一直未被发现的漏洞。

2.谷歌公司为什么喜欢招揽天才少年？

这得益于谷歌创始人拉里·佩奇、谢尔盖·布林在人才管理上的不断创新。

"谷歌只雇用最聪明的人。" 谷歌高管艾伦·尤塔斯曾说，"拔尖工程师的价值相当于普通工程师的300倍。"

布林早年就是天才少年，IQ高达229，精通计算机和数学。布林提出公司要有领先于时代的理念，这让谷歌更乐意招揽全世界的天才少年。

慧眼识才、求贤若渴、善待人才，谷歌毫无疑问是当下全世界最擅长招揽"最聪明的人"的企业。

从产出效益上说，"最聪明的人"才能在这个全新的领域创新。而从管理上讲，"最聪明的人"能够很好地管理自己，激发团队。同样，"最聪明的人"把实现自我价值的成就感排在第一位，金钱可能排在第二位。这可能是创新最需要的元素。

3.我们要和谷歌争夺人才！

同为科技巨头，我们有时候习惯把华为和谷歌对标。在中国，华为同样吸引着东方"最聪明的人"涌入，但任正非认为不够，是时候把眼光扫向世界了，华为不缺人才，缺的是天才。

6月27日，华为内部的心声社区挂出华为创始人、CEO任正非6月20日在公司EMT（经营管理团队）内部的讲话。"今年我们将从全世界招进20～30名天才少年，明年我们还想从世界范围招进200～300名。这些天才少年就像'泥鳅'一样，激活我们的组织，激活我们的队伍。"任正非强调。

"公司每个体系都要调整到冲锋状态，不要有条条框框，发挥所有人的聪明才智，英勇作战，努力向前冲。华为公司未来要拖着这个世界往前走，自己创造标准，"只要能做成世界最先进，那我们就是标准，别人都会向我们靠拢。"

"西方公司在人才争夺上，比我们看得长远，发现你是人才，就招到公司实习，专门有人培养你，这不是我们大学毕业找工作的概念。我们扩大了与美国公司争夺人才的机会窗，但我们的实力还不够。对世界各国的优秀大学生，从大二开始，我们就给他们发offer。这些孩子超级聪明，举一个例子，新西伯利亚大学连续六年拿到世界计算机竞赛冠军、亚军，但是所有冠军、亚军都被谷歌用五六倍的工资挖走了，从今年开始，我们要开出比谷歌更高的薪酬挖他们来，在俄罗斯的土地上创新，我们要和谷歌争夺人才。我们支持科学家的创新，对科学家不要求追求成功，失败也是成功，因为他们把人才培养出来了。只有这样，我们才有可能持续不断地前进。"任正非很是看重科学研究。

从1987年华为成立，在30多年的时间里，华为成为全球销售收入首超千亿美元，员工18.8万，业务遍及170多个国家和地区，服务30多亿人口的企业。组织大了，管理上的问题就来了，如何保持高速增长？如何保持组织的灵动？答案是引入人才，特别是天才。

资料来源　郁伟．为什么谷歌和华为争夺天才少年？［EB/OL］．［2019-07-16］．http：//www.ceconline.com/hr/ma/8800100703/01/？cf=HP_BigBanner.

2.1 知觉

知觉（Perception）是个体为了对自己所在的环境赋予意义而解释感觉印象的过程。人们的行为是以他们对现实的知觉为基础的，而不是直接以现实本身为基础的。现实要经过人的精神世界这个中介来影响人的行为，所以研究知觉对组织行为非常重要。现实生活中，在对绝大多数问题的看法上，人们无法取得一致意见，面对相同的事物，不同的个体会产生不同的知觉。知觉的形成既需要来自外界的信息资料，同时又有个人原有知识、经验、态度、情绪等主观因素的参与，二者共同完成知觉过程（如图2-1所示）。所以，就会出现"仁者见仁、智者见智"的现象，下面我们就探讨一下导致人们眼中的世界各不相同的部分原因。

2.1.1 知觉的特性

1）知觉的选择性

作用于人的客观事物是丰富多彩、千变万化的。但人不可能对客观事物全部清楚地感知到，也不可能对所有的事物都做出反应，而总是有选择地以少数事物作为知觉的对象，觉得格外清晰，而对周围其他的事物则知觉比较模糊，这些模糊的事物就成了背景。这种现象被称为知觉的选择性。知觉的这种特性有两个价值：一是自我保护，因为人的心理承载力是有限的，人如果将感觉器官所接收到的所有信息都加以处

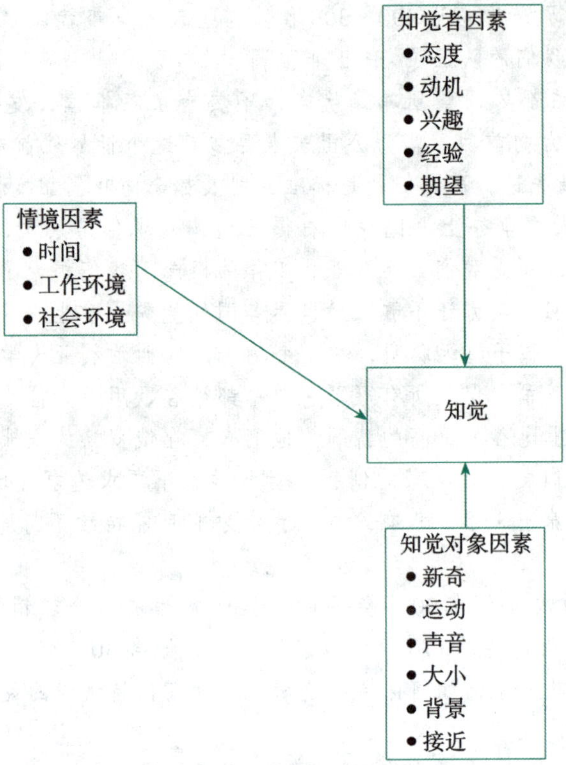

图2-1 影响知觉的因素

理，那将超出人的承受能力，出于自我保护，人对来自外界的信息进行选择。二是生存价值，这种选择带有指向性，有利于个体在环境中生存。知觉的这种特点使我们能够快速地"阅读"他人，但同时也有信息失真的危险。因为常常出现的结果是，我们看到了我们想看到的东西，从而使我们能从模棱两可的情境中得出没有根据的结论。例如，你道听途说某领导不喜欢你，在办公会议上这位领导不点名地批评某种现象，你就会认为他是含沙射影，是在批评你。

对象和背景的分化是知觉最简单、最原始的形式。人对对象和背景的知觉是不一样的，对象似乎在背景的前面，轮廓分明、结构完整；背景可能没有确定的结构，在对象的后面发挥着衬托作用（如图2-2所示）。

图2-2 对象和背景

资料来源 格里格，津巴多．心理学与生活［M］．王垒，等，译．16版．北京：人民邮电出版社，2003.

对象和背景的关系不是一成不变的，而是依据一定的主客观条件，经常可以相互转换的。比如，当客人与服务员交谈时，服务员的讲话成为客人知觉的对象，而周围的其他声音则成为这种对象的背景。如果这时候客人听到周围其他人正在讨论他很感兴趣的一个话题，他就会把注意力转移到别人谈话的内容上。那么，别人的谈话就成了这位客人知觉的对象，而服务员的讲话便成了背景的一部分。

知觉对象和背景的关系也可以用一些双关图来说明。在知觉这种图形时，对象和背景可以迅速地转换，对象能变成背景，背景也能变成对象（如图2-3所示）。

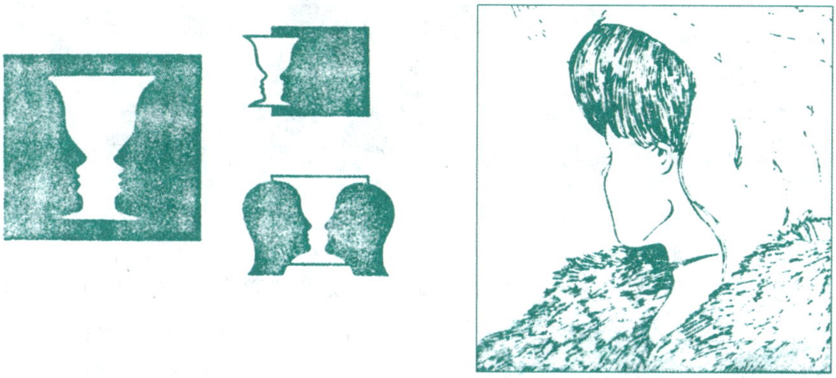

（A）花瓶还是人脸？　　（B）你看见了什么？

图2-3　对象与背景

把知觉的对象从背景中分化出来，客观上受到许多条件的影响，这些条件主要有：

（1）对象与背景的差别

对象与背景的差别越大，对象越容易从背景中突出出来。在颜色、形状、亮度等强烈对比的情况下，对象更为醒目；反之，差别小，则难以区分。例如，白纸黑字、绿叶红花，由于对比强烈而使对象容易分化出来。

（2）对象的运动

在固定不变的背景上，运动的物体比不动的物体更容易成为知觉的对象。比如夜晚忽闪忽灭的霓虹灯容易引起人们的注意，成为知觉的对象。

（3）对象的组合

对象各部分的组合也影响着对象各部分的辨认。组合包括两种：接近组合和相似组合。接近组合是指彼此接近的事物比相隔较远的事物容易组成对象。无论是空间的接近还是时间的接近，都倾向于组成一个对象。另外，性质相同或相似的事物也容易被人组合在一起，成为知觉对象。人们会把在组织中连续发生的事件看成有因果联系的；而对一些有相似背景的人，人们倾向于把他们归为一个派别（如图2-4所示）。

（A）接近组合　　（B）相似组合

图2-4　对象的组合

案例窗 2-1

人是主观的还是客观的

戴尔本和西蒙做过这样的研究，请23名乐器的经营人员阅读一份描述一家钢厂的组织和活动的综合案例。其中有6人负责销售工作，5人负责生产工作，4人负责财务，8人负责总务。让每个人写出这一案例中自己认为最重要的问题是什么。负责销售的人中83%认为销售最重要，而其他人中只有29%持同样观点。

分析提示：参与者从环境中感知到的侧面与他所承担的活动和目标保持一致。明确地说，当刺激信息较模糊的时候，知觉更多地受个体的态度、兴趣和背景等主观因素影响，而不是刺激本身。由此我们可以得出这样的结论：在某些条件下，人是主观的而不是客观的，而且，这并不是个别现象。

2）知觉的理解性

人的知觉并不像照相机那样详细而精确地反映出刺激物的全部细节，它并不是一个被动的过程。相反，人的知觉是一个非常主动的过程，它要根据主体的知识经验，对感知的刺激物进行加工处理，并以概念的形式把它们表示出来。知觉的这种特性就叫知觉的理解性。

理解在知觉中起着重要作用。首先，理解使知觉更为深刻。在知觉一个事物的时候，与这个事物有关的知识经验越丰富，对该事物的知觉就越富有内容，对它的认识也就越深刻。例如，对于某名胜古迹的一砖一瓦，一个有经验的考古专家要比一般人对这些砖瓦有更深刻的认识。其次，理解使知觉更为精确。例如，不懂外语的人听初学者说外语，只能听到一些音节，根本听不出他的外语讲得正确与否；而外语熟练的人不仅能听出他讲得是否正确，甚至发音的细微差异、修辞的恰当与否都能辨别出来。最后，理解能提高知觉的速度。例如，我们看报纸或杂志时，如果内容简单而又熟悉，我们常可“一目十行”。

知觉的理解性受到很多因素的影响。一是言语的指导作用，在知觉对象不太明显时，言语指导有助于对知觉对象的理解。二是实践活动的任务，人的活动任务不同，对同一对象的理解可能不同，产生的知觉效果也就不同。三是情绪状态，同样一种事物，情绪状态不同，人们对它的理解也就不同。例如，当我们心情愉快地开始一天的生活时，在这一天中好像总是看到事物好的一面；而抑郁的心情，总是使人看什么都不顺眼。个人的特殊经历对他看待所面对的事件也有影响。一个自我奋斗起家的领导者会特别赞赏有独立奋斗精神的员工，而对利用自身的背景优势寻求利益的人可能会反感。

3）知觉的整体性

知觉的对象是由刺激物的部分特征或属性组成的，但人们不把它感知为个别的孤立的部分，而总是把它知觉为一个统一的刺激情境，甚至当刺激物的个别属性或个别部分直接作用于人的时候，也会产生这一刺激物的整体印象。

当客体具有连续、闭合趋势和共同运动方向等特点，或有较大组合的趋势时，容易知觉为一个整体（如图2-5所示）。

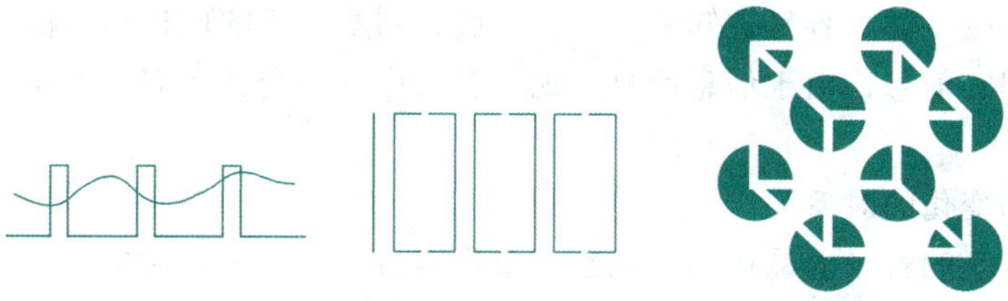

（A）连续　　（B）闭合　　（C）大组合趋势

图2-5 知觉的整体性

知觉之所以具有整体性，一方面是因为刺激物的各个部分和它的各种属性总是作为一个整体对人发生作用；另一方面，在把刺激物的几个部分综合为一个整体知觉的过程中，过去的知识经验常常能提供补充信息，这样使知觉的效率更高。对从远处走来的熟人，虽然看不清他的面孔，但可以凭借身体外形、走路姿势和其他线索辨认出来。知觉的理解性和整体性通常无法严格区分，共同起作用。这种见微知著、一叶知秋的现象在处理组织内常规事务时效果好、效率高，缺点是在遇到非常规事件时容易犯经验主义错误。

4）知觉的恒常性

当知觉的条件在一定范围内改变的时候，其影像仍然保持相对不变，这就是知觉的恒常性。

在视知觉中，知觉的恒常性表现得特别明显。对象的大小、形状、亮度、颜色等映象与客观刺激的关系并不完全服从物理学的规律。在亮度和颜色知觉中，物体固有的亮度和颜色倾向于保持不变。比如，无论是在强光下还是在黑暗处，我们总是把煤看成黑色，把雪看成白色，把中国国旗看成红色。实际上，强光下煤的反射亮度远远大于暗光下雪的反射亮度。

知觉的恒常性受到很多因素的影响，其中最主要的是过去经验的作用。人们知觉的恒常性不是生下来就有的，而是后天学来的。在非洲的刚果某地，有一族土著人住在原始丛林中，他们从来看不到超出1/4英里远的东西。当他们被带出森林后，竟把远处的牛说成是虫子，更不相信远处那么"小"的船能装上那么多的真正的人。这说明距离超过了这些土著人的通常经验的范围后，他们没有正常人在这个距离上所具有的知觉恒常性。

2.1.2 影响知觉的因素

知觉是人对刺激物的感知过程，必然会受到刺激对象本身特点和知觉者本人特点的影响。因此，影响知觉的因素主要包括客观因素和主观因素两个方面。

1）客观因素

具有以下特性的对象，容易引起人的知觉。

（1）具有较强特性的对象

城市中奇特的建筑、山谷中飘忽的云海、群山中挺拔入云的峰峦、一望无际的蓝天碧水等，由于其特性对人有较强的刺激作用，因而容易引起人们的知觉。

（2）反复出现的对象

重复次数越多就越容易被知觉。人们多次看到某品牌的广告和宣传材料，或者经常听到某品牌的信息，由于信息反复出现、多次作用，会使人们产生较为深刻的知觉印象。

（3）运动变化的对象

在相对静止的背景上，运动变化着的事物容易成为知觉的对象。例如，倾泻的瀑布、奔驰的列车、闪烁的霓虹灯等，都容易成为知觉的对象。

（4）新奇独特的事物

在一群穿着普通服装的人中，一个穿着奇装异服的人很容易被知觉。另外，令世界称奇的万里长城、秦兵马俑等，都能引起人们的格外注意。

2）主观因素

知觉不仅受客观因素的影响，也受知觉者自身的主观因素的影响。这些主观因素是指知觉者的心理因素。人是具有不同心理特征的知觉者，感知相同的景观时，他们各自的知觉过程和知觉印象是不同的。影响知觉的主观因素主要有以下几个方面。

（1）兴趣

人的兴趣不同常常决定着知觉选择上的差异。一般的情况是，人最感兴趣的事物往往首先被感知到，而人们毫无兴趣的事物则往往被排除在知觉之外。

（2）需要与动机

人们不同的需要和动机也在很大程度上决定着人们的知觉选择。凡是能够满足人的某些需要和符合其动机的事物，就能成为知觉者的知觉对象和注意中心；反之，凡是不能满足人的需要和不符合其动机的事物，则通常不为人所知觉。比如，如果有人外出旅游的目的是显示自己的社会地位，那么，他们对那些能象征社会地位的饭店及其服务项目和方式就会特别关注。

（3）个性

个性是影响知觉选择的因素之一。比如，不同气质类型的人，知觉的广度和深度就不一样。多血质的人知觉速度快、范围广，但不细致；黏液质的人知觉速度慢、范围较窄，但比较深入、细致。

（4）情绪

情绪是人对那些与自己的需要有关的事物和情境的一种特殊的反映，对人的知觉有强烈影响。比如，当人处于愉悦的情绪状态时，每样东西看上去都是美好的；但当人心情不佳时，就会对周围的事物不感兴趣，容易与他人发生冲突。

（5）经验

经验是从实践活动中得来的知识和技能，是客观现实的反映，它是人们行为的调节器。有经验的消费者对企业所提供的各种产品和服务能知觉更多的东西，而不成熟的消费者就可能茫茫然不知所以。日本著名画家冈山应举画的写生画《马食草图》形象逼真，呼之欲出，被很多名家大师誉为“神笔”。但一位农民看后指出，画上吃草的马是一匹瞎马，画家不服，画上的马明明是睁着眼睛的。农民告诉他，正因为如此，才是瞎马，因为马在吃草时怕眼睛被草叶扎伤，都闭上眼睛，画家这才恍然大悟。

2.1.3　社会知觉

社会知觉就是对人的知觉，它是影响人际关系的建立和活动效果的重要因素。人的社会知觉主要包括对人的知觉、人际知觉和自我知觉。

对人的知觉主要是指对别人的外表、言语、动机、性格等方面的知觉。对人的正确知觉，是建立正常的人际关系的依据，是有效地开展活动的首要条件。

对人的知觉依赖于多种因素，如认知主体、认知客体及环境等，从认知主体心理方面看，存在一些社会知觉误区，也就是社会知觉错误。它们的存在容易给社会认知带来偏差。

社会知觉误区主要有以下几个：

1）第一印象

第一印象是在首次接触陌生人时所留下的印象。由于双方首次接触，总有一种新鲜感，与人交往时都很注意对方的外表、语言、动作、气质等。因此，第一印象的产生，主要是感知对方的容貌、表情等外在的东西。

在人际交往中，第一印象起着十分重要的作用，并常常成为以后是否继续交往和怎样交往的依据。虽然人们都知道仅靠第一印象来判断人常常会出现偏差，可实际上每个人都不可避免地受第一印象的影响。第一印象一旦形成，就难以改变。

影响第一印象形成的因素大致可以归纳为两个：其一，事前一无所知，第一印象的形成主要受其外表或容貌的影响；其二，与陌生人见面之前获得的关于他的间接资料，构成第一印象形成的重要基础。

美国心理学家沃尔斯特（Walster，1966）以明尼苏达大学新生为对象，举行“电脑舞会”，由电脑随机安排舞伴，不得交换。中间休息时填写一个问卷，以了解每个人对其舞伴的印象。得出的结论是：对方被喜欢乃至想进一步与其约会的原因只有一条——对方的外表情况。

课堂互动2-1

答案提示

课堂互动2-1

以貌取人是一种规律吗？

有这样一个研究，向两组大学生分别出示同一个人的照片，出示之前，对甲组说，这是一个德高望重的学者；而对乙组说，这是一个屡教不改的惯犯。然后，让两组大学生分别从这个人的外貌说明其性格特征。结果，出现了截然不同的评价。甲组的评价是：深沉的目光，显示思想的深邃和智慧；高高的额头，表明在科学探索的道路上无坚不摧的坚强意志。乙组的评价是：深陷的眼窝，藏着邪恶与狡诈；高耸的额头，隐含着死不悔改的顽抗抵赖之心。从这里可以看出，在得到别人的第一印象时，会伴随产生一定的态度，从而影响进一步的知觉。在对所知觉的对象一无所知的情况下，获得的间接资料左右了人的判断，而这些资料的真实与否一般不会引起人们的注意。

组织成员间好的第一印象自不必说，那么坏的第一印象影响就大了。例如，下属对上司有不好的第一印象，他可能会感到自己怎么努力都是白搭，因而工作不努力或阳奉阴违。领导如果对下属第一印象不佳，对于这个下属而言则是灾难性的，而“路遥知马力、日久见人心”的现象通常只存在于理论上。

2）晕轮效应

晕轮效应是指由对象的某些特征推及对象的整体特征，从而丑化或美化对象的现象。就像月晕一样，由于光环的虚幻作用，使人看不清对方的真实面目。如果一个人被标明是好的，他就会被一种积极肯定的光环笼罩着，并被赋予一切都好的品质，如果一个人被标明是坏的，他就会被一种消极否定的光环笼罩着，并被认为具有各种坏品质。

小知识 2-1　麻省理工学院的实验——晕轮效应

美国心理学家凯利（Kelly）以麻省理工学院的两个班级的学生分别做了一个实验。上课之前，实验者向学生宣布，临时请一位研究生来代课。接着告知学生有关这位研究生的一些情况。其中，向一个班学生介绍这位研究生具有热情、勤奋、务实、果断等项品质，向另一班学生介绍的信息除了将“热情”换成了“冷漠”之外，其余各项都相同。两个班的学生对此完全不知情。两种介绍间的差别是：下课之后，前一个班的学生与研究生一见如故，亲密攀谈；另一个班的学生对他却敬而远之，冷淡回避。可见，仅介绍中的一词之别，竟然会影响到整体的印象。学生们戴着这种有色眼镜去观察代课者，而这位研究生就被罩上了不同色彩的晕轮。

晕轮效应与第一印象一样普遍。它们的主要区别在于：第一印象是从时间上来说的，由于前面的印象深刻，后面的印象往往成为前面印象的补充；而晕轮效应则是从内容上来说的，由于对对象的部分特征印象深刻，使这部分印象泛化为全部印象。所以，晕轮效应的主要特点是以点代面、以偏概全。

戴恩（K.Dion，1972）等人进行了这样的实验：给被试者一些人的照片，他们分别是有魅力的、无魅力的、中等的。然后，让被试者在一些与魅力无关的特性方面评定每个人。结果，几乎在所有的特性方面，有魅力的人得到的评价最高，而无魅力的人得到的评价最低。

资料来源　根据网络资料整理。

3）投射效应

投射效应是指自己所具有的某些特质加到他人身上的心理倾向。心理学研究发现，人们在知觉他人时的一种倾向是乐于从自己出发去假设别人，用自己的好恶来推断别人，常常不自觉地把自己的心理特征（如个性、好恶、欲望、观念、情绪等）归属到别人身上，认为别人也具有同样的特征。也就是将自己的需要、情感等投射到他人身上。古语讲的“以小人之心度君子之腹”，即反映了投射现象。

由于投射效应的存在，我们常常可以从一个人对别人的看法中来推测这个人的真正意图或心理特征。例如，宋代著名学者苏东坡和佛印和尚是好朋友，一天，苏东坡去拜访佛印，与佛印相对而坐，苏东坡对佛印开玩笑说：“我看你是一堆狗屎。”而佛印则微笑着说：“我看你是一尊金佛。”苏东坡觉得自己占了便宜，很是得意。回家以后，苏东坡得意地向妹妹苏小妹提起这件事，苏小妹说：“哥哥你错了。佛家说佛心自现，你看别人是什么，就表示你自己是什么。”这个故事就反映了一个人将内在生命中的价值观与情感好恶影射到外在世界的人、事、物上的心理现象。

4）心理定式

心理定式是指人在认识特定对象时心理上的准备状态。也就是说，它在对人产生认知之前，就已经将对方的某些特征先入为主地存在于自己的意识中，使知觉者在认识他人时不自主地处于一种有准备的心理状态。这种心理准备状态极大地影响着人们的心理和行为。先入为主就是心理定式的一种表现。经验越丰富，自信心越强，这种现象就越明显。

我国古代“智子疑邻”的典故，就是典型的心理定式。在这个典故中，有个（乡下）人丢了一把斧子。他怀疑是邻居家的儿子偷去了，便仔细观察，发现那人的一言一行、一举一动，无一不像偷斧子的。不久后，他在挖水渠的时候发现了斧子，第二天又见到邻居家的儿子，就觉得他言行举止没有一处像是偷斧子的人了。

心理定式的产生，首先与知觉的理解性有关。在知觉当前事物时，人们总是根据以往的经验来理解它，并为随后要知觉的对象做好准备。比如，在日常生活中，当你觉得某人是个好人时，一旦发生了一件好事，你就会把这事和这人联系起来；同样，如果你不喜欢某人，觉得他是个坏人，那么一旦出现一件不好的事，你就又会把这人和这事联系起来。

5）刻板印象

刻板印象指的是社会上部分人对某类事物或人物所持的共同的、笼统的、固定的看法和印象。这种印象不是一种个体印象，而是一种群体现象。例如，人们一般认为青年人有热情、敢创新而易冒进，老年人深沉稳重而倾向于保守；在工作上男人更有进取心，而女人则安于现状。

一方面，刻板印象有助于人们对众多的人的特征作概括性的了解，因为每一类人都会有一些共同特征，运用这些共同特征去观察每一类人中的个别人，有时确实是知觉别人的一条有效途径。另一方面，刻板印象具有明显的局限性，能使知觉产生偏差。因为每类人中的每个人的具体情况不尽相同，而且，每类人的情况也会随着社会条件的变化而变化。因此，人际交往中，在知觉来自不同国家和地区的人时，除了了解他们的共同特征之外，还应当注意不受刻板印象的影响，进行具体的观察和了解，并且注意纠正错误的、过时的观念。

在现代企业管理中，刻板印象常常表现为文化偏见，如西方的管理者会倾向于认为东方人保守，不适合承担创造性工作；中国人会认为美国人自由散漫，对组织缺乏忠诚。

中国台湾学者李本华和杨国枢以台湾大学学生为对象，调查对外国人的刻板印象，其结果见表2-1。

6）期望效应

期望效应也称“皮格马利翁”效应，是指在生活中人们的真心期望常常会变成现实的现象。

期望效应现象对人际交往有借鉴意义。在与人交往过程中要真心尊重、喜欢对方，只有这样才能把人际交往纳入良性循环轨道，向着自己所期望的方向发展。相反，有些人内心里既不尊重他人，也不喜欢他人，尽管他们强制自己不表现出来，但真情难抑，会在有意无意之间流露出来，一旦被对方感觉到，结果是可想而知的。管理者要想员工努力工作，就要真心喜欢并且认为他们都是好样的。要想与周围同事搞好关系，自己首先要喜欢他们，与人为善。

表2-1　台湾大学学生对外国人的刻板印象

国家	刻板印象
美国人	民主、天真、乐观、友善、热情
印度人	迷信、懒惰、落伍、肮脏、骑墙派
英国人	保守、狡猾、善于外交、有教养、严肃
德国人	有科学精神、进取、爱国、聪慧、勤劳
法国人	好艺术、轻浮、热情、潇洒、乐观
日本人	善于模仿、爱国、尚武、进取、有野心
俄国人	狡猾、欺诈、有野心、残酷、唯物主义

小知识2-2　“皮格马利翁”效应

远古时候，塞浦路斯王子皮格马利翁喜爱雕塑。一天，他成功塑造了一个美女的形象，爱不释手，每天以深情的眼光观赏不止，看着看着，“美女”竟活了。这是一则神话，但心理学家却从中得到很大的启发。

1968年，美国心理学家罗森塔尔和雅可布生来到一所小学，他俩从一至六年级中各选3个班，在这18个班的学生中进行了一次煞有介事的“发展测验”。然后，他俩以赞美的口吻将有优异发展可能的学生名单通知有关老师。名单中有些在老师意料之中，有些甚至是水平较差的学生。对此，罗森塔尔解释说：“请注意，我讲的是发展，而非现在的情况。”于是老师们从内心接受了这份名单。罗森塔尔叮咛教师不要把名单外传，只准教师自己知道，否则就会影响实验结果的可靠性云云。8个月后，他俩又来到这所学校，对18个班进行复试，结果他们提供的名单上的学生成绩有了显著进步，而且情感更加丰富，性格更为开朗，求知欲望强，敢于发表意见，与教师关系也特别融洽。

这到底是怎么一回事？原来这是罗森塔尔和雅可布生进行的一次期望心理实验。他们提供的名单纯粹是随便抽取的，根本没有考虑学生的知识水平和智力水平。他们通过“权威性的谎言”暗示教师，坚定教师对名单上学生的信心，调动了教师独特的深情，虽然教师始终把这些名单藏在心灵深处，但掩饰不住的深情仍然通过眼神、笑貌、音调滋润着这些学生的心田，实际上他们扮演了皮格马利翁的角色。学生潜移默化地受到影响，他们变得更加自信、自爱、自尊、自强，变得更加幸福和快乐，奋发向上的激流在他们的血管中荡漾。这个令人赞叹不已的实验，后来被誉为“皮格马利翁效应”或“罗森塔尔效应”。

资料来源　根据相关资料整理。

7）习惯定向

习惯定向是指个人以习惯性的方式应付某类问题，而不作经验以外的尝试，以致形成机械的或盲目的习惯反应倾向。

情境简单只需靠记忆或熟练动作即可解决的问题，靠习惯定向（如套公式）来解决，固然较为经济，但遇到情境复杂而变化又多的问题，习惯定向就难免束缚人的心智活动，而降低随机应变的思考能力。心理学家卢钦斯在纽约大学所做的著名实验，可以用来说明这种现象。该实验的情境是要被试者计算同类性质的一组算术题，用不等容量的水桶量出定量水来，问题对中小学生也很熟悉，见表2-2。A、B、C各栏均代表水桶的容量，D栏代表所要求的水量（单位是加仑）。总共有11道题，第1题是例题。实验开始时，由主试者说明第1题的做法：先将A桶装满，然后由A桶倒出3个B桶的量，即得到D要求的量。换成数字计算式为：29-3-3-3=20；若以代数式表示，即为D=A-3B。讲明例题之后，主试者要求被试者以同样的方法求解以后各题。每题半分钟，逐题进行，到全部做完为止。

表2-2　**习惯定向实验用题**

题号	水桶容量			所要求水量
	A	B	C	D
1	29	3	8	20
2	21	127	3	100
3	14	163	25	99
4	18	43	10	5
5	9	42	6	21
6	20	59	4	31
7	23	49	3	20
8	15	39	3	18
9	28	76	3	25
10	18	48	4	22
11	14	36	8	6

该实验对象包括从小学生到研究生共2 709人。这里仅以大学生的实验及其结果为例。该实验分实验组（79人）与控制组（57人）两组。两组的区别只是在于解题的多少。实验组从例题之后，逐题求解，一直做到第8题；控制组则在例题之后只做第2、第7与第8共3个题目。实验者这样设计是基于以下假设：过多的练习成为公式化的习惯定向以后，会使人降低应变的认知思考力。实际上，表中2~8题的内容，全部可用D=B-A-2C的代数式求得正确答案。但其中第7、第8两道题，却另有更简便的求解方式：D=A-C、D=A+C。实验结果见表2-3。

表2-3　**习惯定向实验结果**

组别	人数	采用间接法获得正确答案者（%）	采用直接法获得正确答案者（%）	方法错误者（%）
实验组	79	81	17	2
控制组	57	0	100	0

实验结果支持了原来的假设。可见，以套公式的练习方式学得的经验，在新情境中解决问题时，对人的心智活动有时起着阻碍作用。

人们的习惯性方式大多是在个人生活经验中形成的，是应付某类问题情境屡次成功的结果，它在通常情况下是有效的。但在一些特殊情况下可能变成妨碍有效解决问题的障碍，使人失去灵活性，变得机械盲目，却不自知。

例如，国外饭店业招聘员工时，就有不喜欢雇用那些有经验的、从事过饭店工作的人的现象。原因就是这些人带有过去的经验和习惯的工作方式，在适应新的环境、新的工作方式时困难较大，改变起来较难。创业的人常常难以守业，马上得天下者会因为马上治天下而失去天下，“成也萧何，败也萧何”就是这种现象。权变是管理的灵魂，每一个管理者都要牢记这一点。

8）行动者-观察者偏见

美国心理学家勒温提出一个著名的行为公式：B=f（P，E），B代表人的行为，P代表个人因素，E代表环境因素。他认为人的行为是环境力量和个人力量的函数，这是人的行为的最一般规律。所谓行动者-观察者偏见，就是行动者和观察者双方，对于导致某一行为的个人力量和环境力量有不同的认识，也就是双方对行为的原因进行推测时会表现出不同的倾向。

由于行动者和观察者所处的角度不同，对行为产生时的具体情况了解不同，造成他们的解释不同。一种情况是，当做出行为的人地位高或者是强有力的人物时，人们倾向于认为他的行为是由其个人力量造成的；相反，行为者地位低或是非强有力人物，人们则倾向于将其行为原因归结为环境力量。此外，当某个行为结果不好时，人们倾向于将其归结为个人原因；成功时，容易寻找外部原因。一个组织的行为失败了，观察者常常归咎于个人，这就是“替罪羊”现象。就行动者而言，成功了，他往往归功于自己的主观努力；失败了，常归咎于环境因素的影响。后者是一种自我保护倾向。

9）效果性偏见

效果性偏见是指那些鲜明的更容易形象化的事件，与那些较难形象化的事件相比，会被认为是较容易发生的。人们从一条一般公理演绎出一个具体的例证是很慢的，但是他们从某一个鲜明的例证归纳出一般公理是非常迅速的。

深入研究发现，小说、电影和电视剧中的虚构情节会给人留下深刻印象，深深地影响人们随后的判断。读者（观赏者）越是全神贯注和情绪激动，故事对他的影响就越大。这也正应了一句话——大部分人的推理都是戏剧化的，而不是定量的。

效果性偏见可以解释为何生动的奇闻逸事通常会比统计数据更引人注目，以及为何感知到的风险与真实的风险之间总是相差很大。比如，人们觉得乘飞机要比乘汽车危险，就是因为飞机失事事件给人的印象太深刻了。

2.1.4 自我知觉

1）自我知觉的概念

自我知觉是指一个人通过对自己行为的观察而对自己心理状态的认识。人不仅在知觉别人时要通过其外部特征来认识其内在的心理状态，而且要这样来认识自己的行为动机、意图等。

自我知觉是自我意识的重要组成部分，随着个人自我意识的发展，自我知觉经历着不同的发展阶段：

（1）生理的自我

从出生后8个月开始至3岁左右，个体虽能体会到自我的存在，但只停留在对自身躯体的认识，在心理上开始出现如羞耻心、妒忌心等特点。个体主要表现为对自己身体、衣着、家庭和父母对他的态度以及对自己所有物的判断，从而表现为自豪或自卑的自我感情。

（2）社会的自我

从3岁到青春期开始，个体通过学校教育，受到社会文化的影响，社会意识增强，认识到自己是其中一分子，并尽量使自己的行为符合社会标准。与此相对应，诸如对社会的义务感、责任心等个性品质逐渐发展起来。个体的自我评价主要表现在对自己在社会上的荣誉、地位、社会中其他人对自己的态度以及自己对周围人的态度等方面的判断和评价，从而表现出自尊或自卑的自我体验。

（3）心理的自我

从青春期开始到成年，在大约10年的期间内，个体的自我意识渐渐成熟。个体能以自我的观点来认识和理解客观世界，从自己的内心世界去考察心理和社会现象。

在这个时期，个人的伦理道德观念，对待现实的态度、兴趣、理想、信念等日趋定型，形成了深层次的自我，即心理自我形态。处于这一阶段时，个体主要表现为对自己的智慧、能力、道德水平等方面的判断和评价，从而表现出自我优越感等自我体验。

随着自我意识的发展，在社会化进程的影响下，个体的自我知觉水平一般是遵循着生理的自我—社会的自我—心理的自我这一进程演化的。当然，由于每个人的社会化程度的不同，以及受各种主客观因素的影响，每个人的自我知觉水平也不完全一样。比如，有人过分注重自己的身材容貌、物质欲望的满足，有人则偏重于社会地位、名誉等方面的追求，也有人在自我评价的基础上，追求高尚的情操、自我实现的需要等。

有了正确的自我知觉，才知道需要怎样去做、能够做哪些，并对自己的行为不断地进行调节，这对于每个人来说都是非常重要的；否则，就会造成行为上的盲目性。如果由于期望过高而采取不适当的行为，或者因为不能正确判断自己的行为而不能进行自我调节，这不仅会造成与社会环境的不协调，而且会给自身带来不良的心理后果。

2）自我知觉的形成

自我知觉并非与生俱来的，它是在社会化进程和社会交往、社会实践活动中逐渐形成的。

（1）以人为镜

马克思曾指出："人降生时是没有带镜子来的，他是把别人当镜子来照自己的。"一般来说，别人对自己的态度评价，是自我认知、自我评价的一面"镜子"，通过这面“镜子”，人们看到了自己的形象，即通过别人对自己的评价获得对自我的认识。

唐太宗李世民曾这样评价宰相魏征：“以铜为镜，可以正衣冠；以史为镜，可以知兴替；以人为镜，可以明得失。”可见，“以人为镜”是完善自我知觉最有效的途径之一。

（2）扮演角色

角色理论是自我知觉发展过程中的一个重要的社会知觉理论。著名文化人类学者米德（G.Mead）认为，个体在各种角色的扮演中，与他人发生交互作用，并由此而参与社会生活，了解社会上各种行为规范及习俗，逐渐使自我概念得以发展。

（3）社会比较

自我知觉是在交往过程中随着他人的知觉而形成的。通过对他人知觉的结果和自我加以对照、比较才使他产生对自己的印象。

马克思指出：“人起初是以别人来反映自己的。名叫彼得的人把自己当做人，只是由于他把名叫保罗的人看成和自己同种的。”这表明一个人的自我认知和评价不是孤立的，而是通过把自己和自己相类似的人加以比较来认识、评价的。

（4）心理活动分析

通过个人对自己心理活动的分析来实现自我知觉和自我评价。人们对自己的认知是主客观的统一，即不仅可以通过以人为镜、扮演角色、社会比较等方法来认识自我；还可以用直接观察自己心理活动的方式来认识和评价自我。这种自我观察也叫内省法。

知识拓展2-1

一个人的固执里，藏着低水平的认知

内省法通常有两种形式：一是对自己正在进行的心理活动、心理状态的观察与分析；二是对已有的心理经验的回忆与反思。内省法虽然较主观，但与其他方法配合，也会收到正确认识自我的良好效果。除了内省法，还可以有意识地把自己的言行录制、拍摄下来，放给自己。当人们以旁观者的目光冷静地观察自己时，会更加清晰、全面地认识自己。

2.2 个性

现代管理是以人为中心的管理。为有效地发动人，必须首先了解人。了解人只停留在对外部特征的观察上是远远不够的，必须准确把握人的个性心理特征和心理品质，以及个人之间的差异。

2.2.1 个性概述

1）个性的概念

个性又称人格。在心理学领域，用个性表示个体差异。个性是个人所特有的、区别于他人的比较稳定的心理特征的综合。它包括个性倾向性和个性心理特征。具体来说，它包括兴趣、需要、动机、理想、信念、世界观、能力、气质、性格等。

2）个性的特征

（1）独特性

个性是在遗传、成熟、环境、教育等先天和后天环境交互作用下形成的。不同的遗传、环境及教育，导致了各自独特的心理特点，我们经常所说的“人心不同，各如其面”指的就是这个意思。

（2）稳定性

稳定性是指那些经常表现出来的特点，是一贯的行为方式的总和。通常所说的“江山易改，本性难移”就是个性稳定性的特征。一个人的某种个性一旦稳定下来，要改变是较为困难的事。

（3）整体性

个性是一个整体的系统，各个要素不是孤立存在的，而是一个交互作用的整体，是相互联系、相互制约与渗透的整体。例如，一个活跃的人，在认知、情感、意志各方面都会表现出与活跃相协调的特点，活泼好动，情绪、情感易波动、变化，意志力不稳定等。

（4）功能性

个性是一个人生活成败、喜怒哀乐的根源。正如人们常说的“性格决定命运”，个性决定了一个人的生活方式，甚至会决定一个人的命运。

3）影响个性形成的因素

（1）先天的遗传素质是人格形成和发展的物质基础和基本前提

遗传素质都是个性形成和发展的影响因素。但是，遗传生理因素并不起决定性作用。一个人的个性向什么方向发展，发展到什么水平，不只是由遗传生理因素决定的，更主要是由后天的环境因素决定的，特别是社会环境对其影响尤为关键。

（2）社会因素是个性形成和发展的重要条件

人是具有社会性的高级动物，每个人都是社会的人。一定的社会条件所形成的文化对个性的形成产生直接、重大的影响。在众多影响个性形成的社会因素中，家庭、学校和社会文化是最直接的也是最重要的影响因素。

（3）社会实践是人个性形成和发展的主要途径

在社会生活实践中，个体扮演特定的社会角色，接受一定的社会任务，承担一定的社会责任，个体只有适应社会环境才能顺利地生活和发展，这就在一定程度上促使个体形成符合社会要求的态度体系、行为方式、工作与生活能力等，即促使自己努力塑造和发展自己的个性品质。

2.2.2　能力

1）能力的含义

能力是与顺利地完成某种活动有关的心理特征，通常是指个体从事一定社会实践活动的本领。

能力是影响活动效果的基本因素。能力的高低会影响一个人掌握活动的快慢、难易和巩固程度。此外，能力的高低也会影响一个人从事某种活动的效果。在其他条件相同的情况下，能力高的人比能力低的人可以取得更好的效果。

能力可以分为一般能力和特殊能力。人在顺利完成某项活动时，必须既具备一般能力，又具备特殊能力。一般能力是指在很多种基本活动中表现出来的能力，如观察力、记忆力、抽象概括能力等。特殊能力是指表现在某些专业活动中的能力，如数学能力、音乐能力、专业技术能力等。

智力是人最重要的一种心理能力，最常见的定义是，智力是人的认知能力。智力的高低用智商表示。

2）能力测验

（1）智力测验

测量智力同测量其他物体一样，必须有一个测量工具，测量智力的工具称为智力量表。编制智力测验的原则是：第一，题目所涉及的知识、技能是人们有同等机会学习过的；第二，题目所涉及的知识、技能是人们都没有机会学习过的。大家有同等机会去学习，有人学会了，有人没学会，这种差别就不能归因于经验，而可以归因于智力。如果大家都未曾有机会学习，都是从头开始，有的人学得快，有的人学得慢，这种快慢的差异也不能归因于经验，而可归因于智力。例如，走迷宫，大家都没学过，谁通过得快，谁的智力就好些。

（2）能力倾向测验

在某些领域中，智力测验有其特殊的价值，但是日常被大量运用的则是用于人员选拔和安置的能力倾向测验。

在智力测验的编制和使用过程中，人们发现在智力结构上存在着明显的个体差异，由于这种智力结构上的差异，同样的一个智商分数对于不同的人可能意味着不同的意义，单一的智商分数不足以刻画一个人的能力特点。因此，人们开始注意那些在智力测验上取得相近智商的人所表现出的不同的能力倾向。

推动能力倾向测验发展的另一个原因是社会的需要。在学校的招生、工厂的招工以及职业咨询活动中，人们不仅要求受测者具有一般的智力，而且要求受测者具有一定的知识技能，需要受测者在某一方面或某几个方面具有潜在的发展可能性。在这种社会需要的推动下，学术能力、机械能力、音乐能力、体育能力等一系列能力倾向测验应运而生。这些能力倾向测验被广泛地应用于学校、企业、军队的人员选拔和人员安置。

（3）成就测验

无论是在教学过程中，还是在安置人员的情况下，了解一个人已有的知识技能水平都是非常重要的。在学生的学习成绩评定中，成就测验被广泛运用，这种测验通常具有很高的客观性、稳定性和一致性。在许多情况下，知识测验既可以被用来发现学生学习过程中出现的问题，也可以被用来发现教师在教学过程中存在的问题。

成就测验的作用不仅仅在于发现前一阶段学习中的问题和为后一阶段学习指示方向，更重要的是，成就测验可以对学习进行强化，可以给学习者以及时的激励，可以保持学习者的兴趣和动力。

适当地运用成就测验是“因材施教”的重要条件，对此心理学家已有大量的论述。

课堂互动2-2

答案提示

课堂互动 2-2

智商一样的人，他们的能力就一样吗？

案例窗 2-2

三人行，必有我师

有一个博士去一家研究所工作，成为所里学历最高的一个人。有一天他到单位后面的小池塘去钓鱼，恰好看见正副所长在他的一左一右，也在钓鱼。他只是微微点了点头，心想："跟这两个本科生，有啥好聊的呢？"不一会儿，正所长放下钓竿，伸伸懒腰，"噌噌噌"地从水面上健步如飞地走到对面上厕所。博士惊讶得连眼珠都快掉出来了。水上漂？不会吧？这可是一个池塘啊。正所长上完厕所回来的时候，同样也是"噌噌噌"地从水上走回来。怎么回事？博士又不好意思去问，自己可是博士呢!过了一会儿，副所长也站起来，走几步，"噌噌噌"地"漂"过水面去上厕所。这下子博士更是差点昏倒：不会吧，自己到了一个江湖高手集中的地方？博士也内急了。这个池塘两边有围墙，要到对面厕所得绕十分钟的路，而回单位上厕所又太远，怎么办？博士也不愿意去问两位所长，憋了半天后，也起身往水里跨，心里暗想：我就不信本科生能过的水面，我博士不能过。只听"咚"的一声，博士栽到了水里。两位所长将他拉了出来，问他为什么要下水，他问："为什么你们可以走过去呢？"两位所长相视一笑："这池塘里有两排木桩子，由于这两天下雨涨水正好没在水面下。我们都知道这木桩的位置，所以，可以踩着桩子过去。你怎么不问一声呢？"

分析提示：学历只代表过去，它只表明到目前为止你拥有的能力。人只有不断地学习才能跟上时代发展，尤其到了一个新环境的时候，更有许多东西需要学习，"人外有人，天外有天"，"三人行，必有我师焉"。尊重有经验的人，才能少走弯路。与时俱进不仅仅是口号，更要身体力行。

3）能力差异与管理

员工是企业的宝贵资源。员工的能力有高有低，能力的类型有差别，能力的发展有早晚。因此，作为一个管理者，要研究员工能力的个体差异，掌握其能力的特点，以便做到量才录用，人尽其才，才适其职。

（1）制定能力标准，合理招聘人才

不同性质的企业，各工种、各岗位对任职者都有一定的能力要求。比如，有的工作要求任职者有较强的思维能力，有的工作要求任职者有快速反应的能力，有的工作要求任职者有敏锐的洞察力，有的工作则要求任职者有某方面的特殊能力，只有适合该组织能力标准的人，才能促进工作效率的提高。因此，企业管理者应该根据不同的工种和岗位制定相应的能力标准，合理招聘人才。

（2）根据员工能力差异，科学合理分工，做到"人尽其才"

企业管理者应当善于发现员工的长处，做到用人之所长、避人之所短。任何组织的工作都是多种多样的，而各种工作对员工的能力提出了不同的要求。如果一个人的能力符合工作要求，他就能胜任工作；反之，就无法胜任工作。要根据员工的实际能力安排工作，做到人适其职，职得其人。

管理心理学的研究表明，在工作性质与人的能力发展水平之间存在着一个"镶嵌”现象，即每一种工作都有一个能力阈限，它要求工作者既不能超过这个阈限，也不能低于这个阈限。这就是说，执行某种性质的工作，只需要恰如其分的某种能力水平。人的能力水平高于能力阈限，会造成浪费；人的能力水平低于能力的阈限，则不能保证完成和做好工作。因为智商过高的人，从事一项比较容易的工作往往会对工作感到乏味，不能对该项工作维持兴趣，当然会影响工作效率。反之，如果一个能力水平偏低的人，去从事一件比较复杂或比较精细的工作，往往会感到力不从心，产生焦虑心理、紧张心理，严重的还会感到群体压力，还可能出现人格异常，甚至出现事故。

(3) 优化组合时，注意能力的互补性

由于不同的能力之间具有相互补充和相互促进的作用，因此，在进行人员优化组合时，应该充分应用能力的这一特点，避免同类能力的人员过分集中，尽量把各种类型能力的人员编排在一起，以便组织成员之间扬长避短。

(4) 根据人的能力差异，对员工进行职业技术教育和能力的训练

在人员培训时，注意处理好“一般能力和特殊能力”的关系，才能强化培训效果。既要抓好与他们当前所从事的工作或将来可能从事的工作直接有关的专业知识或专业技能的教育，提高职工的特殊能力，也要根据员工原有的文化水平、兴趣爱好，分别组织他们参加各层次的学习，使员工增加科学文化知识，提高观察力、分析能力、计算能力、想象力、创造力等一般能力。这些能力的提高，为进一步发展特殊能力做好了准备，为员工队伍的智力开发奠定了雄厚的基础。

2.2.3 气质

1）什么是气质

气质是指人的心理活动的动力特征。心理活动的动力特征主要是指心理过程的强度、速度、稳定性以及心理活动指向性等方面的特点。人的情绪体验的强弱，意志努力的大小，知觉或思维的快慢，注意力集中时间的长短，注意力转移的难易，以及心理活动是倾向于外部事物还是倾向于自身内部等，都是气质的表现。一般讲的“脾气”“秉性”等是气质的通俗说法。

2）气质类型及特征

如【小知识 1-1】中介绍的那样，根据气质的体液说，人的气质类型可以简单划分为多血质、胆汁质、黏液质和抑郁质四种类型，每种类型都有其突出的特点。在日常生活中，具有单一类型气质的人是极少见的，绝大多数人是混合型气质。

3）气质差异与管理

心理学研究表明，气质本身没有好坏之分，它本身不能决定一个人活动的社会价值和成就的高低，但是，气质对实践活动的性质和效率会产生一定的影响，是职业选择的依据。因此，作为企业的管理者要善于了解和把握员工的气质类型特点，做到“一把钥匙开一把锁”。

(1) 根据员工的气质类型，安排合适的工作岗位，发挥员工专长

气质不影响人们成就的高低，但不是说气质对人没有影响。气质对工作效率高低的影响是不容忽视的。一个人所具有的气质特点符合工作要求时，比较容易适应，工

作起来就比较轻松；反之，则困难些。

实践证明，从事任何一项工作，都要求人们具有一定的心理品质或条件。在企业的各部门人员选择安排上，确定完成某项工作所必需的特殊能力和气质的特点，然后选拔、鉴定适合完成这项工作要求的人，是实现企业目标的一项重要工作。

（2）在安排工作上，注意不同气质类型员工的适当搭配

不同气质类型的人所组成的群体，可以优势互补，提高工作效率，减少人际间的摩擦，有助于建立和维持和谐的人际关系和良好的工作氛围。假如一个群体，都是黏液质和抑郁质的人，这个群体必然会沉闷有余、朝气不足；相反，群体中都是多血质的人，虽然他们共同语言多，但也不好协调。所以，如果一个群体里同时具备了这些不同气质类型的人，就比单纯的同一气质类型的人在一起工作更容易搞好人际关系，所发挥的效率也要高得多。

（3）从员工的气质类型出发，使用不同的教育手段

首先，人与人之间的气质差异决定了员工的心理承受能力不同。所以，人们对同一思想工作方式反应就不同。因此在做思想工作时，针对不同气质的人要采用不同的方式、方法。

其次，每个员工的气质都有优势和不足，教育的内容应因人而异。在进行思想教育时，对不同气质特点的员工要有所侧重，有针对性地培养优良品质，帮助员工发展气质的积极方面，克服气质的消极方面。

（4）引导不同气质的人，促进员工的身心健康

不同气质的人对社会刺激的反应不同，承受能力也不同，特别是遇到重大挫折时尤为明显，势必造成不同的心理负担，影响个体的心理和身体健康，这是管理者必须重视的问题。比如，胆汁质的人，争强好胜，精力旺盛，常被称为“工作狂”。因此，领导要关心他们，不要因为他们能干、愿意干，就一味加担子，忽略他们的身体健康。

2.2.4 性格

1）什么是性格

现代心理学认为，性格是指一个人对客观现实的态度和习惯化的行为方式中所表现出来的较稳定的心理特征。它是个性具有核心意义的部分。

人在社会活动过程中，客观事物特别是社会环境的影响，通过自身的认识和意志活动在个体身上保存并巩固下来，构成一定的态度体系，并以一定的形式表现在个体的行为之中，构成个体特有的行为方式。因此，性格是个体在活动中与特定的社会环境相互作用的产物。它具有态度倾向性、社会制约性、稳定性及可塑性等特点。

2）性格的结构

性格是一种十分复杂的心理构成物，它有着各个侧面，并形成一个性格特征系统。

（1）性格的态度特征

人对现实的态度主要是指对社会、对集体、对他人、对劳动以及对自己的态度。性格的态度特征表现为对工作是勤恳或懒惰、认真或马虎、细致或粗心、进取创新或

墨守成规等程度的不同。对自己表现为谦逊或自满、开朗与羞怯、胸怀坦荡和心胸狭窄等。

课堂互动2-3

答案提示

课堂互动2-3

工作中自卑的人容易合作吗？

（2）性格的意志特征

性格的意志特征表现为果断或犹豫不决，勇敢或怯弱，坚定或动摇，守纪律或散漫，沉着冷静或鲁莽行事等差异。

（3）性格的情绪特征

性格的情绪特征主要表现在情绪的强度、稳定性、持久性、主导心境等个体差异。自古就有“百人百性百脾气”之说，不同性格的人有不同的表现。例如，有的人情绪高涨、鲜明、精力充沛，有的人情绪安宁、冷漠；有的人经常处于郁闷的环境中则可能抑郁消沉、悲观厌世等。

（4）性格的理智特征

性格的理智特征表现在感知、思维、记忆、观察、想象等认知方面的性格特点，不同的人有不同的特点。比如，有的人多注意事物的整体与总的结构，有的人特别注意事物的细节；有的人看问题全面、辩证，有的人看问题片面、形而上学等。

3）性格差异与管理

人与人之间的性格在种类、特征上都存在很大的差异。管理者要善于把握员工的性格特点，使之与所从事的工作相适应，提高工作效率。

（1）重视对企业员工性格的了解和把握，做到知人善任

性格是个性的核心，它对人的行为有很大的影响作用。因此，在企业管理工作中，管理者要分析和了解每一个员工的性格，以便预测和控制他们的行为，并能够引导其朝着有利于实现企业目标的方向发展。

另外，不同性格特征的人，在日常工作和生活中有不同的表现，所接受的管理方式也不同，管理者要做到因人而异。

（2）创造适宜的工作环境和条件，使之与员工的性格倾向吻合

美国著名职业生涯指导专家霍兰德1985年提出了性格-职业搭配理论。他认为，同一类型的人与同一类型的职业互相结合才能达到适应状态。而人在一生中，面临着许多职业选择、工作选择、职位选择，甚至具体项目的选择，这些选择是否能与其自身的性格类型相匹配，是影响其成功的重要因素。

当员工从事的职业与性格相吻合时，就可能发挥出能力，容易做出成就；反之，则可能导致其原有才能的浪费，或者必须付出更大的努力才能成功。

知识拓展2-2

如何与不同性格的上司沟通

本章小结

★ 本章介绍了个体心理中的知觉、个性两部分内容。知觉有四个特征：选择性、理解性、恒常性和整体性。社会知觉过程中，人通常采用一些捷径，而结果常常会产生误差甚至错误，这些规律性现象称为社会知觉误区。在个性部分主要介绍了个性特征及能力、气质、性格的差异与管理。

核心概念

知觉 个性 性格 能力 气质

基本训练

□ 知识题

随堂测 2-1
判断题

2.1 判断题

1）人在解释外部世界的时候总是客观的。 （ ）

2）气质无好坏之分。 （ ）

3）工作中自卑的人不好合作。 （ ）

随堂测 2-2
选择题

2.2 选择题

1）影响知觉的主观因素有（ ）。

A. 性格 B. 经验 C. 情绪 D. 兴趣

2）性格是一个人比较稳定地对现实的态度与习惯化的（ ）。

A. 行为方式 B. 生活方式 C. 学习方式 D. 交往方式

2.3 简答题

1）什么是刻板印象？

2）怎样根据员工的气质差异进行有效的管理？

□ 技能题

依据个性理论，训练提高自己的能力。

观念应用

□ 分析题

谁当总经理更合适

某工业公司是一个由十几家小厂组成的专业公司。公司行政领导班子由一正三副四个成员组成。总经理由于年事已高即将退休，需要物色一个合适的新总经理。该公司的上级主管部门经过一段时间的考察，认为现任三位副经理不宜提升，新任总经理要另行挑选。各方面的意见最后集中到从李厂长和王厂长两个人中选一个。下面是有关他们的资料。

李厂长，男，39岁，文化程度大学本科（电子专业），中共党员，原是该厂技术员，出生于高级知识分子家庭。工作十分积极努力，认真学习科学文化知识，并善于把学到的知识用来指导工作，为本厂的产品开发、产品的升级换代、建立科学的检测手段等都做出了重要贡献。他从技术科长提升为厂长后，对厂里进行了一系列的改革，加强了科学管理，使工厂的面貌大为改观，大大提高了经济效益，年创利和人均创利都居本系统的首位，职工收入也大幅度增加。全厂职工精神振奋，一派欣欣向荣的景象。李厂长性格开朗，精力充沛，善言谈、好交际，活动能力很强，积极开展横向联系，在全国十多个省市开设了两百多个经销点，三十多个加工企业，效益都很显著。他认为，要发展就要靠技术，因此千方百计、不惜重金引进人才，至今该厂已有十多位外聘的高级工程师和工程师。他还很重视产品的广告，每年要花几十万元广告费，电台、电视台、路边广告牌、电车、汽车以及铁路沿线都有该厂的广告，可谓“无孔不入”。他担任了市企管协会分会的理事，在协会活动中频繁露面，与各方面关系融洽，对厂里工作也有促进。李厂长事业心强，一心扑在工作上，早出晚归，南来北往，一年到头风尘仆仆，不辞辛苦。该厂曾被评为市企业管理先进单位，李厂长获“市优秀厂长”称号，该厂的产品也被评为“市优质产品”。

但李厂长也有一个明显的缺点，就是骄傲自满，自以为是，常常盛气凌人，有时性情急躁，弄不好还会暴跳如雷，不太把公司的领导放在眼里，经常顶撞他们，因此公司领导对他这一点颇为不满。各科室也不大愿意和他打交道，他同公司下属的其他几个兄弟厂关系也不融洽。这些厂的厂长们对他敬而远之，对上级表彰他颇有微词。他也不善于做思想工作，认为这是党支部的事。所以平时遇到思想问题，他都是作为“信息”告诉书记，要支部去做工作，他和几个副厂长关系处理得也不太好，领导几次协调也无济于事。

王厂长，男，37岁，文化程度大专（企业管理专业），中共党员，有技术员职称，组建该厂时就担任了厂长，至今已近10年。他经历了该厂由衰到盛、几起几落的整个过程。他对电子行业的特点非常熟悉，自己又有动手设计的能力。他最大的特点是精于企业管理，在学校学了计算机原理后，他率先把计算机运用到企业管理中去。他对整个厂的机构设置、行政人员的配备、岗位责任以及各副厂长、科长、车间主任和各级管理人员的职责都有明确的规定，每年考核两次，奖惩分明。因此，平时大家各司其职，他却显得很悠闲自在，常常上这个科室转转，到那个车间看看，以便了解情况，发现问题。公司及有关部门召开的会议，他从来不缺席，相对于有的厂长常常忙得脱不开身，他似乎“超脱”得多。

王厂长性格内向沉稳，不喜欢大大咧咧地发表议论，对什么事情总要深思熟虑，三思而后行，人们说他有“内秀”。他对自己厂今后五年的发展有一个远景规划，听起来切实可行，也颇鼓舞人心。对一些出风头的社会活动，他不太喜欢参加，但对各科开阔思路的业务技术讲座却很感兴趣。他很善于做职工的思想工作，他认为企业职工的思想问题都是在生产过程中产生的，都和生产有关。一厂之长，要抓好生产怎么能不做思想工作呢？因此，对一些老大难问题，他从不推诿，都是亲自处理。他还要求各级行政干部做员工的思想工作，并把它作为考核的内容。他和党支部、工会的关系都很好，并积极支持他们的工作。他待人谦和、彬彬有礼，和本公司上下左右关系都不错，公司有什么事，只要打一声招呼，他就帮助解决了。因此，他的人缘很好，厂里进行民意测验，大家几乎都异口同声地称赞他。

和李厂长不同，他不喜欢花高价引进工程技术人员，他认为这些人中不乏见利忘义之徒，只能同甘，不能共苦。他认为关键时刻还是要靠自己，所以宁愿多花些钱来培养自己厂里的技术人员。近几年来，厂里也确实培养了一批技术骨干，有些人还很拔尖。他也不喜欢高价做广告。他说，自己的产品质量自己有数，我不能干“这边排队卖，那边排队修”的事。他把做广告的钱用来购买先进的技术设备，为提高质量服务。他说等质量到经得起“吹”的时候再做广告。但实际上他们厂的产品质量还是不错的，开箱抽查的合格率达98%。

该厂是市企业管理先进单位，区文明单位。工会是区“先进职工之家”，团支部是区"先进团支部"，他本人则荣获"市优秀厂长"和"区优秀党员"称号。

但也有不少人认为，王厂长缺乏开拓精神，求稳怕变，按部就班，工作没有多大起色。按照厂里的基础和实力，应该发展得更快些。与李厂长相比，他就显得保守、过于谨慎，处事比较圆通、不得罪人。王厂长听了这些议论，不以为然，依旧我行我素。李厂长和王厂长谁当总经理更合适，上级领导部门至今议而未决。

资料来源 窦胜功，等. 组织行为学教程［M］. 4版. 北京：清华大学出版社，2016.

问题：

（1）依据个性理论，对两位厂长的能力、气质、性格进行分析、比较。

（2）通过对两位厂长的个性分析比较，你认为谁当总经理更为合适？怎样才能做到扬长避短、人尽其才呢？

□ 案例题

爱发脾气的乔布斯

对于创业起家，特别是最终取得出色成就的企业家，有很多关于他们脾气暴躁的故事。他们一往无前地专注于做事，专注于是否做出扎实结果，是否达到卓越水平，似乎全不在意与其他人的交流互动。在敬佩他们成功的同时，人们往往不认同他们的粗暴行为。

不过，如同酒后闹事并不是普遍认为的故意行为一样，企业家暴躁的背后也有隐藏的原因，不能简单地归结于缺乏修养。

在坏脾气的企业家中，美国苹果公司的创始人乔布斯是一个突出的例子。例如，他的传记作者就写道："史蒂夫·乔布斯的个性经常让周围的人愤怒和绝望。"以太网的发明人梅特卡夫评价道："乔布斯是个伟大的思想家，但是在待人方面也可能是个十足的混蛋。"

1985年，乔布斯被董事会赶出他亲手创建的苹果公司。对这个事件的公开回顾，无论是乔布斯自己还是其他相关人员，都集中在对业务问题的分歧方面。其实，大家受够了乔布斯的臭脾气，同样是一个重要的因素。

不过，对于乔布斯的脾气暴躁，和他共同创建苹果公司的沃兹尼亚克却揭示出深层的原因："他对他认为不聪明的人会很粗暴，但他从没有粗鲁地对待过我。"而且沃兹尼亚克认为："乔布斯尊重苹果的人才，特别是那些非常有才华的员工。"

曾在苹果公司担任设计师的哈特穆特·艾斯林格也认为："乔布斯是一位非常聪明的人，他生气是因为他无法忍受愚蠢。他对自己不是那么在意。他接受创造力，并尊重它。"那么对乔布斯来说，什么是不愚蠢有才华？我们不妨从他没有发火的例子中寻找答案。

苹果公司员工Kawasaki有过这样一个经历：一天，乔布斯与一个不认识的人出现在他的工作隔间。乔布斯没有先介绍那个人，而是直接发问："你觉得一个叫作Knoware的公司如何？"Kawasaki回答说，这个公司的产品平庸、无趣，和苹果的战略完全不符合。没想到，接下来乔布斯向他介绍那个人："我让你认识一下Knoware的CEO，Archie McGill。"对于这样的尴尬局面，Kawasaki只能在心中默默地说："乔布斯，我谢谢你。"不过令人啼笑皆非的是，他通过了乔布斯的测试。回想这个经历，他总结道："如果我说一些关于蹩脚软件的好话，乔布斯就会认为我不懂专业，这会让我的职业生涯受限或者直接结束。为乔布斯工作并不轻松，也不愉快。他渴望卓越，你要么在游戏的顶峰，要么就走。我不会为我做过的任何一个工作交换这段经验。”

苹果公司前零售主管罗恩·约翰逊接受斯坦福大学商学院的采访时透露了这样一个故事：在2001年5月苹果公司开设第一家零售店之前，约翰逊开车带乔布斯去参加每周例行会议。约翰逊当时直言不讳：“我们现在是把零售店设计成一个围绕产品的场所，但如果围绕音乐或电影活动来设计怎么样？我们应该那样做。”乔布斯听了回答道：“你知道这改变有多大吗？我没有时间再重新设计零售店。”十分钟后，乔布斯走进会议室说：“好吧。罗恩认为我们的零售店设计是完全错误的，他是正确的，所以我现在就离开。罗恩，你留下跟他们一起设计新的零售店。”

从这两个故事中，我们可以看见一个表面上有些调皮、实际上通情达理的乔布斯，完全没有那种令人战栗的恶魔形象。而且乔布斯的反应说明，他并不希望别人去迎合他的观点，那是权力动机的追求。相反，他赞赏独立思考，认同追求卓越、追求高标准的行动，这说明主导他的心灵的主要力量是成就动机。

沃兹尼亚克也说：“乔布斯尊重那些他认为有足够想法并敢于向他表达想法的人，并给他们提供高级的优先待遇。”

因此，在与他人的互动过程中，只要别人的表现能够使他的成就需求产生满足感，即便受到顶撞，他也不会产生暴躁的情绪。

在乔布斯的眼里，所谓的愚蠢和才华，并不仅仅与纯智力的聪明有关，更重要的是高标准、高要求，积极主动地解决实际问题的见解和行动。

乔布斯对愚蠢发火，实际上就是面对与他追求的层次相比，属于低标准、低要求，被动等待的表现，所引发的憋闷、窝火的结果。当然，乔布斯的成就动机强烈，追求的标准非常高，达不到他要求的人自然就多，因此发火的对象也多。

众口铄金，其恶魔的形象很容易树立起来。

资料来源 陈为．乔布斯、任正非为什么爱发脾气？[EB/OL]．[2019-03-16]．http：//www.ceconline.com/leadership/ma/8800098441/01/.

问题：你如何评价乔布斯的个性？为什么说取得出色成就的企业家更容易有坏脾气？

□ 实训题

根据本章中所学的个性理论，尝试对自己周围的人进行气质类型归类。

第3章

态度与工作满意度

学习目标

通过本章的学习，你应该达到以下目标：

知识目标：了解态度的基本知识，尤其需要重点掌握态度与行为的关系，价值观、态度的形成与改变的理论和工作满意研究。

技能目标：依据态度改变的理论掌握改变他人态度的技能。

能力目标：具有分析人的态度形成过程的能力。

第3章

思维导图

引例 马云：价值观是灵魂，态度比能力重要

2018年IMF（国际货币基金组织）与世界银行秋季年会在巴厘岛举行，阿里巴巴董事局主席马云出席了会议。

在世界银行行长金墉与马云对话的环节，金墉提出了如下问题：

你总说选对人是最重要的事，你是怎么选将的？你怎么判断谁是对的人？

马云称根本没有“最好的人”之说，你没法找到最好的人，要通过培训把他们变成最好的人，最好的人都在你的公司里。

“我不希望我请来的人问我，‘你希望我做些什么’，我不想让你做任何事，你能为我们做些什么，你能为自己做些什么，这是更重要的。

我喜欢这样的人：善于学习，对未来无所畏惧，相信未来，能够进行团队合作，足够聪明。给他们足够的时间，我们会对他们培训，也允许他们犯错。”

价值观是灵魂，要发自内心地认同公司价值观

阿里巴巴有一个著名的“百年大计”，最初用来培训中国供应商项目的销售人员。“百年大计”的培训内容，首先是价值观，其次才是销售技巧。为了让所有参加培训的员工意识到价值观的重要性，阿里巴巴在这一点上不计成本地用时3个月。

阿里巴巴对价值观的坚守在中国企业中是极为罕见的。身为“十八罗汉”之一的彭蕾曾说：“尽管当时阿里巴巴账上的钱很有限，但回过头来看，还是会坚持当初的选择，投入很多资源在人的培养、管理团队的培养上。”

2011年，在阿里巴巴历史上引发广泛关注的一次高管辞职事件，也与价值观有关。B2B业务黑名单事件导致CEO卫哲和COO李旭辉引咎辞职。马云在公司内部会议上表示：卫哲、李旭辉做出了很好的榜样，天下没有几家公司会相信，CEO和COO同时辞职是因为价值观。这就是阿里，我们要捍卫价值体系。

在阿里，价值观不仅在“百年大计”的课堂上讲，还被列入每个人的考核指标中，而且在考核中，价值观与业绩的比重各占50%，就像阿里一直倡导的“虚的东西要做实”。

一个公司所有的策略、战略都基于它的价值观，价值观是一个公司、一个团队的灵魂。作为管理者，你要梳理出自己团队坚守的价值观。哪些是必须坚持的，哪些是坚决不碰的，当每个人心中都有这样一条红线时，这个团队会更有凝聚力。作为一名员工，如果你不能很好地认同公司的价值观，就不能发自内心地热爱你的工作。因为你做的事情不是你相信的，不是你认同的，不是你愿意做的，就不可能坚持下去。

态度比能力重要，乐观是最重要的态度

马云曾说，自己一直坚持一个信念：态度比能力重要。

你过去的态度，决定了你现在的能力。你现在的态度，决定了你未来的能力。

在阿里巴巴内部，这种很重要的态度就是乐观。

21世纪初期，阿里巴巴最早面对的对手，也是当时最主要的竞争对手，就是当时一家老牌贸易杂志出版商——环球资源。

面对强劲的对手，阿里巴巴成立了中供直销团队，提出了“陌生拜访”的策略。当时，中国大部分中小型企业分散在城郊，许多人其实愿意付费来获取真正有价值的

贸易信息，阿里巴巴所采取的面对面上门推广成为提供服务的最有效的方式。深夜回到出租屋，两毛钱打一壶热水，一半泡脚，一半泡面，这是当年许多销售员的生活常态。从参加“百年大计”到成功通过三个月严格考核，最后留下来升职加薪，乐观精神在每一个成员身上体现得淋漓尽致。

“我选择的人必须乐观，因为作为创业者，不乐观会招致灾祸。”在对话世界银行行长金墉时，马云这样回应。

彭蕾在纪录片《Dream Maker》中也表示：阿里巴巴刚成立时，马云每次回到湖畔花园，都说自己又拒绝了一家VC，直到有一天，马云回来说自己已经拒绝了37家VC。

“但是结果近些年才揭晓，原来是马云被VC拒绝了37次。”

一个团队的气质，总是与它早期指挥官的气质非常接近。即使是在“非典”时期，马云依然保持乐观。正是这种乐观，能够让中供直销团队不怕吃苦，百战百胜。

一个拥有乐观态度的人，在碰到问题时第一反应是想：有什么解决方案？可以创造什么条件？可以寻求什么帮助？最差的结果是什么？

客观理性地认清当下的真实情况后，仍然充满好奇心和乐观向上的精神，会让你走得更远。

资料来源　马云. 有这5种特质的人，未来将走得更远［EB/OL］.［2018-11-19］. http://www.zwgl.com.cn/cn/readinfo.asp? id=696&bid=738&nid=23611.

3.1　态度概述

态度是一种复杂的心理现象，它的形成和发展受到个体过去的知识、经验、动机等因素的影响。某种态度一经形成，就会对人的行为产生极大的影响。因此，要深入了解人的心理和行为，就必须研究人的态度。

不管人们的职业性质如何，几乎每个人都离不开态度这个概念。比如，企业的厂长或经理关心员工的态度，因为它会影响到生产积极性和生产效率；市场营销管理人员关心的是顾客对相互竞争的各种品牌的产品和服务的态度，因为这直接影响到企业的生存和发展。

3.1.1　态度及其构成

1）态度的概念

态度是指个人对某一对象所持有的评价和行为倾向。态度的对象是多方面的，其中有人、事件、物、团体、制度以及代表具体事物的观念等。

人们对一个对象会做出赞成或反对、肯定或否定的评价，同时还会表现出一种反应的倾向性，这种倾向性就是心理活动的准备状态。所以，一个人的态度不同，就会影响到他的行为取向。

2）态度的构成

（1）态度的成分

从构成成分看，态度主要包括三种成分，即认知成分、情感成分和意向成分。

认知成分是指对人和事物的认识、理解和评价，即我们通常所说的印象，它是态度形成的基础。情感成分是指对人和事物做出的情感判断，它是态度的核心，并与人们的行为紧密相连。意向成分是指个人对态度对象的反应倾向，即行为的准备状态。我们研究态度中的行为时，通常根据态度中的情感成分进行推测。

课堂互动3-1

答案提示

课堂互动3-1

通常情况下，态度的上述三种成分是协调一致的。假如三者不一致的话，哪种成分起主导作用呢？

（2）态度的层次

态度的上述三种成分之间有没有关系？如果有的话，是一种什么样的关系？在特定的条件下，人们是先思考再行动还是先行动再思考？这就涉及态度的层次问题。态度的层次就是指态度的三种成分之间的发生顺序。

①高度参与层次。人们对某事物的态度，首先有想法，然后产生感觉，最后才产生（购买）行为，如图3-1所示。

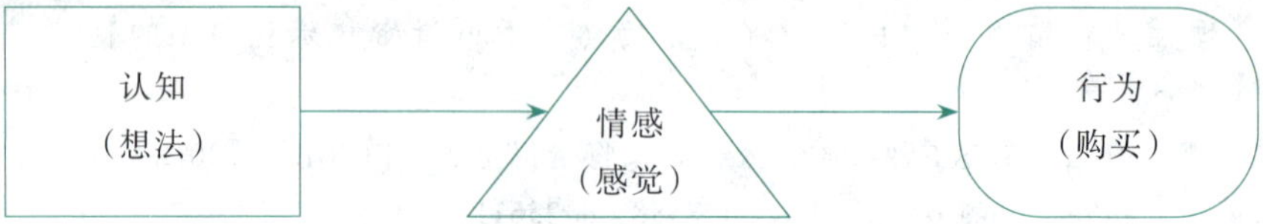

图3-1 高度参与层次

②低度参与层次。人们在低度参与层次时，是（购买）行为在先，然后产生感觉，最后才形成想法，如图3-2所示。

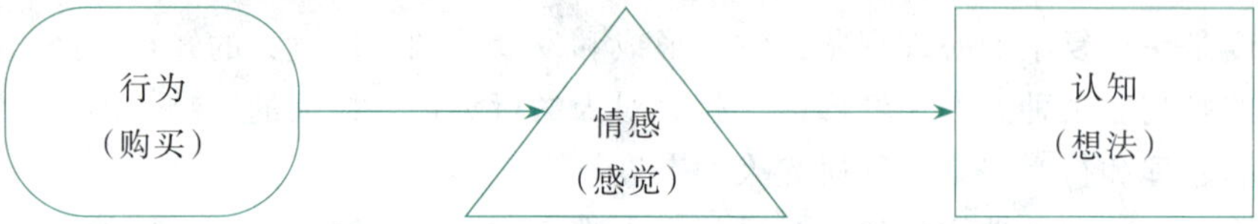

图3-2 低度参与层次

③经验学习层次。经验学习层次也称情绪性层次，是指人们先有感觉，然后产生（购买）行为，最后再思考，如图3-3所示。

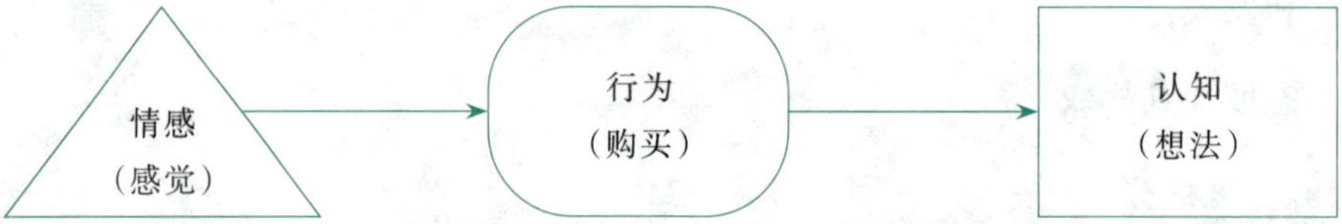

图3-3 经验学习层次

④行为学习层次。行为学习层次是指因为环境上或情境上的因素促使人们在未形成情感与信念之前，就先采取了行动。因此，在行为学习层次中，行为最先出现，接着根据该行为形成认知，最后才是情感，如图3-4所示。

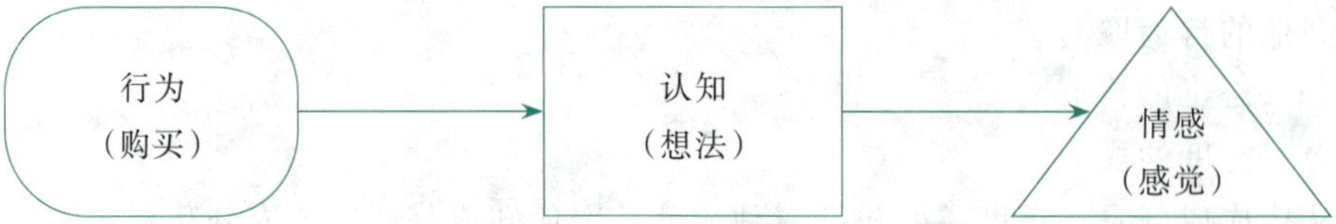

图3-4 行为学习层次

3.1.2　态度的特点

1）对象性

态度必须指向一定的对象，若没有对象，就谈不上什么态度。态度是针对某一对象而产生的，具有主体和客体的相对关系。人们做任何事情，都会形成某种态度，在谈到某一态度时，就提出了态度的对象。

2）社会性

态度是通过学习获得的，不是生来就有的。态度不是本能行为，虽然本能行为也有倾向性，但它是不学就会的。所有的态度都不是遗传获得的，而是后天获得的。

3）内隐性

态度是一种内在结构。一个人究竟具有什么样的态度，我们只能从他的外显的行为中加以推测。例如，一个员工在业余时间里总是抱着各种专业书在看，那么我们就可以从他的行为中来推测他对学习有着积极的态度。

心理学家罗森伯格用图表（见表3-1）描述了态度的内在结构的特征。

表3-1　态度的内在结构特征

刺激	态度	反应
外界刺激是可以观察到的独立变量，如：个人情况、社会问题、社会团体及其他对象	态度是中介因素，有三种成分：情感、意向、认知	反应是可以观察到的从属变量，包括：情感反应、认知反应以及观点的言语反应、外显行为

表3-1是通过刺激、态度、反应三者的关系来说明，态度这一内在结构是刺激与反应之间的中介因素。

4）稳定性与可变性

态度的稳定性是指态度形成后保持相当长的时间而不变。态度是个性的有机组成部分，它使人在行为反应上表现出一定的规律性。当然，态度也并非一成不变，当各种主客观因素发生变化时，态度也会随之改变。

5）调整性

态度的一个重要特点就是它具有调整功能。所谓调整，就是当事人在社会奖惩或亲朋意见及榜样示范作用下改变自己态度的情况。这种功能有助于员工在心理上适应新的或困难的处境，使自己不必亲身经历或付出代价而实现态度的改变。管理上的示范作用就属此理，对先进的表彰奖励、对落后的批评惩罚不但会影响到当事人的思想和行为，还会影响到其他接触到相关信息的人的思想和行为，从而使他们的思想和行为发生改变。

小知识3-1　态度影响社会性判断

哈斯托夫和坎特里尔将普林斯顿大学和达特茅斯学院两校队的足球比赛录像分别放给两校学生看，结果普林斯顿大学生发现达特茅斯球队犯规次数比裁判实际指出的多两倍，而达特茅斯大学生则相反，更多地指出普林斯顿球队犯规而未受罚的次数。显然，两校学生维护各自学校荣誉的立场和期望本校球队获胜的积极态度是造成认知判断上的偏差的有力证据。

3.1.3 态度与人的行为

态度与行为的关系是非常复杂的，这不仅在于态度本身的复杂性，还在于人们的行为受到多种因素的影响，态度仅仅是影响人的行为的诸多因素中的一种。

有关态度与行为之间的关系的探讨几乎与对态度本身的研究历史一样悠久。大多数学者对态度和行为之间的关系基本上持肯定的意见，即认为一个人的态度决定了他的行为。比如，你觉得不该发展烟草工业，你就不可能抽烟。这也正如前文所述，态度是行为的内在准备状态，因而可以通过态度来预测行为。

然而，也有人通过研究发现，在一些情况下，态度与行为可能并不一致。早在20世纪30年代初，美国学者R.T.拉皮尔就在一项著名的研究中对态度与行为相一致的看法提出了异议。在这项研究中，拉皮尔与一对年轻的中国留学生夫妇进行了一次环美旅行。由于当时美国人对东方人普遍持有歧视态度，拉皮尔和同伴们旅行前预计在旅途中将很难得到旅馆和饭店的良好接待。但是，在万余英里的行程中，他们光顾的184家饭店和66家汽车旅馆中只有1家拒绝接待。6个月以后，拉皮尔给他们光顾过的旅馆、饭店和一些他们没有光顾过的旅馆和饭店寄去了调查问卷。问卷共有两种，问卷1是只就中国人提问，问卷2是分别就中国人、德国人、法国人、日本人等提出类似的问题。因为拉皮尔担心只就中国人的提问会引起怀疑，而得不到确切结果。两种问卷都包括这样的问题："你愿意在你那里接待中国人做客吗?"调查结果见表3-2，也就是说，尽管上面那对中国夫妇在实际旅行中受到了很好的接待，但开饭店或旅馆的美国人对中国人依然怀有极大的偏见和歧视。拉皮尔和其他一些研究者依此得出了态度和行为之间有时存在着很大的不一致性的结论。

表3-2 对"你愿意在你那里接待中国人做客吗?"的回答

	光顾的旅馆		未光顾的旅馆		光顾的饭店		未光顾的饭店	
回答总数	47		32		81		96	
问卷类型	1	2	1	2	1	2	1	2
回答数	22	25	20	12	43	38	51	45
否定的回答	20	23	19	11	40	35	47	41
回答看情况	1	2	1	1	3	3	4	3
肯定的回答	1	0	0	0	0	0	0	1

拉皮尔的研究引起了人们对态度与行为的关系问题的重视。因此，人们更注意研究在什么情况下，以及在什么样的前提下，态度与行为具有相关关系。但不管怎样，要想通过态度来预测行为，所测量的态度必须与所考察的行为相一致。就拿拉皮尔的研究来说，他的问卷测量的是美国人对普通中国人的一般态度，而被测量者的行为却是在面对穿着入时、举止文雅、又有白人陪同的年轻的中国夫妇时发生的。显然，在

这样的研究中出现态度与行为的不一致，是因为所测量的态度与所考察的行为并不相符。

为了对特定的行为做出预测，费希伯恩等提出了“行动意图模式”。他们认为，人会考虑到自己行动的含义，大部分行动都是受意识支配的。因此，一个人是否采取某一特定行动的最直接的决定因素是意图。意图又取决于两种变量，一是行为者对该行为的态度，二是行为者的主观行为规范，它由个体所知觉到的行为期待构成。一个人的行为意图就是这两个因素的函数，这两个因素分别是：他对于该行为的态度和他的主观规范（如图3-5所示）。

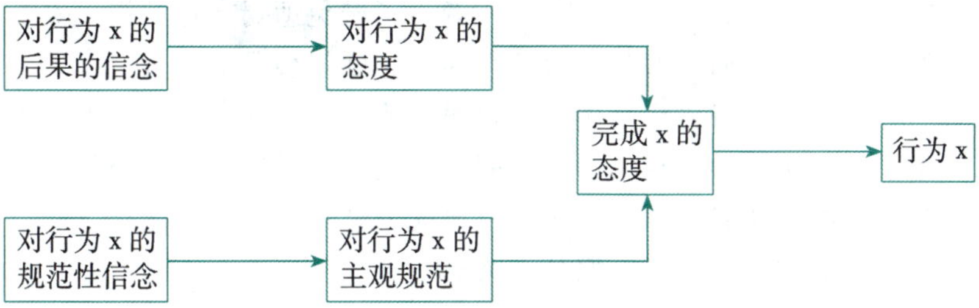

图3-5　预测特定意图和行为的模式

在这一模式中，态度是个人对特定行为的态度，而不是个人对一般对象的态度。因此，我们可以通过这种特定态度和主观规范来预测一个人的特定行为。

案例窗 3-1

态度在学习中的作用

琼斯等人做过一项实验。研究者选择对“白人与黑人分校学习”有不同态度的大学生为被试对象，第一组为反对分校者（即反对歧视黑人者），第二组为赞成分校者（即有种族歧视倾向者）。然后让两组被试个别地朗读11篇主题为“反对黑人与白人分校学习”的文章，读后请两组被试分别将读过的文章内容尽量完整地写出来。结果发现，第一组学生所记忆的材料数量（即成绩）优于第二组。

分析提示：这说明了态度在学习中的过滤作用，即学习者对某些事件所持的社会态度，通常影响着他对有关事件的论述。将材料内容有选择性地去掌握，会产生不同的学习效果，这也就是说与读者社会态度相吻合的材料，易被吸收、同化和存储、提取；而与读者的社会态度（包括信念、价值观）相反的材料，则往往被忽视或曲解。显然，态度在学习过程中起着过滤器的作用，是影响学习效果的一个重要因素。

3.2　态度的形成和工作满意

人的态度不是生下来就有的，而是在一定的社会环境中形成的。刚出生的婴儿，无所谓态度，在其成长发育过程中不断接触周围事物，从而在大脑中形成了各种印象、看法，获得了相应的情绪体验，就逐渐形成了对事物的态度。

3.2.1 态度形成和改变的相关理论

1）阶段理论

心理学家H.C.凯尔曼提出，态度形成包括三个阶段，即服从阶段、同化阶段、内化阶段。

（1）服从阶段

人为了获得物质和精神的报酬或避免惩罚而采取的表面顺从行为称为服从。服从阶段的行为不是个体真心愿意的行为，而是一时的为顺应环境要求而产生的行为。其目的在于获得奖赏、赞扬、被他人承认，或者为了避免惩罚、免遭损失等。当环境中奖励或惩罚的可能性消失时，服从阶段的行为和态度就会马上消失。

服从行为和态度，在日常生活中非常普遍。比如，有些刚入学的大学生没有早起的习惯，对于学校规定的出早操的要求，刚开始觉得非常别扭，甚至觉得学校真是多此一举。可是学校的规定必须执行，否则就要受到惩罚，无奈只能出早操。这种不愿早起而又不得不早起的行为，就是服从行为。

（2）同化阶段

同化是指个体不是被迫而是自愿地接受他人的观点、信念，使自己的态度与他人的要求相一致。同化阶段的态度不同于服从阶段的态度，它不是在环境的压力下形成或转变的，而是出于个体的自觉或自愿。如一个人想加入某个有吸引力的社会团体，他就会承认该团体的章程，愿意以该团体的规范约束自己的行为，接受团体对他的要求和指导，并以该团体一分子的态度对待工作与生活。仍以大学生出早操为例，某学生坚持了一段时间以后，由于出早操给他的身体和精神状态都带来了好处，即使不出早操不会受到任何惩罚，他也会主动遵守学校的这一规定。

（3）内化阶段

内化是指人们从内心深处真正相信并接受他人的观点而彻底转变自己的态度，并自觉地指导自己的思想和行动。在这一阶段，个体把那些新思想、新观点纳入自己的价值体系，以新态度取代旧态度。一个人的态度只有到了内化阶段，才是稳固的，才能真正成为个人的内在心理特征。

态度的形成通常要经历从服从阶段到同化阶段再到内化阶段的过程，这是一个复杂的心理过程。当然，并不是所有的人对所有事物的态度都要完成这个过程。人们对一些事物的态度的形成可能完成了整个过程，但对另一些事物可能只停留在服从或同化阶段。

2）认知平衡理论

认知平衡理论的创始人是美国社会心理学家弗里兹·海德。这个理论认为，认知的平衡是这样一种情境：此时，被认知的对象和情感平静地共同存在着，因此，不论对认知组织的变化还是情感表现的变化都没有压力。而一旦失去这种平衡，就会产生紧张和恢复平衡的力量。

认知平衡理论用“P-O-X”模型来说明其原理。P是认知主体，O是认知客体，X是与P、O有关系的某种情境、事件观念或第三个人。P、O、X这三者具有情感或态度上的联系，态度可以是肯定的，也可以是否定的。反映P的认知结构中三者关系既可以是平衡的，也可以是不平衡的。当三方关系均为肯定，或两方为否定、一方为肯定时，是平衡状态，否则就是不平衡状态（如图3-6所示）。不平衡状态会产生心理紧张，造成恢复平衡的心理压力，从而导致改变态度、求得平衡。

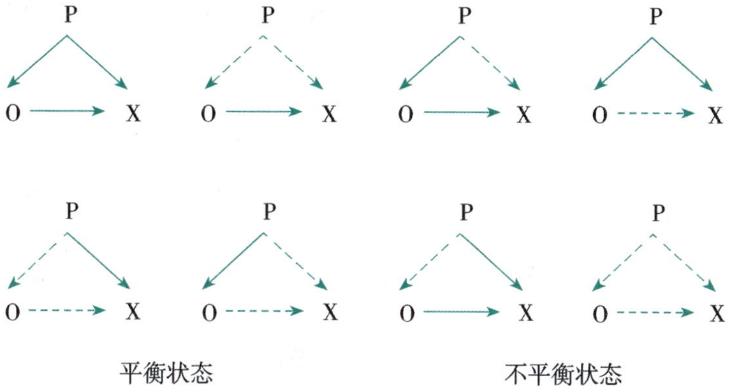

图3-6 认知平衡和不平衡状态

注：虚线表示否定，实线表示肯定。

小知识3-2 态度影响认知

社会心理学家兰伯特曾让加拿大学生根据声音判断说话者的人格特征。他让被试听10人朗读同一篇文章的录音带（实际上只有5人朗读，只不过每人用英、法两种语言各读一次），然后判断这10人的人格特征。结果发现，同一个人用英语朗读比用法语朗读获得了更高的评价。说英语时被认为个子高、有风度、聪明、可靠、亲切、有抱负；而说法语时被认为缺乏幽默感。实践证明，人们常根据已有态度来判断他人，因为英裔加拿大人的社会背景优于法裔加拿大人，学生对英裔加拿大人的态度优于法裔加拿大人。

资料来源 佚名．案例分析［EB/OL］．［2019-05-16］．http：//wenku.baidu.comwGVzntGmrmxpE9m8IFhzPQ2GY9sxidxa.

3）认知失调理论

认知失调理论是美国社会心理学家费斯汀格提出来的。他认为，每种认知结构都是由诸多基本的认知元素构成的，而认知结构的状态也就自然取决于这些基本的认知元素相互间的关系。他将这种关系分为3种可能性：①协调，此时两种元素的含义一致；②不相干，此时两种元素的含义互不牵连；③不协调，此时两种元素的含义彼此矛盾。

不协调的程度可以用以下公式说明：

$$\text{不协调的程度}=\frac{\text{不协调认知数目}\times\text{认知对象的重要性}}{\text{协调认知数目}\times\text{认知对象的重要性}}$$

费斯汀格认为，作为心理上的不适，不协调的存在将推动人们去努力减少不协调，并力求达到协调一致的目的。减少不协调的具体途径有3条：①改变行为；②改变态度；③引进新的认知元素。

当不协调出现时，除设法减少它以外，人们还可以能动地避开那些可能使这种不协调增加的情境因素和信息因素。

4）角色扮演

角色这个词来源于戏剧，它指的是那些处于特定社会位置的人被期望表现出的行为。当人们扮演一种新的社会角色时，起初可能觉得很虚假，但很快就会适应，表现出符合“身份”的行为。

一项相当具有说服力的角色试验是由斯坦福大学心理学家菲利普·津巴多（Philip Zimbardo）和他的同事完成的。他们在斯坦福大学心理系办公楼的地下室建起了一座“监狱”，以每天15美元的价格雇用了24名大学生参加试验。这些学生情绪稳定、身体健康、遵纪守法，在各项人格测试中的得分均属“正常”。试验者给这些学生随机分配了角色：一部分人为“看守”，另一部分人为“犯人”，并制定了一些基本规则。

为了使试验有一个“逼真”的开始，津巴多得到了帕洛阿尔托市警察署的协助。警察们在事先没有通知的情况下进入扮演“犯人”的学生家中，在朋友和邻居的面前逮捕了这些学生，给他们戴上手铐，并塞入警车。然后，把这些学生带到警察署，录了口供并按压了手印后，才送入“斯坦福监狱”。

模拟试验原定两周时间。刚开始时，被分配做看守的学生和被分配做罪犯的学生之间没有多大差别。而且，做看守的学生也没有受到过专门训练。他们只是被告知要“维护监狱的法律和秩序”，不理会犯人的胡言乱语（例如，犯人说的“禁止使用暴力”）。为了更真实地模拟监狱生活，犯人可以像真正监狱那样，接受亲戚和朋友的探视。不过，模拟看守可以每8个小时换一次岗，而模拟犯人除了吃饭、锻炼、上厕所以及办些必要的事情之外，必须全天待在牢房里。

没有过多长时间，犯人就承认了看守的权威地位，或者说，模拟看守就适应了自己的新的权威角色。特别是在第2天，看守们“粉碎”了罪犯试图进行的反抗之后，犯人的反应更为消极。不管看守吩咐什么，罪犯们都唯命是从。犯人们开始相信，正如看守经常提醒他们的，他们低人一等、无力改变现状。而且，在模拟试验的过程中，每一名看守都做过虐待罪犯的事情。例如，一位看守说：“我觉得不可思议……我让他们互相谩骂，还让他们擦洗厕所。我真的把罪犯当成牲畜，而且我一直在想，‘我必须看住他们，以防他们做坏事’。”另一位看守补充说：“我一到犯人的牢房就心烦，他们穿着脏衣服，牢房里臭气熏天。在我们的命令下，他们相互撕扯打斗。他们已经不觉得这是一次试验，一切好像都是真的，尽管他们还努力保持自己原来的身份，但我们向他们灌输我们才是老板，这使他们的努力收效甚微。”令人诧异的是，在整个试验过程中——甚至在遭受虐待的日子里，没有一个犯人站起来说：“不许这样。我和你一样是学生，这只不过是一个试验而已。”

这次的模拟试验相当成功地证明了，个体学习一种新角色是多么迅速。由于参加试验的学生在试验中表现出了病态反应，研究人员不得不在试验进行了6天之后终止了试验。请注意，参加这次试验的人都是经过严格挑选的神志正常、情感稳定的人。

这个试验能够告诉我们许多东西：首先，一个人进入新角色是非常迅速的，尽管新角色可能距离他原有的角色非常远。其次，一个人表现出的行为似乎更靠近自己的角色而非自己的心灵道德，修养在角色要求面前显得微不足道。这样的解读似乎让人

知识拓展3-1

关于企业管理者角色的转变

感到悲哀。管理上的启示是：我们更应该关注制度、环境条件，而不是寻找具有某种品质的人，前者要比后者更具确定性。看来，在生活中，我们要试图改变一个人的态度，一个有效的办法是赋予他以相关的角色，随着他做出相应的角色行为，他的态度就会发生变化。

5）得寸进尺现象

研究表明，如果想让别人帮你一个大忙，一个有效的策略就是先请他帮一个小忙。这就是“得寸进尺”现象，即要想“进尺”，首先要“得寸”，“得了寸”，“进尺”的可能性就非常大了。也就是说，如果没有遭到反对，成功就在眼前了。

曾有这样一项研究，研究者假扮安全驾驶的志愿者，他们请求加利福尼亚人在院子前面安置巨大的、印刷粗糙的“安全驾驶”标志，结果只有17%的加利福尼亚人答应了。然后，研究者就请求其他的加利福尼亚人先帮个小忙：在窗口安置一个3英寸的“做一个安全驾驶者”的标志，几乎所有的人都答应了。两周后，76%的加利福尼亚人同意在他们的院子前面树立大而丑陋的宣传标志。

其他一些研究也证明了得寸进尺现象的存在。

研究者通过邀请法国的互联网使用者签署反地雷的请愿书，从而使他们为儿童地雷受害者组织募捐的比率达到原来的3倍（从1.6%到4.9%）。

需要注意的是，人们最初的顺从行为（小的帮忙）都是自愿的。从这些研究可以得出这样的结论：当人们承诺公众行为并且认为这些行为是自觉做出的时候，他们更加坚信自己的所作所为。

今天，到处存在试图诱导我们顺从的现象，从被影响者的视角，我们有这样的建议：在答应某一个小要求之前，考虑一下后果会是什么。

3.2.2　影响态度改变的因素

态度是人在社会实践中逐渐形成的。虽然态度一经形成就具有稳定性的特点，但它也不是一成不变的。随着主客观条件的变化，态度也会随之发生变化。

态度的改变有两种情况：一种是方向的改变，另一种是强度的改变。例如，原来不喜欢某种交通工具，后来变得喜欢了，这是方向的变化。原来对到某饭店消费有犹豫不决的态度，后来则非常喜欢去或不去，这就是强度的变化。当然，方向与强度也有关系，从一个极端转变到另一个极端，既是方向的改变，又是强度的改变。

影响人态度改变的因素主要有以下几个方面：

1）个人本身的因素

人的需要、智力水平、性格特点、受教育程度以及社会地位等因素的不同，对态度的改变都会产生影响。

（1）需要

态度的改变与人当时的需要密切相关，如果能最大限度地满足他当时的需要，则容易使其改变态度。

（2）性格特点

从性格上看，凡是依赖性强、高暗示性或比较随和的人容易相信权威、崇拜他人，因而容易改变态度。反之，独立性强、自信心强的人则不容易被他人说服，因而不容易改变态度。

（3）智力水平

通常人们认为高智力者不易接受劝导、改变态度，而智力低的人则相反，但这个观点并没有得到证实。现有的研究证实：智力水平高的人，由于具有较强的判断能力，能准确分析各种观点，他们易受强调理解的信息的影响。反之，智力水平低的人，难以判断是非，则易受强调顺从的信息的影响。

（4）自尊心

自尊心强的人，心理防卫能力较强，不容易接受他人的劝告，因而态度改变也比较难。反之，自尊心弱的人则敏感易变。

（5）受教育程度

受教育程度高的人态度改变的方式与智力水平高的人相似。

（6）社会地位

社会地位越高，他人要想改变其态度就越难。

2）态度的特点

态度的强度、态度的三种成分之间的关系、态度的价值性，以及原先的态度与要求改变的态度之间距离的大小等都能对态度的改变产生影响。

（1）态度的强度

态度的强度直接影响态度的改变。态度的强度指人对某一对象赞成或反对、喜爱或厌恶的程度。一般来说，人受到的刺激越强烈、越深刻，态度的强度就越大，因而形成的态度越稳固，也越不容易改变。

（2）态度的三种成分之间的关系

构成态度的三种要素（认知成分、情感成分、意向成分）的一致性越强，越不容易改变。如果三者之间直接出现分歧、不一致，则态度的稳定性较差，也就比较容易改变。

（3）态度的价值性

态度的价值性也会对人的态度产生重要影响。态度的价值性是指态度的对象对人的价值和意义的大小。如果态度的对象对人的价值很大，那么对他的影响就会很深刻，因而一旦形成某种态度后，就很难改变。反之，态度的对象对人的价值小，则他的态度就容易改变。

（4）原先的态度与要求改变的态度之间距离的大小

心理学家采用态度间距离的主观量表来表示态度之间距离的大小（如图3-7所示）。

-1		0		+1
1	2	3	4	5
0		50%		100%

图3-7 态度间距离的主观量表

从图3-7中可以看到，第一行中，“-1”与“+1”表示两个极端，“0”表示中间；第二行中，“1、2、3、4、5”表示态度的等级；第三行中，“0、50%、100%”表示态度强弱的百分比。

量表上的任何两点都可以表示原先态度与要求改变的态度之间差距的大小。如果两点落在尺度的两端，则表明两者差距很大；反之，两者靠得很近，则表明差距很小。

态度转变的难易要视两者差距的大小而定。这说明，要转变一个人的态度取决于他原来的态度如何，如果两者差距太大，往往不仅难以改变，反而会更加坚持原来的态度，甚至持对立的情绪。

3）团体的影响

人的态度通常是与其所属团体的要求和期望相一致的。这是因为团体的规范和习惯力量会形成一种无形的压力影响团体内成员的态度。个人与所属团体内大多数人的意见相一致时，他就会得到有力的支持；否则，他就会感受到来自团体的压力。

人们都处在一定的团体中，团体的准则、规则可以有效地改变个人的态度。社会心理学家勒温的实验可以说明团体规定与态度转变之间的关系。

案例窗3-2

团体规定有助于态度改变

美国家庭主妇们一般都不喜欢用动物的内脏如猪心、牛肝等做菜，但第二次世界大战期间，由于食品短缺，美国政府当局希望能说服家庭主妇们购买那些一向不受人们欢迎的动物内脏做菜。勒温设定了两种情况：一是把上述要求作讲解与劝说；二是把上述要求作团体规定。然后观察两种情境下对于态度转变的影响，并加以比较。他把主妇编成6个小组，每组13~17人，其中3个小组接受讲解与劝说，3个小组接受团体规定。前3个组的主妇听半个小时的讲解与劝说，让他们知道这些食品如何美味、营养价值如何丰富、采用这些内脏当食品对国家的贡献如何大等，还赠送给每人1份烹调内脏的食谱。当时许多家庭主妇都听得津津有味，很想马上实行。后3个组的主妇们被简单地告知要求，团体规定大家今后要改用动物内脏做菜，并不解释其原因。1周以后进行检查，接受讲解与劝说的小组中仅有3%的人改变了对动物内脏做菜的态度，而接受团体规定小组中有32%的人改变了态度。

资料来源 根据相关资料整理。

分析提示：人的态度会在无形中受到团体内成员的态度的影响。在该实验中，后3个组的主妇们被简单地告知要求，她们把这看成是一种团体规定，因而这组家庭主妇的态度改变比较明显。

4）宣传与态度改变

宣传对态度的转变是有影响的，但是，宣传对被宣传者态度变化的效果究竟怎样，还取决于以下几个因素。

(1）宣传者的权威

宣传者本身有无权威对被宣传者态度的转变情况有很大的影响。宣传者的威信由两个因素构成，即专业性与可信性。专业性指专家身份，如学位、社会地位、职业、年龄等。可信性是指宣传者的人格特征、外表仪态、讲话时的信心、态度等。显然，讲话时结结巴巴、畏首畏尾，总不如理直气壮、信心十足那样使人感到可信。

（2）宣传内容及其组织

宣传内容是仅仅强调一方面有效，还是强调正反两方面有效呢？心理学家对此进行过研究，结论如下：

对于文化程度低的人来说，单方面宣传容易改变他们的态度；而对于文化程度较高的人来说，听到正反两方面内容的宣传效果更好。

人们最初的态度与宣传者所强调的方向一致时，单方面宣传有效；若最初的态度与宣传者的意图不一致，那么正反两方面宣传更为有效。

（3）引起恐惧的宣传

宣传内容要有一定的压力，使被宣传者具有不安全感，产生一定的焦虑，这样就更能改变被宣传者的态度。

（4）宣传效果与被宣传者的个性特点有关

人们在同一情境下接受宣传，有的容易转变态度，有的却难以改变，这些都与每个人的个性特点有关，如智力、性格等。

课堂互动3-2

答案提示

课堂互动3-2

一般来说，智力水平高的人与智力水平低的人相比、自尊心强的人与自尊心不强的人相比，哪种更不容易转变态度？

3.2.3 态度与价值观

态度是个人对某一对象所持有的评价与行为倾向。态度和价值观有密切的联系，人的态度实际上是价值观的具体反映。

1）价值观的概念及特性

价值观是个人关于事物、行为的意义、重要性的评价和总的看法。对诸事物的看法和评价在心目中的主次、轻重的排列次序，就是价值观体系。价值观和价值观体系是决定人的行为的心理基础。价值观的含义可以从以下两个方面来理解：第一，价值观决定了事物或行为对于个人是否具有可接受性及重要程度如何。第二，价值观具有个体性，不同的人对同一事物或同一行为，其意义和重要程度均有很大不同，每个人都有自己的价值观。

价值观具有下列特性：第一，价值观是因人而异的。由于每个人的先天条件和后天环境不同，人生经历也不尽相同，每个人的价值观的形成会受到不同的影响，因此，每个人都有自己的价值观。在同样的客观条件下，具有不同价值观的人，其动机模式不同，产生的行为也不同。第二，价值观是相对稳定的。价值观是人们思想认识的深层基础，它形成了人们的世界观和人生观。价值观是随着人们认知能力的发展，在环境、教育的影响下逐步培养而成的。人们的价值观一旦形成，便是相对稳定的，具有持久性。第三，价值观在特定的环境下又是可以改变的。由于环境的改变、经验的积累、知识的增长，人们的价值观有可能发生变化。

2）价值观的分类

价值观是一种多维度多层次的心理倾向系统，它是和社会、经济、文化的发展密切联系的。不同的学者对价值观的研究角度不同，分类方法也不同。

（1）根据社会文化生活方式划分

斯普兰格根据社会文化生活方式把人的价值观划分为：①经济价值观，以有效实惠为中心。②理论价值观，以知识真理为中心。③审美价值观，以外形协调匀称为中心。④社会价值观，以群体和他人为中心。⑤政治价值观，以权力和地位为中心。⑥宗教价值观，以信仰为中心。

（2）根据人员的不同对象划分

根据人员的不同对象把人的价值观划分为：①个人价值观，只属于个人的并指导个人行为的价值观。②集体价值观，集体、组织中人员共同承认、接受并指导他们行为的价值观。③社会价值观，全社会的人共同承认、接受并指导他们行为的价值观。

（3）根据人员的不同行为方式划分

根据人员的不同行为方式把人的价值观划分为：①反应型，只对自己的基本生理需要做出反应，不考虑其他因素。②忠诚型，从父母和领导那里学到的价值观，带有一点封建色彩。③自我中心型，为达到自己的目标，愿意做任何工作。④顺从型，具有传统的忠诚和努力，谨小慎微，喜欢明确的工作。⑤权术型，重视现实，好活动，有目标。⑥社会交往型，重视集体气氛的和谐，喜欢发展友谊。⑦现实主义型，重视具有挑战性的工作和学习成长的机会。

3）价值观的功能与管理

组织的生存，其实就是价值观的维系，以及大家对价值观的认同。因此，价值观具有以下功能。

（1）价值观是组织行为规范的内在约束

组织运营过程中，所有员工的行为都应该遵守规范。只有员工在价值思想上认为自己应该做什么、不应该做什么的时候，才形成了内在约束。有什么样的价值观就会有什么样的行为文化，有什么样的行为文化就会产生什么样的物质文化。

（2）价值观是组织制度创新与经营创新的理念基础

精神状态、价值观念往往是一切经营活动及其创新的根本和基础。员工的价值观念受组织制度和组织战略的约束；反过来，价值观也会对制度安排和战略选择产生一种反作用。这是因为，人是有思想的，人的价值观支配人的选择和行为。因此，组织文化的创新，必然会带来员工价值观念的创新，而价值观念的创新又必然推动组织制度和组织战略的创新。

（3）价值观是组织活力的内在源泉

组织活力最终来自于人，也就是来自人的积极性，只有人的积极性被调动起来了，才能使组织充满活力。而人的积极性的调动，往往又受人的价值观的支配，只有人在价值观念上愿意做什么的时候，才会有积极性。一个好的价值观会带来员工的忠诚和社会广泛的支持，能产生凝聚力和激励作用，不断激发员工的积极性和创造性，为一个共同的目标，并在一个共同的价值观的引导下，促使员工在行为方式上产生共识，形成一个协调融洽、相互信任、高效率的有机整体，产生巨大的生产力和强劲的竞争力。

总之，组织的文化现象、特征及创新都以价值观为源泉；组织的基本选择、行为规范都以价值观为轴心来调节；组织的生存、发展都以价值观为核心来实现。

因此，对价值观的认识就是对员工的认识，对价值观的把握就是对组织管理方式的把握。

3.2.4 态度与工作满意

1）工作满意度

工作满意度就是员工个体对他的工作的一般态度，其内容包括：员工的工作满意度现状如何？多少人是满意的？什么因素决定工作满意度？工作满意度对员工的工作积极性有什么影响？

某人力资源开发网联合国内知名人力资源管理专家和心理学家以及一些媒体，在全国范围内进行了“工作幸福指数调查”，结果如下：28.8%的被调查者工作幸福感偏低；如果加上得分在2~3分（5级评分制）的被调查者，则有64%的被调查者工作幸福指数得分偏低；工作幸福指数得分较高的被调查者只占9.70%。从被调查者的情况看，中国在职人士工作幸福指数偏低。

美国工人对他们的工作满意吗？答案是肯定的，而且随着时间的变化，稳定性很好。调查显示：70%的美国工人报告他们对工作是满意的，老工人（65岁以上）则更高，达到了92%。年轻人（25岁以下）的工作满意度是73%。这个结果与我国的调查结果相比，使人感觉有些触目惊心。

中国科学技术协会2010年1月25日正式对外发布的第8次中国公民科学素养调查结果显示：目前中国的科学技术职业的声望比较高，其中教师、科学家、医生的支持度排在前3位，工程师才排到第7位。

一般情况下，如果个人对自己所从事的工作喜爱并有良好的态度，就会努力去工作，产生高效率。但事实比这种设想更复杂。布雷菲尔德和克罗克特曾对此进行了长期的调查研究，发现企业员工对工作的态度（满意或不满意）与生产效率之间并无必然的相关。如对工作感到满意的员工，有的效率高，有的效率一般或不高，这是因为后者受工人群体内部隐藏的社会标准（“不过高也不太低”的生产指标）所制约，他们不愿离群，故有意降低效率以求与大家一致。而对目前工作不满意的员工，由于其他动机（如为了维持生计、受人尊重或自我表现等）的支配，往往也能提高工作效率。当然，如果排除其他因素，整个群体都较了解工作的意义，对工作满意而有积极的态度比持有消极态度的群体会有更高的效率，这是无疑的。

案例窗3-3

弗里施定理

弗里施是德国慕尼黑企业咨询顾问。弗里施定理指的是，没有员工的满意，就没有顾客的满意。在一条完整的服务价值链上，服务产生的价值是通过人，也就是企业的员工在提供服务的过程中体现出来的。员工的态度、言行融入每项服务中，并对客户的满意度产生重要的影响。而员工是否能用快乐的态度、礼貌的言行对待顾客，则与他们对企业提供给自己的各个方面的软硬条件的满意程度息息相关。因此，加大对员工满意度与忠诚度的关注，是提升企业服务水平的有效措施。

知识拓展3-2

谁在职场里最不开心

2）影响工作满意度的因素

（1）挑战性的工作

无聊单调的工作，没有反馈的工作，没有技术含量、不能显示自己能力的工作，以及太死板、没有自由度的工作，都是不被喜欢的工作。相反，具有挑战性的工作则被人喜欢。但是，并不是挑战性越强越好，无法完成的工作是不招人喜欢的，经过努力能够完成的工作才被喜欢，也就是具有中度挑战性的工作最使人感到愉快和满意。

（2）公平的报酬

追求公平是人的普遍心理，工作中的公平主要体现在报酬和晋升两方面，如果在这两方面不公平，员工就会感到不满意。在这里，公平不是指客观上的绝对公平，而是员工自己主观感受上的公平，所以问题的关键似乎不是怎样做到公平，而是怎样让员工感到公平。由此，管理方法和沟通就变得重要了，后面激励理论部分会对公平理论进行更详细的介绍。

（3）良好的工作环境

良好的工作环境和工作条件能够提供给员工个人以舒适感，同时也是更好地完成工作的一个前提条件。

（4）融洽的同事关系

人们工作的一个重要原因就是通过工作来满足自己社会交往的需要。人的工作动机不是单一的而是复杂的，人同时存在多个追求，这些追求构成了人的工作动机系统。融洽的同事关系会带来工作满意，这其中与上司的关系是影响最大的。

（5）人格与工作的匹配

如果一个人的人格特点适合某项工作，他就更可能对工作感兴趣，从工作中得到快乐。也就是说，一个人的能力特点与工作相匹配，他才有可能把工作干好，并由此得到外部奖励和内部奖酬。只有这样，工作满意度才可能更高。

3）员工表达不满的方式

（1）退出（Exit）

员工的退出就是辞职。通常在后三种表达不满的方式无效后，才可能做出这种选择。从管理角度要想避免员工辞职行为的发生，培养员工的忠诚和听取他们的建议就显得非常必要。

（2）建议（Voice）

员工消除不满意的积极方式是向上司提出建议，如果这个渠道是畅通和有效的，对组织和个人就是有益的。

（3）忠诚（Loyalty）

忠诚不是一味地无怨无悔，而是被动但是乐观地期待环境的改善。它是基于以往的经历形成的。

（4）忽略（Neglect）

消极地听任事态向更糟糕的方向发展，是一种“非暴力不合作”行为，如阳奉阴违、出工不出力、敷衍塞责等。

4）如何提高员工的满意度

目前，许多企业已经认识到员工工作满意度的重要性，把提高员工满意度当成一种战略来看待。在管理工作中以员工满意为核心，最大限度地满足员工的合理需要，激发员工的主动性和能动性，提高全员的活力，从而推动企业的发展。

企业的灵魂是员工，员工的需要得到了满足，将促使员工形成强烈的工作意愿及充分发挥工作能力，员工出色的工作促成企业的良好运作，企业才具有足够的竞争力而立足于市场，才能得以长足发展。具体措施有以下几个方面：

（1）把员工的需要同企业的目标有机地结合起来，尽量满足员工的需要

企业满足了员工在企业范围内的需要就会激发员工的积极性和干劲，使员工自觉实现企业的目标。

（2）让员工参与企业的决策，使其有主人翁责任感及对企业的归属感

如日本一些公司的决策，不是由主管一个人做出的，他们强调集体决策。在整个决策过程中，日本人都注意上下级间正式或非正式的意见交流。虽然这些企业的决策形成的周期长，但贯彻执行迅速。

（3）鼓励员工提合理化建议，以满足员工的自我成就感

随着科技和生产力的发展，人们的需求也上升到了较高层次，员工作为企业的主人有自我实现的需要，重视并鼓励员工提合理化建议，不仅有利于企业改造和创新，还可以让员工有满足感，激发其劳动和创新的积极性。

（4）为员工营造一个良好的工作环境

良好的工作环境分为两个方面：一方面是硬环境，主要是指功能全面、用途专门、安全性好、风格新颖的工作和休息环境；另一方面是软环境，主要指文化环境、人际环境等。积极向上的文化环境可以激励员工立足本职工作并不断创新，良好的人际环境是企业运作的润滑剂。管理人员的一个主要任务就是在企业内建立良好的员工关系。工作变换和工作扩大化会使员工的工作朝着提高工作满意度的方向发展。

（5）赋予员工使命感

企业必须赋予员工使命感。使命感可以驱策人向前走，鼓舞员工去接纳企业理念，分享管理者的感受及态度，认同企业的发展方向，并且不折不扣地执行。这样，员工就有可能在工作中更投入，更多地关心企业的成长。

知识拓展3-3

稻盛和夫：为什么要工作?

（6）重视员工培训

提高人的素质是“以人为本”的核心内容，现代企业只有不断提高人的素质，企业才能不断发展；只有具有高素质的人，才能有一流的技术、一流的质量和一流的产品。

本章小结

★ 本章介绍了态度的相关研究。态度是由认知、情感和意向三部分构成的；影响态度改变的因素主要包括主观因素、态度本身的特点、团队的影响、宣传的影响。

★ 态度改变的理论包括阶段理论、认知平衡理论、认知失调理论。

★ 影响工作满意度的因素包括挑战性的工作、公平的报酬、良好的工作环境、融洽的同事关系、人格与工作的匹配。员工表达不满的方式有退出、建议、忠诚、忽略。

核心概念

态度 同化 内化 价值观 工作满意度

基本训练

□ 知识题

3.1 判断题

1）人的态度是可以改变的。 （ ）

2）态度会直接反映在工作效率上。 （ ）

3.2 选择题

1）影响态度改变的因素有（ ）。

A.人格特点 B.团队影响 C.态度本身的特点 D.宣传因素

2）员工表达工作不满意的方式通常有（ ）。

A.退出 B.建议 C.忠诚 D.抗议

3）影响工作满意度的因素是（ ）。

A.公平报酬 B.工作本身 C.工作条件 D.工作期望

3.3 简答题

1）简述态度改变的阶段理论。

2）简述得寸进尺现象。

3）简述津巴多试验的启示。

随堂测3-1

判断题

随堂测3-2

选择题

□ 技能题

依据态度改变理论，尝试改变某个人的某种态度。

观念应用

□ 分析题

快乐的工人是生产效率高的工人吗？

□ 案例题

为何顺丰的客户满意度高？

一向以低调著称的顺丰总裁王卫，一直非常神秘，真正让普通民众了解到他的，是2016年的“护犊”维权事件。

2016年4月，顺丰一个快递小哥的三轮车与一京牌轿车发生剐蹭，尽管在道歉后仍被轿车车主辱骂并连续掌掴，但快递小哥始终打不还手，骂不还口。相关视频在各大媒体转发并引发热议，王卫得知后发表声明称：“如果这事我不追究到底，我不再配做顺丰总裁！”对此，世界经理人网友“群狼的艺术”点评说，王卫此举有一石三鸟之功：其一，顺丰站在社会道德的正能量一边，体现企业社会责任；其二，贯彻了企业看重职员利益、维护职员正当权益的企业责任；其三，成功的事件营销典型案例。

最终，打人者被警方拘留10日。王卫的举措不仅维护了员工的权益，更为自己赢得了大量粉丝。该事件发生后，世界经理人网站曾通过微博做过调查，问网友愿意为被打快递小哥而愤怒的顺丰总裁王卫、机场深夜排队打车的华为总裁任正非、捐出1亿股票（价值138亿元）的腾讯总裁马化腾这三位深圳老板中的哪一位点赞？结果七成网友将票投给了关爱员工的王卫。

2017年2月底，在顺丰控股上市仪式上，穿着顺丰工作服的王卫不仅把掌掴事件中的快递小哥带来敲钟，还给40万名员工发了红包，金额从1 888元到15 000元不等。不少员工在微博晒出了获得红包的图片，爱心满满。

前段时间菜鸟与顺丰的口水战刚刚落下帷幕，曝光了许多快递业的负面新闻。《人民日报》也曾刊文揭露道：现实是中国100多万的快递从业人员中，90%的人没有劳动合同、五险一金，无社保已经成为快递行业的“潜规则”。而运费提成低、保障不足等导致快递企业人心不稳。

在人员流动率平均高达70%的快递行业里，顺丰的员工流失率不到30%。春节过后，顺丰的员工报到率连续五年达90%以上，可以说是一枝独秀。诚然，高收入是留住员工的重要原因，在北京、上海、广州、深圳这些一线城市里，一个普通的顺丰快递员每月能挣到1.5万元以上。

顺丰旗下所有快递员都直接与公司签订合同，除了按照国家规定为每位快递员缴纳社保外，还为员工缴纳“意外险”。而王卫“冲冠一怒为小哥”、豪派红包等做法，不仅维护了员工的权益，还能够稳定人心。

此外，顺丰在招聘、人才培养、员工关怀等方面，也针对快递行业的特殊性推出了许多创新性举措，向基层快递员不断传递着这样的信息：我期许你一个看得见的未来。你会看到，顺丰将如何改变你的一生。通过明确、公平的考核体系、晋升机制，为员工展示一条非常清晰、明确的人生轨迹。他们身边的直接领导，就是一个个鲜活的案例。

正因为有了员工的满意，才会有客户的满意。作为中国快递行业的知名品牌，顺丰快递多年来始终坚持以客户为中心，不断完善自己的服务质量，努力为每一位客户提供最舒适的服务体验。

管理专家德鲁克也认为，“你雇用的不是一个人的手，而是整个人”，所以必须尊重人、关心人，“对员工的潜力抱有宽厚的态度，并用蕴涵着人性的温暖去培养人，是管理者必备的品德”。

资料来源　叶飒. 为何顺丰、京东的客户满意度高？原来霸道总裁都熟读“弗里施法则”［EB/OL］.［2017-07-31］. http：//www.ceconline.com/leadership.

问题：许多企业都习惯于将客户满意度挂在嘴边，但后来起到的效果并不那么显著。原因何在？在这点上顺丰是怎么做的？本案例可以用本章的哪一个原理来解释？该原理的核心是什么？

□ 实训题

从身边寻找一个人，利用态度理论尝试改变他的某种态度。

第4章

激励理论

学习目标

通过本章的学习，应该达到以下目标：

知识目标： 掌握管理心理学的核心理论——激励理论，熟悉知识员工的特点及激励方式。

技能目标： 掌握调动人的积极性的技能。

能力目标： 具有运用激励理论了解人、分析人为什么工作的能力。

第4章

思维导图

引例 海底捞的激励也有失效的时候

在中国火锅类餐饮企业中，海底捞是名副其实的标杆企业。以员工激励方面为例，海底捞是部名副其实的活教材，很多火锅经营者慕名而来参观学习，结果却是海底捞的服务不仅没学会，相反，还学了一个"四不像"：第一，盲目照搬海底捞的激励模式；第二，盲目照搬海底捞的管理模式；第三，盲目照搬故事品牌传播模式；第四，盲目照搬海底捞的加盟模式。

不可否认的是，海底捞之所以能够成为行业翘楚，与海底捞创始人张勇的激励手段和企业激励制度有很大的关系，但这并不意味着海底捞的激励制度能够吸引和留住地球上的任何一个贤才。

究其原因，在火锅行业，人才的流动性是非常大的。因为每个人的自我需求不一样，所以需要的激励内容千差万别。为此，张勇就曾撰文说："我曾经见过一个小伙子，干得可起劲了，干完自己的本职工作还跑到别处去帮忙，干完这个干那个。我说这是个好苗子啊，要提拔他。"当张勇提出提拔该员工的想法时，杨总告知张勇说道："不用提，他已经辞职走了。"

为了搞清楚该员工为什么辞职，张勇问道："为什么啊？"

杨总告知张勇说道："吧台那边的小姑娘已经明确告诉他了，'不要在这儿这么表现了，我已经有男朋友了'。"

在该员工看来，他的奋斗不是为了海底捞，而是为了吧台的小姑娘。

在该文中，张勇反省说道："你看，我想了那么多激励措施，做了那么多亲情化举动，还跟他们讲情怀和梦想。他们告诉我说他们也都听得懂啊，但事实的真相不是这样的。"

为此，张勇得出一个结论："所以我觉得有时候正式的东西和非正式的东西都要充分考虑到。计件工资就避免了一些'非正式组织'的负面的东西。每个人干多少你就挣多少，一下子就简单了。我们学了太多正式的管理方式，不能说它不好，但它的边界是很明显的。"

研究发现，成千上万的企业管理者在对员工实施激励措施时，往往没有认真地对员工需求进行过一次较为完整的分析，而是一厢情愿地采取"一刀切"的方式对所有员工用同样的手段来激励，不仅没有达到预期的激励作用，结果却适得其反。根据马斯洛需求层次论可以看出，由于员工所处的层级不同，员工的需求也就自然不同。在这样的背景下，如果企业管理者采用相同的激励政策，自然起到的激励效果也就不尽相同，甚至是千差万别。不仅如此，即使是同一个员工，在不同的时间或环境下，其需求也会有所不同。因此，企业管理者在制定和实施激励政策时，首先要通过对不同类型员工需求进行有效分析，将他们的需求整理、归类，然后再制定相应的激励政策，并有针对性地进行激励，这样的激励措施才能最有效，即有效的激励必须因人而异。

资料来源　周锡冰. 海底捞创始人张勇做了如此多亲情化激励，却"败给"吧台的一个小姑娘，其中的缘由究竟是什么［EB/OL］.［2017-07-23］. http://blog.ichinaceo.com/front/showarticle.php?id=739359.

激励（Motivation）在英文中，与动机是一个词，由此我们不难想象激励与人的动机有关。激励是指通过高水平的努力实现组织目标的意愿，而这种努力以能够满足个体的某些需要为条件。

有关激励的理论分为三种，即内容型理论、行为改造型理论、过程型理论。

内容型理论：该理论涉及人的需要、欲望和要求等，解释人为什么做出这样或那样的行为。这种理论影响非常大，但有人认为其有迎合大众价值观之嫌。总之，这种理论满足了人们解释世界的需要，因为人们有对世界加以解释的需要。内容型理论包括需要层次论、ERG论、成就需要论、双因素论等。

行为改造型理论：重点研究如何改造和转化人的行为，以达到变被动为主动、变消极为积极的目的。行为改造型理论主要包括强化论、归因论、挫折论三种理论。

过程型理论：过程型理论也称媒介型理论。它探讨人的心理机制，研究人如何做出不同的选择，以及人怎样看待激励过程。过程型理论主要有亚当的“公平论”、弗隆的“期望论”等。

4.1 内容型理论

要了解激励问题就必须先搞清楚“需要”这个概念，内容型理论就是围绕着需要概念展开的。

4.1.1 需要概述

1）需要的定义

需要（Need）是个体缺乏某种东西时的一种主观状态，它是客观需求的反映，这种客观需求既包括人体内的生理需求和高级的心理需求，也包括外部的、社会的需求。

人是自然属性和社会属性的统一体，对自身和外部生活条件有各种各样的要求。当某种生理或心理因素缺乏时，会导致生理或心理上的匮乏状态。当这种匮乏状态达到一定程度、必须进行调节时，个体就感到需要的存在，进而产生恢复平衡的要求。首先是生理平衡。人体内必须不断补充一定的物质和能量才能生存，如食物、水、热量等。这些物质与能量的摄入量由体内复杂的生理系统进行调节，维持着人的生理平衡状态。以饮食调节为例，人的生理调节机制时刻检测着食物和水的数量、时间和界度。当达到某种临界值时，便产生某种生理需要，人受到激发从而产生饮食行为。其次是心理平衡。人的生理失调主要在于有机体内部的刺激，而心理失调主要取决于有机体外部的刺激，这种外部刺激既有物质的，又有精神的。当心理失去平衡时，个体就产生心理上的需求，如有爱的需要、求知的需要、审美的需要等。需要过程如图4-1所示。

图4-1 需要过程

2）需要的特征

（1）对象性

需要总是指向某种具体的事物。换句话说，需要总是与满足需要的目标联系在一起的。比如，人饿了就要寻找食物，渴了就要寻找水，冷了就要寻找衣服等。需要一旦实现，总能给人们带来生理或心理上的满足。离开了目标和对象，就无法观察和研究人是否具有某种需要。

（2）紧张性

需要是个体在生活中感到某种欠缺而形成的某种心理状态。当某种需要产生后，便形成一种紧张感、不适感或烦躁感等，从而在人脑中形成某种需求。

（3）驱动性

人为消除生理或心理上的紧张，会去寻求满足需要的力量，推动着人们去行动，以求得生理或心理上的平衡。

（4）层次性

人的需要是有层次的，先是满足最基本的生活需要，而后是满足社会和精神需要，人们的需要总是不断地由低级向高级发展。

（5）发展性

人的需要随着社会生产力的发展和物质文化生活水平的提高而发展。这不仅体现在需要的标准不断提高上，而且体现在需要的种类日益复杂多样上。

3）需要的种类

（1）按需要的内容划分，可以分为生理需要和心理需要

生理需要是在自然界种族繁衍过程中形成的，是人类为了维持生命和种族繁衍而产生的需要，如对食物、水、空气、性和安全等的需要。

心理需要是在人类历史发展过程中形成的，是人们为了提高自己的物质和文化生活水平而产生的社会性需要。它是人所特有的高级需要，包括爱与被爱、尊重、自我实现等方面的需要。

（2）按时间的顺序划分，可以分为天然需要和社会需要

天然需要是人类最原始、最根本的需要，如对食物、水、空气、睡眠等的需要。它同生理需要是一致的。

社会需要是人们为了参加社会生活、进行社会交往而产生的对客观条件的需要。它是在社会生活实践中产生和发展起来的，并受社会因素的制约，是人所特有的高级需要。

（3）按需要的对象划分，可以分为物质需要和精神需要

物质需要是人类对衣、食、住、行以及社会交往中所需要的物质产品的需求，既包括生理需要，也包括社会需要。如对食品、饮料、住房等的需要，既是生理需要，又是物质需要；对烟、酒、礼品、首饰等的需要，既是物质需要，又是社会需要。

精神需要是人们对精神生活和社会交往中所需的有形或无形产品的需要，人的精神需要大多属于社会需要。如对知识、艺术、道德等的需要，既是精神需要，又是社会需要。

4.1.2 内容型理论

1）马斯洛的需要层次论

人类的需要一直是心理学家们研究的对象，并产生了有关需要的不同理论。其中，马斯洛的需要层次论影响较大。

（1）马斯洛的需要层次理论的内容

美国人本主义心理学家马斯洛（A.Maslow）在1943年出版的《调动人的积极性的理论》著作中提出了“需要层次论”（Hierarchy of Needs Theory）。这一理论是国外心理学家试图解释需要规律的主要理论。

马斯洛对人类行为的动力从理论上和原则上做了系统性整理，提出了人类动机最著名的理论之一——需要层次论。马斯洛将人的多种多样的需要归纳为五大类，并按照它们发生的先后次序分为五个等级（如图4-2所示）。

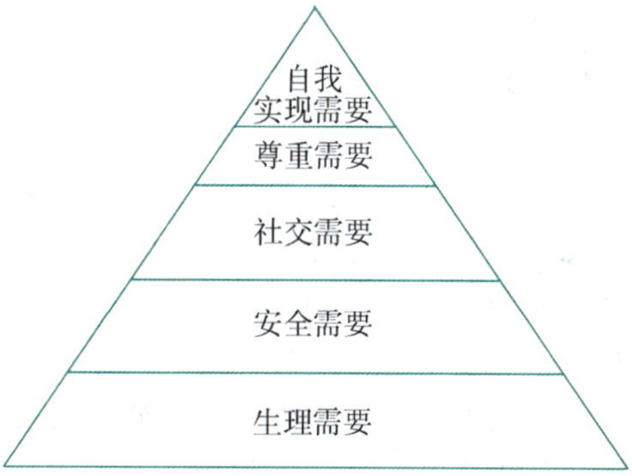

图4-2 人类需要的层次关系

在马斯洛看来，只有当低层次的需要被满足之后，高层次的需要才会出现。但任何一种需要并不因为一个高层次需要的出现而消失，只是高层次需要产生后，低层次需要对行为的影响变小而已。各层次的需要呈相互依赖与重叠的关系（如图4-3所示）。

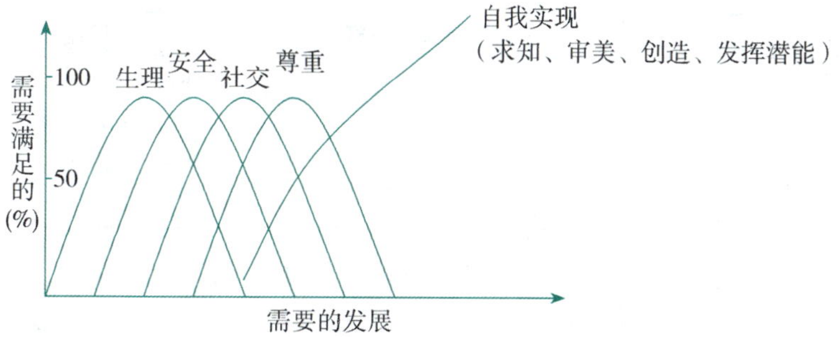

图4-3 五种层次需要的心理发展关系

第一，生理需要。这是人类最原始的、最基本的需要，包括饥、渴、性和其他生理机能的需要，它是推动人们行动的最强大的动力。马斯洛认为，人的生理需要是最重要的，只要这一需要还没得到满足，他就会无视其他需要或把其他的需要搁置一边。

第二，安全需要。当一个人的生理需要得到满足后，就想满足安全的需要。他会要求获得生命和财产安全，要求避免职业病的侵袭，希望解除严酷监督的威胁，要求避免意外事件的发生等。个人寻求生命、财产等个人生活方面免于威胁、孤独、侵犯并得到保障的心理就是安全需要。马斯洛认为，整个有机体是一个追求安全的机制，人的感受器、效应器、智能和其他能量主要是寻求安全的工具。

第三，社交需要。马斯洛的社交需要含有两方面的内容。一方面是爱的需要，即人都希望伙伴之间、同事之间的关系融洽或保持友谊和忠诚，希望得到爱情，人人都希望爱别人，也渴望接受别人的爱。另一方面是归属的需要，即人都有一种归属感，都有一种要求归属于一个集团或群体的感情，希望成为其中的一员并得到相互关心和照顾。社交需要比生理需要更细致，它与一个人的生理特性、经历、教育、宗教信仰都有关系。

第四，尊重需要。当社交需要得到满足后，人还希望自己有稳定的地位，有对名对利的欲望，要求个人能力、成就得到社会的承认等。马斯洛认为，尊重需要得到满足，能使人对自己充满信心，对社会满腔热情。但尊重需要一旦受到挫折，就会使人产生自卑感、软弱感、无能感，会使人失去对生活的基本信心。

受尊重的需要还同个体感到自己对这个世界有用的感觉有关，也与有关事物如衣服、汽车、教育、旅游和接待重要人物等能否增进自我形象有关。

第五，自我实现需要。它是指实现个人的理想和抱负、发挥个人的能力极限的需要。也就是说，人必须干称职的工作，是什么样的角色就应该干什么样的事——音乐家必须演奏音乐、画家必须绘画、诗人必须写诗，这样才会使他们得到最大的满足。

马斯洛把生理需要和安全需要划分为低级需要，而把社会需要、尊重需要和自我实现需要归为高级需要。低级需要属于缺乏性需要，它从外部使人得到满足，人一旦得到满足，在相应时间段它便失去了行为动因作用。高级需要从内部得到满足，需要满足来源于个体的认知和感受，就是说个体的主观因素是很重要的。高级需要是发展性需要，它的激励作用不因满足而降低，反而可能增强。

马斯洛的需要层次论得到了人们的普遍接受，尤其在实际管理工作中更是被广泛认可（见表4-1）。

表4-1 **需要层次论与管理措施对应表**

需要层次	诱因（追求的目标）	管理制度与措施
生理需要	薪水、健康的工作环境、各种福利	身体健康（医疗设备）、工作时间（休息）、住宅设施、福利设备
安全需要	职位的保障、意外的防止	雇佣关系、退休金制度、健康险制度、意外保险制度
社交需要（归属与爱的需要）	友谊（良好的人群关系）、团体的接纳、与组织一致	协商制度、利润分配制度、团体活动制度、奖金制度、娱乐制度、教育训练制度
尊重需要	地位、名分、权力、责任、与他人薪水之相对高低	人事考核制度、晋升制度、表彰制度、奖金制度、选拔进修制度、委员会参与制度
自我实现需要	能发展个人特长的组织环境，具有挑战性的工作	决策参与制度、提案制度、研究发展计划、劳资会议

造成这种结果的原因可能有两方面：一是理论的通俗易懂；二是符合我们的价值观，在直觉上符合逻辑。与此不相和谐的是，尽管经过许多研究者的不懈努力，但直到今天还没有任何科学证据支持他的理论观：需要结构是按照马斯洛假设的维度组织起来的，未满足的需要具有激励作用，或者已满足的需要会发展到一个新的层次的需要。

后来，马斯洛对于他前期所提出的五个层次的需要作了补充，即认为人们还有认识和理解的需要和欲望（求知），以及还有审美的需要。马斯洛认为这两类需要与前面的五个层次的需要并不处于同一层次发展系统之中，而是表现出一种既相互重叠又相互区别的关系。

小知识4-1　马斯洛补充的两种需要

认识和理解的需要：这是人人都具备的一种基本需要，即人们对于各种事物的好奇、学习，探究事物的哲理，对事物进行实验和尝试的欲望。马斯洛由人们对安全需要的前提出发推论出：人们进行各种学习和探究，其最终的目的也包括获得生活和生存的安全以及取得安全的方法，洞悉事物的奥秘。满足认识事物的需要是一种令人欢快和幸福的事情，学习和探究事物的奥秘也是智者自我实现的一种方式，好奇还是儿童的一种天性，儿童从他好奇的事物中得到最大的快乐。

审美的需要：人们对于美的需要也是一种基本的需要。比如，希望行动的完美，对于事物的对称性、秩序性、闭合性等美的形式的欣赏，对于美的结构和规律性的需要等，都是审美需要的表现形式。

（2）对需要层次理论的评价

马斯洛把人的需要分为五个层次。对层次作这样的排列，是否符合客观实际，是否反映了人类心理活动的规律，这个问题在国外存在争议，在我国也有不同的看法。

①马斯洛提出人的需要有一个从低级向高级发展的过程。这一过程的一般趋势在某种程度上是符合人类需要发展的一般规律的，有其科学的一面。

②马斯洛把生理需要作为需要结构的基础，列为第一需要，认为它是原始的、最基本的需要，这是正确的，有一定的参考价值。

③马斯洛的需要层次论提出了在每一时期，都有一种占主导地位的优势需要，而其他需要则处于从属的地位。要使对人的管理工作收到成效，不仅要了解职工的一般需要，而且要特别了解和掌握职工在某一时期的主导需要。

④马斯洛的需要层次论对于人类需要的分类与其他心理学家的分类相比，比较全面、细致，是较为成功的需要理论。并且，马斯洛从人的需要出发研究人的行为，抓住了问题的关键。

马斯洛的需要层次论的核心是要使人人都成为自我实现的人，而这种自我实现完全是一个自然成熟的过程，社会的影响往往束缚了人的自我实现。这样就完全否定了人的社会存在对人的成长有决定性影响；同时，这一理论又把这种需要层次看成是固定的程序，看成是一种机械的上升运动，忽视了人的主观能动性，忽视了通过思想教育在一定条件下改变人们需要主次关系的可能性；马斯洛的需要层次论只强调了一个人在各种需要之间存在的纵向联系，却忽视了一个人在同一时间内往往存在多种需要，而这些需要又会互相矛盾，导致各种动机的冲突。

(3) 需要层次理论在管理中的应用

马斯洛的需要层次理论对于管理实践具有重要的启发意义，在管理中的应用主要有以下三个方面：

①掌握员工的需要层次，满足员工不同层次的需要。管理者在实践中应该根据员工不同层次的需要，采取相应的组织措施，以引导和控制员工的行为，使之与组织的需要或社会的需要相一致。

②了解员工的需要差异，满足不同员工的需要。员工不但有着不同层次的需要，而且其职业、年龄、个性、物质条件、社会地位各不相同，需要层次的排列及需要特点也各有差异。一项关于中国企业员工的需要调查结果表明：管理干部、科技人员和文化程度较高者，自我实现需要占首位，其次是金钱需要和尊重需要；工人、文化程度较低者，金钱需要占首位，其次是爱的需要和自我实现需要。因此，管理者要注意掌握不同员工的不同需要，针对不同员工的不同需要采取不同的激励方法和管理措施。

③把握员工的优势需要，实施最大限度的激励。在同一时期内，员工可能存在着多种需要，但必定有一个占主导地位的优势需要支配、推动人的行为。而且，随着时间、条件的改变，人的优势需要的内容也在变化。因此，管理者不但要注意分析不同员工的需要差异，还要掌握一定时间内、一定条件下员工的优势需要及其变化。只有满足员工的优势需要，才能产生较大的激发力量。

2）麦克利兰的成就需要论

20世纪50年代初期以来，美国哈佛大学心理学家戴维·麦克利兰（David Mcclelland）对成就需要这一因素做了大量的调查研究，提出了“成就需要论”(Theory of Need for Achievement)。

(1) 成就需要论的主要内容

“成就需要论”不讨论人的基本生理需要，主要研究在人的生理需要基本得到满足的情况下，人还有哪些需要。麦克利兰认为，人还有成就需要、权力需要和友谊需要三种。

①成就需要（Need for Achievement），是指追求卓越、实现目标、争取成功的内驱力。具有挑战性的成就会引发人的快感，强化奋斗的精神，对行为起主要的影响作用。

②权力需要（Need for Power），是指使他人的行为发生改变的需要。具有高权力需要的人喜欢承担责任、努力影响他人，喜欢竞争性强、重视地位的环境。与有效的绩效相比，他们更关心威望和获得对其他人的影响力。

权力是管理成功的基本要素之一，个人的权力在不同阶段的表现不同，它有一个发展过程。一般的变化过程是：依赖别人→相信自己→控制别人→自我隐退，而为全社会追求权力。

③友谊需要（Need for Affiliation），是指建立友好和亲密人际关系的欲望。这样

的人喜欢合作性强而非竞争性的环境，渴望有高度相互理解的关系。负有全局责任的管理者把友谊看得比权力更重要。

（2）成就需要论的主要论点

①不同的人对这三种基本需要的排列层次和所占比重是不同的，个人行为主要取决于其中被环境激活的那些需要。

②具有高成就需要的人的特点：事业心强，比较实际，敢冒一定风险。这种人把个人成就看得比金钱更重要，从成就中得到鼓励超过物质鼓励的作用，把报酬看成是衡量成就大小的工具；当这种人从事的工作能为其提供个人的责任、反馈、适度的冒险性时（如图4-4所示），他的激励水平最高；在创造性活动中更容易获得成功，如经营自己的公司、管理一个独立部门。

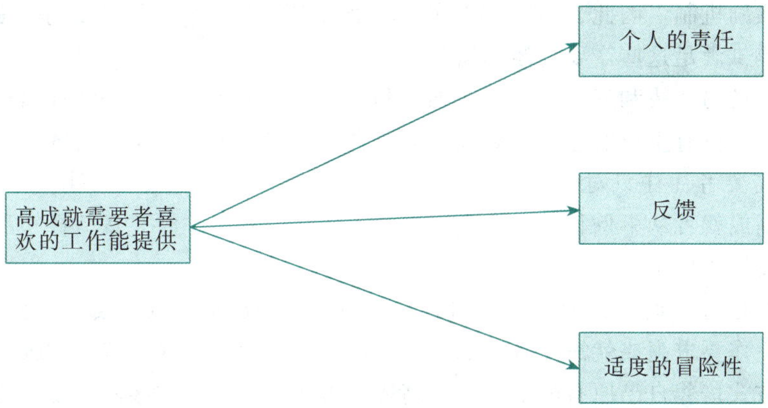

图4-4 与高成就需要者匹配的工作

③具有高成就需要的人对企业和国家有重要作用。一个企业拥有这类人越多，它的发展就越快，获利越多；一个国家拥有这类人越多，就会越兴旺发达。据麦克利兰的调查，英国1925年的国民经济情况很好，当时英国所拥有高成就需要的人数，在被调查的25个国家中名列第5位。第二次世界大战以后，英国经济走了下坡路，1950年再做调查时，英国所拥有高成就需要的人数，在被调查的39个国家中名列第27位。

④高成就需要者不一定是优秀的管理者，尤其是在一个大型组织中。他更感兴趣自己如何做好，而不是如何影响他人做好。大型组织中的总经理不一定是高成就需要的人。

⑤合群和权力需要与管理者的成功有密切关系。最优秀的管理者有高的权力需要和低的合群需要。

⑥通过教育和培训可以造就具有高成就需要的人才。为此，可举办学习班、宣传高成就需要人物的形象、交流经验等。

（3）对成就需要论的评价

"成就需要论"从同一层面揭示三种需要，更为有效地分析了相同条件下不同类型的需要对行为方式的影响。其激励意义在于把成就需要看成是成功的、有高度积极性的工作者的个性特征之一。成就需要激励着他们出色地完成自己所承担的每一项任务，组织似乎不必再施加激励因素，因为已经有了现成的激励因素。但是这些组织必须提供能使成就需要得以满足的工作条件。如果成就需要不能得到满足，这些人就会不愉快、不满意和没有工作效率。该理论对管理实践的意义是：如果工作需要高成就需要者完成，管理者可以选拔这一类型的人，也可以通过培训来开发员工的成就动机。同时，成就需要理论重视教育对于需要的培养的作用。

但也有人对麦克利兰“坚信人的需要和动机是后天形成的，是可以改变、可以培养的”这一观点提出质疑，认为人的动机、需求是很难定向塑造的。有人对于成就需要与工作绩效的正相关也提出质疑，认为由于传统角色期待的潜在影响，在某些组织中，只有男员工才会出现高成就需要与高工作绩效的关系，而女员工的高成就需要并不会导致工作绩效的提高。

（4）成就需要论在管理中的应用

①由于具有不同需要的人需要不同的激励方式，了解员工的需要和动机有利于建立合理的激励机制。因此，在对员工实施激励时需要考虑这三种需要的强度，以便有针对性地提供满足这些需要的激励措施。

②在人员的选拔和安置上，通过测量和评价一个人动机体系的特征对于如何分派工作和安排职位有重要的意义。高成就需要者并不一定就是一个优秀的管理者，原因是高成就需要者往往只对自己的工作绩效感兴趣，并不关心如何影响别人去做好工作。如果高成就者从事例行性或令人讨厌的工作，或者工作缺乏竞争性，那么成就激励就难以发挥作用了。

③需要是可以训练和激发的，因此可以训练和提高员工的需要，以提高生产率。如果某项工作要求高成就需要者，那么，管理者除了通过直接选拔的方式，也可以通过培训的方式培养自己原有的下属成为高成就需要者。同时，亲和需要与权力需要和成功的管理密切相关。麦克利兰发现，最优秀的管理者往往是权力需要很高而亲和需要很低的人。如果一个大企业的经理的权力需要与责任感和自我控制相结合，那么他就很有可能成功。

④具有高成就需要的人对企业和国家有重要作用，因此，企业必须加强对高成就需要者的管理。具体可以通过以下途径进行：

a.通过教育和培训可以培养具有高成就需要的人才。具体做法是：首先，可以通过介绍高成就者的事迹来激发受训者的成就需要；其次，制订个人成就需要规划，激发受训者的成就需要转化为实际行动；再次，通过学习、交流，提高他们争取更高成就的信心。

b.要经常安排一些成就的反馈，使被激励者了解自己的成功之所在，进一步激励他们对成就的渴望。

c.对高成就需要者的成绩给予充分肯定。要把高成就需要的人放在具有挑战性的岗位上，肯定他们的成就，鼓励他们多出成果，并有计划地提供学习和进修的机会。

d.将个人需要与国家、企业的利益相结合，鼓励员工创新，以成就激励他们脚踏实地努力工作。

总之，麦克利兰的成就需要理论对于我们发现人才、重视高成就需要人才的管理、合理用人等，具有很大的启发作用。

3）赫兹伯格的双因素理论

双因素理论也叫激励-保健理论（Motivation Hygiene Theory），由美国心理学家弗雷德里克·赫兹伯格（Frederick Herzberg）提出。赫兹伯格调查了203名工程师和会计师，他想了解人们想从工作中得到什么。他让人们详细描述感到工作非常好和非常坏时的情形。对调查结果进行归纳后，赫兹伯格总结出，人们对工作满意时的回答和对工作不满意时的回答大相径庭。内部因素，如工作富有成就感、工作成绩得到承认、工作本身、责任大小、晋升、成长等，这些因素与工作满意有关。当被调查者对工作满意时，他们倾向于把这些特征归于自己。当他们不满意时，倾向于抱怨外部因素，如公司政策、行政管理、监督者、与主管的关系和工作条件等。从这个分析结果能看到归因论的影子，把成功归于自己，把失败归于外部因素。

（1）双因素理论的主要论点

①它改变了传统的关于满意与不满意的观念。统计资料表明，满意的对立面不是不满意，这与人们通常认为的并不一致（如图4-5所示）。赫兹伯格认为，消除工作中的不满意因素并不必然带来工作的满意。这一发现表明了一个二元连续体的存在：满意的对立面是没有满意，不满意的对立面是没有不满意。带来工作满意的因素和导致工作不满意的因素是截然不同的。他将带来满意的因素称为激励因素，导致不满意的因素称为保健因素。缺少保健因素，员工会感到不满意，有了它不会感到满意，而是没有不满意；有了激励因素，员工会感到满意，没有它不会感到不满意，而是没有满意。

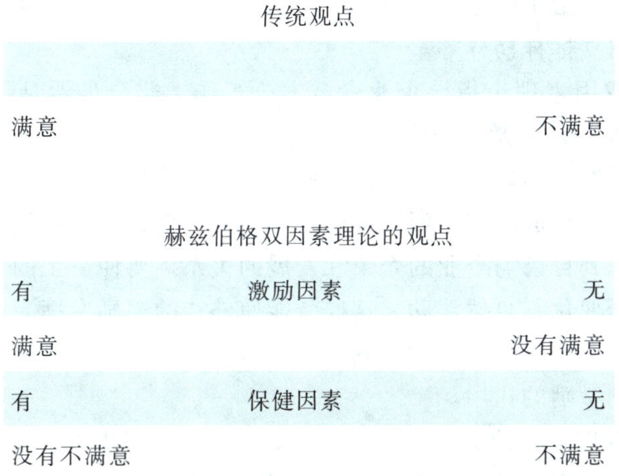

图4-5 双因素理论与传统观点的对比

②并非所有的需要得到满足都能起到激励作用，只有那些被称为激励因素的需要得到满足才能激发人的积极性。

③激励因素是以工作为核心的。如强调成就、认可、工作本身、责任和晋升等，它们都是内部因素，是内部奖励。

（2）对双因素理论的评价

赫兹伯格提出双因素理论后，引起了管理界的极大重视，也遭到了许多非议。

①赫兹伯格运用的程序受到方法论的限制。归因论告诉我们，当事情成功时，人们倾向于把功劳记在自己身上；反之，把失败归因于外部因素。所以，赫兹伯格得出的结论可能只是人们事后对所发生事情的解释，是一种事后理由，而非事情发生的

原因。

②双因素理论在一定范围内是有效的，能解释各种满意度，但它不是真正的激励理论。

③与以前的结论不一致，它忽视了环境变量。

④赫兹伯格假设满意与生产率之间有一定关系，但他所用的方法只考察了工作满意度，没有考察生产率。

尽管有来自各方面的批评，但20世纪60年代中期以来，双因素理论还是越来越受到人们的关注。

双因素理论在国外已广泛地为各类组织的管理者所接受，特别是在企业管理中所实行的工作丰富化、工作扩大化、弹性工时等，对激励员工的生产积极性、提高生产效率起到了极大的作用。

（3）双因素理论在管理中的应用

①在管理中，要调动和维持员工的工作积极性，首先要注意保健因素的作用。管理者要创造良好的工作环境和工作条件，防止员工产生不满的情绪，安抚员工。在保健因素得到满足后，更重要的是利用激励因素去激发员工的工作热情，提高他们工作的满意度。如果只顾及保健因素的满足，而没有利用激励因素，还是不能创造出一流的工作业绩。所以，在管理工作中，更重要的是利用激励因素。比如，不断地认可你的员工、真诚赞美、给予荣誉和头衔、给予一对一的指导、领导角色和授权、团队集会、劳动竞赛、树立标杆榜样等。

②可以利用双因素理论指导企业奖金发放工作。奖金虽然是一种重要的激励因素，但终究是一种外在的激励因素，其激励力量是有限的。要发挥奖金的激励作用，首先，奖金制度要充分体现“按劳分配”原则，反对平均主义，保证超额劳动得到超额报酬。如果把奖金当成附加工资，不问好坏一人一份，奖金就失去了激励作用。其次，要使员工认识到自己与企业的繁荣和发展的关系。要使员工的工资定额与奖金总额随企业的发展而变化，自然浮动，这样就能使外在的奖励发挥激励的功效。不讲部门与个人成绩大小，采取平均主义分配办法，就会使奖金变成“保健因素”。如果这样，奖金就起不到激励的作用。

③运用双因素理论，使员工工作丰富化，满足员工的高层次需求，也很有意义。分工专业化、流水线作业带来了工作成效，同时也带来了工作的单调、乏味，影响人们的工作热情。一般来说，工作丰富化也可以朝两个方向发展，一个是垂直工作加重，一个是水平工作加重。垂直工作加重指重新设计工作，给员工更多的责任感、更多的完成感。水平工作加重是指员工完成更多的前后工作程序，使员工有对工作的整体感、对社会的责任感、对自我能力的发展感。

④运用双因素理论，承认、照顾工人的个体差异，也能满足人们的内在需要。也就是说，组织在设计工作时，要考虑到不同员工的不同情况。一个人的工作情绪以及他从这个绩效得到的满足，是工作设计和员工对该设计的需要满足的共同函数。比如，对一个销售人员来说，如果这个人适合做这项工作，就会产生高绩效和对需要的充分满足，因为成就欲和自主权是这个工作所要求的。对一个维修管理人员来说，要使工作和个人这两方都很匹配，可能要注意技术专长、合作成就感以及控制紧张和急

躁情绪等。行为科学家认为，当一个人觉得通过自身的努力而完成了他认为有价值、有意义的事情时，就会感到高层次需要的满足。作为管理者，在进行工作设计时，要尽可能把组织目标和个人的需要、心理满足结合起来。这样，对个人和对工作都有好处。当然，如果工作的需要和个人满足确实不能统一时，还要讲清道理，多做教育工作。

运用双因素理论，正确运用表扬激励，创造一个竞争的环境，增强人们的进取心和荣誉感。一个人的工作取得了成绩，一旦得到同事或领导的承认和正确评价，意味着得到了社会的认可，对其进取心会有较大的激励。所以，有效地运用表扬“武器”，是一种领导的艺术。

案例窗 4-1

欧莱雅的激励机制

在巴黎欧莱雅总部，对刚生育完的女性员工，除了支付政府规定的4.5个月的薪水外，欧莱雅公司还给这些职工多加1个月的薪水，并可以在2年之内的任何时候领取。欧莱雅的8 000名经理中，2 000名已有购股权。如此优厚的员工福利，使欧莱雅的人才流失率保持在很低的水平，每名欧莱雅员工平均在公司工作14年。欧莱雅负责人力资源关系的副总裁Francois Vachey说：“员工的忠诚度对于公司来说非常重要。他们来了，加入了我们，然后留了下来。”

分析提示：欧莱雅建立了由薪资、福利、奖金、利润分享、股权、巴黎培训等众多激励方式组成的激励体系，这种大大超出市场平均水平的优厚的薪资福利，灵活机动的晋升机制，全球内部员工股权认购、年终分红、利润共享的激励策略，正符合了内容型激励理论的基本要义，所以才能吸引全球各地的人才带着热情和智慧投入欧莱雅的怀抱。

小知识 4-2　　激励作用的实验

心理学家做了一个“警觉性”实验：要求A、B、C、D四个人数相等的组，辨别指定光源的发光强度变化，若认为有变化就向实验者报告。对A组不给予任何奖励的暗示；对B组每正确辨别一次奖励5分钱，每错报一次罚款1角；对C组实行个人竞赛，比谁的洞察力最强；对D组实行集体竞赛，说要跟别的组比赛，比哪一组洞察力最强。

实验结果是：未实行激励的A组的绩效明显低于其他实行激励的三个组，个人竞赛组绩效最好。

知识拓展4-1

好的激励离不开钱，但除了用钱，腾讯、海尔、唱吧还这样激励员工

4.2 行为改造型理论

行为改造型理论（Remodeling Behavior Theory）注重对人外在行为影响的研究，在实际中的运用既简便，又行之有效。所以尽管给人以简单化之嫌，但还是得到广泛

运用。行为改造型理论包括归因理论、目标设置论和强化论。

4.2.1 归因理论

人们做完一项工作之后，往往喜欢寻找自己或他人之所以取得成功或遭受失败的原因，而这样做的结果对人以后的行为构成非常大的影响，这种现象称为归因。最早提出归因理论（Attribution Theory）的是海德（F.Heider）。他认为，人们具有理解世界和控制环境这两种需要，使这两种需要得到满足的最根本手段就是了解人们的行为的原因，并预言人们将采取何种行为。

他认为，行为的影响因素有两种，即主体和环境。运气、工作难易等都是环境原因。如果把行为的原因归于环境，则个人对其行为结果可以不负什么责任。人格、动机、情绪、能力、努力等都是个人原因。如果把行为的原因归于个人，则个人要对其行为结果负责。在海德研究的基础上，美国心理学家维纳（B.Weiner）对行为结果的归因进行了系统探讨，并把归因分为三个维度：内部归因和外部归因；稳定性归因和非稳定性归因；可控制归因和不可控制归因。维纳又把活动成败的具体影响因素归纳为六种，即能力高低、努力程度、任务难度、运气好坏、身心状态、外界环境等。如果将此三维度和六因素结合起来，就可组成一种归因模式，见表4-2。

表4-2 成就动机的归因模式

影响因素	稳定性		内在性		可控性	
	稳定	不稳定	内在	外在	可控	不可控
能力高低	+		+			+
努力程度		+	+		+	
任务难度	+			+		+
运气好坏		+		+		+
身心状态		+	+			+
外界环境		+		+		+

注："+"表示某一因素在某一维度上的表现。

维纳还研究了对行为成功或失败的不同归因对人情绪的影响（见表4-3）。

由于归因理论是从结果来阐述行为动机的，因此它的理论价值与实际作用主要表现在三个方面：一是有助于了解心理活动发生的因果关系；二是有助于根据行为及其结果来推断个体的心理特征；三是有助于从特定的行为及其结果来预测个体在某种情况下可能产生的行为。

海德的归因理论开创了归因问题研究的先河，其对行为原因所做的个人-环境的划分成为归因理论的基础，影响深远。

表4-3 原因维度与情绪反应关系表

行为结果归因倾向产生的影响			成功	失败
原因源	内部	内部因素：能力、努力、品质、人格等	使人感到满意和自尊	使人感到内疚和无助
	外部	外在因素：任务难度、机遇、环境等	使人产生惊奇和感激之情	使人产生气愤和敌意
	稳定	稳定因素：能力、任务、要求、法律等	有助于提高今后工作的积极性	会降低今后工作的积极性
	不稳定	不稳定因素：努力、机遇、外界条件等	以后工作的积极性不确定	可能会提高以后工作的积极性
	可控	可控因素：努力、注意力等	有助于积极的情感	归罪于客观任务和内疚、羞愧
	不可控	不可控因素：运气、健康等	引起惊奇的心情	感到遗憾

4.2.2 目标设置论

1）目标设置论的主要内容

目标设置论（Goal Setting Theory）是近年来研究成果较多、反响较大的一种激励理论。它是美国马里兰大学管理学和心理学教授爱德温·洛克（Edwin Locke）于20世纪60年代提出来的。他认为，凡是把一个具体、艰巨的目标接受下来作为自己的目标的人，比没有接受这样目标的人绩效更好。所谓具体，是指可以测定的；所谓艰巨，是指不容易完成的，具有挑战性的。换句话说，明确的目标能提高绩效；人一旦接受了困难的目标，会比接受容易的目标带来更高的绩效；有反馈比没有反馈带来更高的绩效。

具体的、困难的目标比笼统的目标如“尽最大努力、好好干”之类效果更好。具体本身就是一种内部激励，它使人有掌控感、效果感，从而为恰当地分配、安排自己的工作提供了可能。此外，当这个具体目标实现了，人能从中得到成就感。相反，没有具体目标，人就无法享受工作结果所带来的快乐。因为目标笼统，自然就没有完成、实现这类心理感受。

被接受的目标越困难，绩效水平越高。这个假设成立的前提是目标必须被接受。人一旦接受了一个艰巨的具体任务，他就会想方设法努力完成，在这种情况下人们付出的努力肯定比在完成容易任务时要多，自然绩效也就随之提高。当然，在经过努力难以完成时，在有些情况下目标就可能被放弃或降低。

在人们向目标努力过程中如果得到行为结果反馈，人们会做得更好。根据反馈，人们可以随时调整自己的工作，以使工作方法更有效，不偏离目标。另外，工作进展程度信息让人看到了自己的工作成效，这能给人以鼓舞并增强信心，使人看到希望。但有时过多失败的信息反馈可能会让人气馁，所以，并不是所有的反馈都有积极作用。

如果员工有机会设置自己的目标，他们会更努力工作吗？参与式目标是否比指定目标更有效？答案是不确定的。参与式目标的优势是使困难的目标更容易被员工接受，而通常目标越困难，被接受的难度就越大。由于目标是员工自己参与制定的，他们更易接受，并更可能投入努力。也就是说，员工参与目标制定可以使困难的目标更容易被接受，并提高采取行动的可能性。还有一种说法是，如果是外行，则参与性方法比指示性方法更好。如果是内行，则最好采用指示性目标，这样效率更高，节省时间。当然，如果目标的被接受性是一个大问题的话，则另当别论。

目标设置论是放之四海而皆准的普遍真理吗？即明确而困难的目标永远会带来更高的绩效吗？事实上并不是这样。除了前面谈到的反馈因素以外，目标承诺、适当的自我效能感和民族文化都对目标和绩效的关系有影响。每个人必须接受并始终忠于目标，是目标设置论的前提，有人自行降低或放弃目标，则此理论假设不成立。自我效能感是指一个人对他能胜任一项工作的信心。自我效能感越高，对自己获得成功的能力就越有信心。在遇到困难或消极反馈时，自我效能感低的人更容易减少努力或干脆放弃；相反，自我效能感高的人会更努力迎接挑战。民族文化在此指在一种文化背景下形成的具有一定普遍性的人格特征。下列文化特征是目标设置论成立的条件：下属有相当大的独立性（在权力距离上得分低），管理者和下属都寻求具有挑战性的目标（在不确定性规避上得分低），而且双方都认为绩效是重要的（在生活质量上得分高）。

2）目标设置论在管理中的应用

（1）目标是一种外在的、可以观察并且可以测量的标准

管理者可以直接设置、调整和控制目标，作为激励员工的重要手段和技术。

（2）管理者如何为员工设置目标

首先，管理者应该尽量使员工参与目标设置，了解并且认同组织目标；其次，管理者帮助员工设置具体的并且有相当难度的目标；最后，管理者对目标的实现应该采取各种形式的激励和肯定，以强化和调动员工达成目标的积极性。

（3）个人目标与组织目标保持一致

组织目标与个人目标可能平衡一致，也可能发生偏向，如果出现偏向，就不利于调动个人的积极性，不利于组织目标的实现。只有使这种偏向趋于平衡，即组织目标向量与个人目标向量间的夹角最小，才能使个人行为朝向组织目标，在个体间产生较强的心理内聚力，共同为完成组织目标而奋斗。

（4）目标的时间上，既要有近期目标，又要有远期目标

只有远期目标，易使人产生渺茫感；只有近期目标，则使人目光短浅，其激励作用也会降低或不能维持长久。

（5）积极做好目标的反馈

信息的反馈可以增强员工实现目标的积极性，并且使员工及时发现问题，调整方向，从而更好地实现目标。

（6）促进目标管理的实现

目标设置论为管理中采用的目标管理技术提供了心理学上的理论依据。管理者通过不断设置企业的目标，让员工明白企业的目标与个人的目标，并让员工积极参与，这样既有利于员工个人目标的实现，又有利于促进目标管理的实现。

案例窗 4-2

一头鲸鱼的奇迹

假如你看到体重达8 600千克的大鲸鱼跃出水面6.6米，并为你表演各种动作，我想你一定会发生惊叹，将这视为奇迹，而确实有这么一头创造奇迹的鲸鱼。

这头鲸鱼的训练师向外界披露了训练的奥秘：在开始时他们先把绳子放在水面下，使鲸鱼不得不从绳子上方通过，鲸鱼每次经过绳子上方就会得到奖励，它就会得到鱼吃，会有人拍拍它并和它玩，训练师以此对这头鲸鱼表示鼓励。当鲸鱼从绳子上方通过的次数逐渐多于从下方经过的次数时，训练师就会把绳子提高，不过提高的速度必须很慢，不至于让鲸鱼因为过多的失败而沮丧。

分析提示：无疑是鼓励的力量使得这头鲸鱼飞跃过了这一可载入吉尼斯纪录的高度。对一头鲸鱼如此，对于聪明的人类来说更是这样。鼓励、赞赏和肯定，会使一个人的潜能得到最大限度的发挥。可事实上更多的人却是与训练师相反，最初就怀着期盼规划出相当的高度，一旦达不到目标，就弄得彼此大失所望。所以我们常常看到，上司对下属的不满和惩罚，教师对学生的严厉批评和斥责，望子成龙的父母对孩子的埋怨和训斥……

因此，即使我们的期望值很高，可最好还是给手中的“绳子”确定一个适当的高度，看到对方的每一个进步，及时予以鼓励和肯定，坚定信心，而不要被失望、沮丧的情绪所笼罩。

4.2.3 强化论

1）强化论的主要内容

强化论是由美国哈佛大学心理学教授斯金纳提出来的。斯金纳认为，人或动物为了达到某种目标，会采取一定的行为作用于环境。当这种行为的后果对人有利时，这种行为就会在以后重复出现；反之，这种行为就会减弱或消失。人们可以用这种正强化或负强化的办法来影响行为的后果，从而修正其行为，这就是强化论，也叫行为修正理论。

所谓强化，是指对一种行为的肯定或否定的后果及其对该行为是否重复的影响程度。强化包括以下四种类型：

（1）正强化

正强化又称积极强化，是指当人们采取某种行为时，能从他人那里得到某种令其感到愉快的结果，这种结果反过来又成为推进人们趋向或重复此种行为的力量。例如，企业用某种具有吸引力的结果（如奖金、休假、晋级、认可、表扬等），表示对员工努力进行安全生产行为的肯定，从而增强员工进一步遵守安全规程，进行安全生产的行为。

正强化既能起到加强被强化者积极行为的作用，又能使其他人出现积极行为的可能性增大。

（2）负强化

负强化又称消极强化，它是指通过某种不符合要求的行为所引起的不愉快的后果，对该行为予以否定。若员工能按要求行事，就可减少或消除这种令人不愉快的处境，从而也增加了员工符合要求的行为重复出现的可能性。例如，企业安全管理人员告知员工不遵守安全规程，就要受到批评，甚至得不到安全奖励，于是工人为了避免此种不期望的结果，而认真按操作规程进行安全作业。由此可见，负强化与正强化的目的是一致的，只是二者采取的手段不同。

（3）惩罚

惩罚是指在消极行为发生后，以某种带有强制性、威慑性的手段，给人带来不愉快的结果，或者取消现有的令人愉快和满意的条件，以表示对某种不符合要求的行为的否定。如批评、行政处分、经济处罚等，都是惩罚的手段。

（4）自然消退

自然消退又称衰减，它是指对原先可接受的某种行为强化的撤销，使这种行为出现的频率逐渐减少、衰退，以至最终消失。研究表明，一种行为在一定时间内得不到正强化，此行为将自然减少并逐渐消退。例如，企业曾对员工加班加点完成生产定额给予奖酬，后经研究认为这样不利于员工的身体健康和企业的长远利益，因此不再发给奖酬，从而使加班加点的员工逐渐减少。

强化论认为，正强化会影响人们重复这种行为的倾向，在激励过程中起着重要的激励作用。正强化可以分为连续强化和间断强化两种不同的方式。连续强化是指对每次发生的行为都进行强化；间断强化是指非连续性的强化，不是对每次发生的行为都进行强化。与间断强化相比，连续强化具有快速效果，但缺点是一旦停止强化，其行为将很快消失；间断强化的效果虽然不如连续强化快速，但更持久。

2）对强化论的评价

强化论有助于我们深刻理解人是如何学习和养成各种行为、习惯的。但同时不能忽略的是，强化论过分依赖外在的强化物来控制人的行为，而无视人的情感、态度、愿望和已有的经验等心理变量对人的行为所产生的影响。强化的确是塑造行为的重要因素，但极少有学者认为它是唯一的因素。因此，管理者在运用奖励或惩罚等强化方式时必须注意，强化本身并不是目的。

3）强化论在管理中的应用

（1）以正强化为主，奖惩结合

正强化对于影响行为来说是最省力和最有效的工具。正强化措施会给人以愉快的、积极的情绪感受，有利于调动人的积极性；负强化手段可能使人由于不愉快的感受而出现悲观、恐惧等心理反应，甚至发生对抗性消极行为。所以，在强化手段的运用上，应以正强化方式为主。

但是，有时候负强化也能起到正强化起不到的作用，必要时也要对不良行为给予惩罚，做到奖惩结合。采用负强化手段要慎重，运用时应尊重事实，讲究方式方法，处罚依据准确公正，尽量消除其副作用。

（2）因人而异，形式多样

要根据不同的对象，采取不同的强化因素，不能搞“一刀切”。每个人的心理特点不一样，对正负强化的反应也不一样。有的人爱面子，口头表扬就起作用；有的人讲实惠，希望有点物质鼓励。有的人脸皮薄，会上公开点名批评受不了；有的人相反，不狠狠批评，引不起他的重视。采用强化措施时，要因人而异，尤其对青年人，他们敏感、自尊心强，更要注意他们的心理特点。

（3）及时反馈

所谓及时反馈，就是人们通过某种途径或形式，及时了解自己行为的结果。反馈，就是知道结果，它本身就有强化作用，能够给人以鼓励，鞭策他继续努力。比如，工厂每天公布工人的生产数量和质量，让工人知道自己的生产成果，据以估计当月能否完成任务。这样可以促使工人不断调整生产进度，寻找和改进提高产量的办法。因此，搞好反馈也是影响和改变行为的重要环节。如果领导漫不经心，视而不见，对好与坏、先进与落后都不作任何表示，则会让好的得不到表扬，差的得不到批评。

（4）实事求是

正负强化都必须注意准确性。表扬、批评都必须在调查的基础上，做到实事求是、恰如其分，力求准确。表扬时，不能添枝加叶，凭空拔高，为了突出某个人，把他人的功劳也贴到他身上，或者为了说明某个人的变化，就把他过去说得一无是处，这都起不到强化的作用。

课堂互动4-1

课堂互动4-1

答案提示

通常情况下，奖励这种强化手段的效果要好于惩罚，对吗？

案例窗4-3

赫洛克效应

心理学家赫洛克找来一群志愿者，把他们分成4个小组来完成特定任务。赫洛克对这4组志愿者采取了不同的态度，结果发现，即便是相同的任务，每组的表现也完全不同。

第1组，我们称为“受表扬组”，在每次完成任务后，会受到鼓励和表扬。

第2组，与第1组完全相反，在完成任务之后，无论结果如何，都会受到严厉的批评，我们称为“受训斥组”。

第3组，与第1组、第2组不同，他们是被忽视的一群人，既没有表扬，也没有批评，也就是“受忽视组”。

第4组，在整个过程中，全程与前3组隔离，而且在事后完全不给予评价，我们称为“控制组”。

实验结果如下：

首先，表现最差的一组是第4组，表现最好的一组是第1组。

其次，随着时间的推移，第1组（受表扬组）的表现越来越好，呈现稳步上升的趋势。

最后，第2组（受批评组）即便没有第1组表现好，但是和第3组（受忽视组）相比，数据要更好。

相关实验结果如图4-6所示。

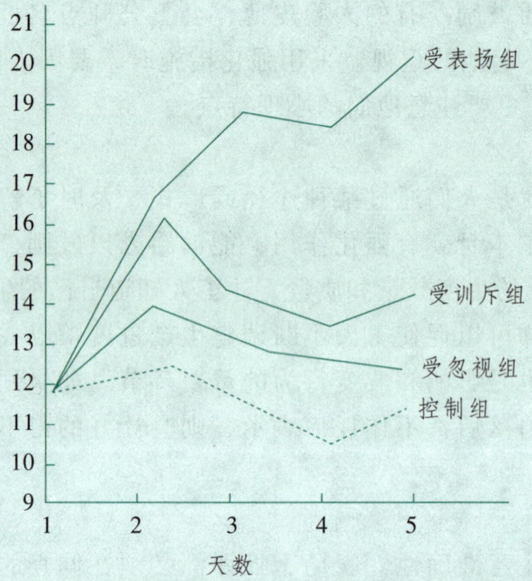

图4-6 管理者的态度对员工工作效率的影响

这就是著名的“赫洛克效应”，它告诉管理者：对于工作结果及时给予评价，能够强化工作动机，对工作起到促进作用。适当表扬的效果显然比批评要好，而批评的效果要优于不给予评价。尝试使用赞美的语言，等待随之而来的奇妙的效果，这就是赫洛克效应的要义。

资料来源 蔡不蔡. 赫洛克效应：表扬不到位，员工两行泪［EB/OL］.［2019-03-05］. http：//www.ceconline.com.

分析提示：上述案例符合强化论的基本思想。任何一种消极否定的评论，无论是多么公正，都会打击员工的积极性，让员工感觉没有安全感，心生烦恼。而赞扬本身，是比批评更有效的管理途径和方式。第一，这样做的成本低、收益高。第二，喜欢赞扬下属的管理者更能发现、扩大下属的优势，从而提高下属的工作积极性。

4.3 过程型理论

过程型理论（Instrumentality Theory）与内容型理论和行为改造型理论相比，更注重细节过程，主要研究人的行为是怎样发生和演变的，其内心发生了怎样的变化过程。需要理论能告诉我们员工在追求什么，但没有向管理者提供有效的影响和控制员工行为的手段及工具。只靠了解员工为什么这样做并不能提高工作绩效，管理者还需要知道提高员工积极性的具体方法。过程型理论就试图在这方面提供帮助。内容型理论告诉管理者员工为什么这样做，过程型理论则是要解决怎么样做的问题。

4.3.1 期望理论

1）期望理论的主要内容

期望理论（Expectancy Theory）是由维克多·弗隆（Victor Vroom）提出的。尽管受到了一些批评，但大多数的研究支持了这个理论。围绕期望理论的很多批评也是针对整个认知性理论的。例如，所有认知性理论成立的前提性假设就是“人是理性的（Rational）”。所谓理性人假设，就是说正常人在做出决策时，总是希望得到最大报偿，换句话说，人不会做对自己不利的事，趋利避害是人的天性。理性人假设有时也称为经济人假设，最早起源于享乐主义哲学和亚当·斯密（Adam Smith）的经济理论。心理学的研究确凿地告诉我们，尽管在大多数情况下人是趋利避害的，但人是理性和非理性的复合体却是科学结论。基于此，在理解和使用认知理论时必须意识到这一点。

期望理论认为，一种行为倾向的强度取决于个体对于这种行为可能带来的结果的期望强度，以及这种结果对行为者的吸引力。当个体认为努力能带来良好的绩效时，他会付出更大努力；良好的绩效能带来好的结果时（奖金、加薪、晋升等），个体会更加努力。

影响人积极性的第一个因素是努力与绩效之间的关系，弗隆称之为期望（Expectancy）。期望是一个人认为他自己的努力带来一定绩效的可能性有多大。如果答案是肯定的，员工就会很努力；相反，员工就不会有积极性。这里还有个问题需要澄清：员工所创造的绩效不完全是客观的，因为在组织中的绩效都需要领导或业已存在的评估体系来加以确认，而领导是否公正就构成了绩效评估的第一个变数；组织对绩效的评估体系也可能注重了其他方面，如忠诚、创造性或勇气等。这可能意味着更大的努力不一定带来好的绩效评估。如果情况是这样的，即员工认为无论自己多么努力，也不能获得好的绩效评估结果，最终结果可想而知，那就是员工积极性的降低。

影响人积极性的第二个因素是绩效和结果之间的关系，弗隆称之为媒介性（Instrumentality）。媒介性指个体认为他取得的一定绩效同一定的结果之间的联系如何。当媒介性是正值时，意味着你认为你取得的绩效会带来相应的结果；反之，媒介性就是负值。只有当媒介性是正值时，个体才会付出更大的努力。好的绩效一定会得到奖励吗？研究发现二者之间的关系不是明确的。原因在于，除了绩效，还有其他东西能赢得组织奖励，如资历、合作性、与上司的关系等因素，如果这些因素在影响奖励的获得上是更重要的，就会降低员工的激励水平。

影响积极性的第三个因素是效价（Valence），即所得到的结果（Outcome）是否有吸引力，自己是否满意。弗隆把效价定义为：你所预计的一定的结果所带来的满足和不满足的程度。并不是所有由绩效所带来的效价都是正的，都会给人带来满意。如果低的绩效也能带来高的效价，那是管理的最大失败。另外，管理者容易犯两种错误：一是认为所有员工都想得到同样的东西（假定相似性偏见），忽视了差别化奖励的激励效果；二是员工想得到“东”，管理者却奖励他“西”（他想得到晋升，你却给他加薪；他想得到一个更具挑战性的工作，你却仅仅给他几句表扬）。在这两种情况下，员工的激励水平不会高。

弗隆用一个公式表示激励与几个影响因素之间的关系：

$$F = E \times \sum VI$$

式中：E代表期望值，V代表效价，I代表媒介性，F代表激励。效价V与媒介性I乘积的总和乘以期望值E就得出激励水平F。F是英文force的第一个字母。

弗隆认为绩效是个人努力的结果，而事实上努力不是影响绩效的唯一因素，个人的能力、环境所提供的机会，都是不可或缺的。这就是中国人常说的“天时、地利、人和”，这些是除了个人因素之外的环境因素，如图4-7所示。

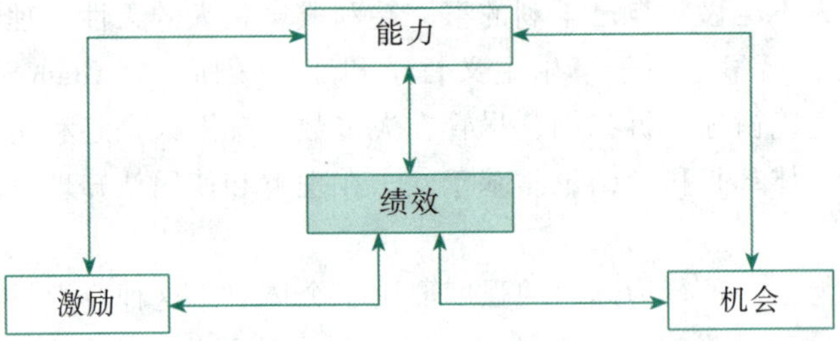

图4-7　绩效维度

2）对期望理论的评价

期望理论对组织管理具有一定的启示，它明确地提出员工的激励水平与组织设置的目标效价和可实现的概率有关，这对组织采取措施调动员工的积极性具有现实的意义。

首先，组织应重视生产目标的结果和奖酬对员工的激励作用，既充分考虑设置目标的合理性，增强大多数员工对实现目标的信心，又设立适当的奖金定额，使目标对员工有真正的吸引力。

其次，组织要重视目标效价与个人需要的联系，将满足低层次需要（如发奖金、提高福利待遇等）与满足高层次需要（如加强工作的挑战性、给予某些称号等）结合运用。同时，要通过宣传教育引导员工认识生产与其切身利益的一致性，提高员工对生产目标及其奖酬效价的认识水平。

最后，组织应通过各种方式为员工提高个人能力创造条件，以增加员工对目标的期望值。

许多评论家认为，期望理论的局限性主要在于它只是一种理想的模式，在理论研究中很有价值，但在实际应用中作用却是有限的。

3）期望理论在管理中的应用

（1）激励应因人而异

激励的效应在于个人对激励的评价，因此管理者应针对不同的人采用不同的“激励物”。正所谓雪中送炭、投其所好，奖励其最期望奖励的东西就能发挥最大的奖励效用。管理者要摸清员工最期望得到的奖励是什么。

（2）引导员工对绩效的期望

员工对绩效的期望可以通过培训、指导而改变，管理者应通过这些方式提高员工对绩效的期望，从而激发其工作积极性。

（3）制定报酬与个人绩效挂钩制度

报酬要与对组织有重要意义的行为相联系，组织中的奖励政策、奖励水平随个人绩效而定。

4.3.2 公平论

1）公平论的基本内容

美国心理学家斯达西·亚当斯在1967年提出了公平论。该理论侧重研究工资报酬分配的合理性、公平性对员工生产积极性的影响。公平论指出，员工的工作动机不仅受其所得的绝对报酬（自己实际收入的数量）的影响，而且受到相对报酬（自己实际收入与他人的实际收入的数量对比）的影响。即一个人不仅关心自己收入的绝对值（自己的实际收入），而且也关心自己收入的相对值（自己收入与他人收入的对比）。每个人都会不自觉地把自己付出的劳动和所得的报酬与他人付出的劳动和得到的报酬进行比较，也会把自己现在付出的劳动和所得报酬与自己过去的劳动和所得的报酬进行比较。如果当他发现自己的收支比例与他人的收支比例相等，或者现在的收支比例与过去的收支比例相等时，便认为是应该的、正常的，因而心情舒畅、努力工作。但如果当他发现自己的收支比例与他人不相等，或现在的收支比例与过去不相等时，就会产生不公平感，就会有满腔怨气。

要消除或减轻这种不公平感，人们可能会采取下列五种措施中的一个或几个：①曲解自己或他人的付出或所得；②采取某种行为使得他人的付出或所得发生改变；③采取某种行为改变自己的付出或所得；④选择另外一个参照对象进行比较；⑤辞去他们的工作。

心理学的研究表明，不公平感的产生绝大多数都是由于经过比较后认为自己的报酬过低而产生的；但在少数情况下也发现，如果一个人经过比较，认为自己的报酬过高，也会产生不公平感。

2）公平论在管理中的应用

（1）公平论强调公平对激励效果及人们行为的重大影响

组织要尽可能公平地对待每一个员工，并且让每一个员工心中感受到组织对他们真正公平。对组织内的所有员工都应一视同仁，给予他们公正的报酬和待遇，体现按劳付酬、按贡献和业绩进行奖励和评价。

（2）引导员工正确地认识和对待公平

在组织内，公平是有效率的公平，是激发人们努力向上的公平，不是相互攀比、相互攀附的公平，不是绝对的、简单的公平。要在组织内建立比能力、比贡献、比绩效、比投入的积极向上的风气，把公平建立在促进组织发展上。同时，要引导员工正确选定参照人，确定合理的参照标准和系数。

（3）要从组织的全局给予员工报酬，激励员工

公平和不公平的感觉来自社会比较过程，管理人员对某成员的待遇，不但影响特定的成员，而且影响组织内与该成员有接触的其他人。因此，管理者在设计奖励方案和报酬待遇时，要通盘考虑组织内各岗位的所有成员的状况，考虑每个人的投入、岗位特点及相关职位和岗位人员的情况，并把每个人的投入情况进行量化、公开，便于员工正确比较。

课堂互动4-2

答案提示

知识拓展4-2

同事赚的比你多，你该想想这是否公平

课堂互动4-2

结果一样就是公平吗？

4.4 激励的方式

将各种激励理论运用于实践，是一个创造性的过程。理论所描述的只是一般性的原则、原理和规律，而实践中所遇到的问题则是千变万化的，这就需要灵活运用各种激励理论，在实践中结合组织特点进行大胆探索，摸索出行之有效的激励方式。

对人的激励主要有外在的激励方式和内在的激励方式。外在的激励方式在短时期内能显著提高员工的工作积极性，但效果不能持久，甚至有时还会降低员工工作的积极性；内在的激励过程需要较长的时间，而且见效较慢。可是一旦发挥作用，不但可以提高员工的工作积极性，而且其效果可以持续很长一段时间。下面介绍在实践中运用较广泛的几种激励方式。

1）目标激励

所谓目标激励，就是设置适当的目标，激发人的动机，达到调动人的积极性的目的。员工都希望在工作中取得一定的成就和报酬，所以管理者需要建立适当的目标，发挥目标的激励作用，从而调动员工的工作积极性。

2）奖惩激励

奖惩激励是奖励和惩罚的合称。奖励是对人的某种行为给予肯定或表扬，使人保持这种行为，奖励得当，能进一步调动人的积极性。惩罚是对人的某种行为予以否定或批评，使人消除这种行为，惩罚得当，不仅能消除人的不良行为，而且能化消极因素为积极因素。

3）危机激励

危机激励是指将组织面临的危难、不利条件和困难告诉组织成员，使之产生一种危机感，形成一种不进则退、置之死地而后生的竞技状况，使组织成员奋发进取，拼搏向上，勇往直前。中国古代“卧薪尝胆”“破釜沉舟”的故事充分说明了危机激励的重大作用。企业领导者要能够不失时机地唤起职工的危机意识、忧患意识，并把这种意识转化为行动的动力。

4）竞赛与评比激励

竞赛在组织内是一种客观存在，在正确思想的指导下，竞赛以及竞赛中的评比对调动人的积极性有重大意义。

5）工作激励

工作激励是一种内在激励。日本著名企业家稻山嘉宽在回答“工作的报酬是什么”这个问题时指出：“工作的报酬就是工作本身。”薛恩也指出：“自我实现的人是那些力求将自己的潜能最大限度地发挥出来的人。”只有在工作中表现出自己的才能，才会感到极大的满足。工作激励的关键就是使工作丰富化。工作丰富化是指改进工作设计，提高工作动机，变革工作内容，使人们体验到工作的意义和赋予的责任，并了解到自己工作的好坏，满足人们成长和发展的需要。

6）榜样激励

榜样的力量是无穷的。榜样激励对榜样者自己，以及对先进人员、一般人员、后进人员都有激励的作用。对自己是一个压力，对先进者是一个挑战，对一般人有激励作用，对后进者能产生心理上的压力。

除了上述几种主要的激励方式外，还有其他的激励方式，如环境激励、荣誉激励、行政激励、持股激励、文化激励等。管理者在实际工作中，要灵活掌握和应用不同的激励方式。

小知识4-3 卡尼曼的经济心理学研究

卡尼曼的理论可以用来解释很多传统经济学理论无法解释的问题。传统经济学一般假定人们出于自身利益的驱动能够做出理性决策，而卡尼曼通过运用感知心理学分析法研究人类的分析决策行为后得出结论：人的心理其实非常复杂，当所得的比预期的多时，人们会非常高兴；而当失去的比预期的多时，就会非常愤怒痛苦。这其中的关键在于这两种情绪是不对称的，人们在失去某物时愤怒痛苦的程度远远超过得到某物时高兴的程度。

案例窗4-4

英特尔的激励新招

英特尔认为，未来最好的创新型组织类型是试错成本最低的组织。因此，要能够宽容错误，鼓励错误，让员工尽可能以低成本的方式来试错，进而引起“突变”。在企业中，如果一味压制员工的创意，公司内将很难产生创新。

英特尔借鉴了互联网企业的“三个Fail”（即Fail early，Fail often，Fail cheap）的理念。英特尔不只奖励成绩，还会奖励“好”的错误，激励大家创新。

无论是美国总部研究院，还是中国研究院，都会定期选出好的创意，给予员工资金和人力方面的全力支持，将创意从概念落地为产品原型。

创意落地的周期通常限制在6个月以内，研究院会及时跟进项目成果与预期是否相符，并评估有没有继续做下去的必要。若发现某个创意因思路问题而不得不中断，研究院也视之为一种“成功”，避免了其他同事重蹈覆辙。

在英特尔中国研究院，为了鼓励员工创新，从一开始就不强调员工创意一定要与英特尔的业务相关，甚至不强调必须是全新的或者是“前无古人后无来者”的创意。

英特尔中国研究院欢迎每一位研究员大胆提出自己的创意。这些创意经过权威的，甚至具有跨学科背景的人员评估后，如果被认为具有实际价值或者可实现性，就能获得为期半年的调研和开发机遇，并获得资金和人力上的支持。而半年过后，项目的进展会再次得到评估，一旦选中，研究人员就可以全职完成这一项目，得到英特尔全方位的支持。

除了正向激励，英特尔还创造了反向的激励机制，即给大家创造一种选择的压力——一个好想法不会永远流传下去，在对创意进行研究、做原型、产品转化等环节之后，创意可能会转化为落地的项目或者“死掉”。这从反方向给员工施加了适当的压力，持续激励员工不断创新。

创新需要花费时间。在创意落地与主营业务之间，英特尔采取了一些有效举措来平衡二者间的矛盾，比如将每个团队或员工的自主创新加入绩效考核。在英特尔，每位员工的年终绩效包括两部分，一部分是主营业务，另一部分便来自于创新。

若员工或团队的一个创意上市，或被产品部门或社会接受，英特尔就会给其相应的分红。事实上，将创新计入绩效，也是在总体上对每个项目产生的影响力进行评估。

资料来源 陈文君．激励有新招：英特尔正在鼓励员工犯“好”的错误［EB/OL］．［2018-11-02］．http：//www.cnbm.net.cn/article/ar905127241.html.

分析提示：上述案例表明，英特尔能够灵活运用不同的激励理论，在实践中结合组织特点进行大胆探索，找到了行之有效的激励方式。特别是它的反向的激励机制，从反方向给员工施加了适当的压力，持续激励员工不断创新。

4.5 知识员工的激励

在知识经济时代，企业的生存方式和管理模式发生了深刻的变革，企业的核心竞争力转向知识和科技。而在知识经济体系中，知识员工作为知识的载体，扮演着最关键的角色。美国的有关调查显示，知识员工已占美国人才市场的59%。在中国，这个数字也在逐年增长。如何管理知识员工，是一个富有挑战性的课题。

4.5.1 知识员工的概念

管理大师彼得·德鲁克在其《21世纪的管理挑战》一书中首次提出“知识员工”的概念。他认为，知识员工是指一方面能充分利用现代科学技术提高工作的效率，另一方面本身具备较强的学习知识和创新知识的能力的企业员工。

加拿大著名学者、优秀基金评选主审官弗朗西斯·赫瑞比认为：“简而言之，知识员工就是那些创造财富时用脑多于用手的人们。”他们通过自己的创意、分析、判断、综合、设计给产品带来附加价值。

4.5.2 知识员工的特点

21世纪是知识经济的时代，知识是最重要的资源；拥有知识的人不再是一种成本或者一种工具，而是一种资源，一种人力资本。知识员工与体力员工相比，概括起来有如下特点：

1）具有较强的自主性

他们从事的大多为创造性劳动，倾向于拥有宽松的、高度自主的工作环境。注意强调工作中的自我引导、自我发挥和自我管理。过度严格的管理会被他们当成不被尊重和受到侮辱的表现。

2）具有独特的价值观

与一般员工相比，知识员工更在意自身价值的实现，因此他们热衷于具有挑战性的工作，把攻克难关当成一种乐趣，当成一种实现自我价值的方式，从工作中获得满足感。

3）具有较强的成就动机

追求卓越，不满足现状，一旦选准目标就会持之以恒，不达目的决不罢休。

4）具有高度的使命感

一旦他们认同自己的企业，就会将企业的生死存亡当成自己的历史使命，渴望为自己的企业做出自己的贡献，同时实现自己的人生理想，获得企业的认可和尊重。

5）具有强烈的个人发展与流动意愿

出于对自己职业兴趣和发展前景的强烈追求，知识员工具有较强的流动意愿，他们希望在流动中展现价值和实现价值。

6）蔑视权威，不迷信、重真理

学习型组织与智力资源的出现，将会淡化金字塔形的等级管理模式，对纯等级式的权威产生蔑视的心态，更倾向于全方位的信息沟通管理模式，信服知识全面和能力强的引导型管理者。

7）忠于职业多于忠于组织

他们留在一家公司并不仅仅是物质需要的满足，更是他们的一种职业兴趣的选择，对特定的行业易形成路径依赖。

8）知识员工的劳动过程难以控制

这是因为，互联网的出现使得计算机成为重要的生产工具，隐性化劳动增多，有时分不清是在为公司工作还是在干私活，有形的规章制度无法约束员工的行为。

9）劳动成果难以控制

思维创造的无形化导致员工劳动过程的无形，进而导致考核困难，这也是知识产权纠纷愈来愈多的原因。

10）愿意为人类社会做贡献而不太乐意与同事、企业共享

强烈的成就动机驱使他们要求自己的劳动成果尽快得到社会的认可，但人的内在本性和外在考核制度的缺陷，又让他们不会轻易地将自己的成果与他人共享。

4.5.3　知识员工的激励与管理

鉴于知识员工不同于体力员工，对他们的激励和管理也有很大的不同之处。

1）创新管理

创新是未来人力资源管理的主旋律。研究证明，提高生产效率的真正动力，不是

信息技术，而是人力资源的竞争和创新。随着技术水平的不断提高，知识员工在企业中的地位越来越重要，满足知识员工工作和生活质量的要求将成为21世纪人力资源开发管理的核心内容之一。知识员工不仅要得到公平合理的报酬，得到发展自我的机会和条件，而且要得到职业安全保障。企业终将意识到员工需要的不是工作而是职业，因此要改变传统的企业人力资源管理工作中作业性的内容，如考勤、绩效考评、薪资福利等行政性和总务性的工作；要更加重视战略性项目，包括人力资源政策的制定、完善；强化员工的教育、培训；制定发展规划和为业务开发提供人才支持等。企业应该营造一个宽松自由的创新环境，树立崇尚创新、鼓励创新的风尚，让企业的每一个成员都成为创新的源泉。

2）目标管理

伴随着信息技术在企业管理中的广泛应用，目标的确定、实施和评价将成为企业与知识员工之间建立战略伙伴关系的关键。公司的成功将不是主要依靠管理生产的能力，而是主要在于激发员工运用他们的创意、判断和努力。管理过程和管理目标是明确的，具有强制性，同时管理又是柔性的和弹性的。员工要了解企业的目标，企业也要了解员工的目标。企业明确的战略目标既是对员工的吸引，也是企业成功的行为导向。企业是一个利益共同体，员工只有对自己在企业中的利益认同，才能对企业发展目标认同。

3）员工关系管理

和谐的员工关系也是生产力。和谐的员工关系有利于提高员工士气，提高员工工作的积极性和主动性，最终提升企业服务质量；和谐的员工关系有利于鼓励员工参与，充分发挥企业人力资源的潜力，提高企业科学决策及民主管理水平；和谐的员工关系有利于避免劳动纠纷。员工关系管理对知识员工来说更为重要。

4）人本管理

知识经济不是以知识为本，而是以人为本。尊重知识、尊重人才不等于尊重人。仅仅尊重人才，不利于人的聪明才智的发挥，只有将人当成自由的、自立的个人加以尊重，人才能发挥出自己的聪明才智。最适合人性的管理才最有利于激发人的创造力。

本章小结

★ 本章介绍了管理心理学的核心理论——激励理论。激励理论可以划分为三种：内容型理论、行为改造型理论、过程型理论。

★ 内容型理论主要包括马斯洛的需要层次论、麦克利兰的成就需要论和赫兹伯格的双因素理论。

★ 行为改造型理论包括归因理论、目标设置论、强化论。

★ 过程型理论包括期望理论和公平论。本章还介绍了知识员工的特点及激励方式等。

核心概念

激励　需要　强化　期望　满意度　知识员工

基本训练

□ 知识题

4.1 判断题

1）满意的对立面是不满意。（ ）

2）有好的工资和福利待遇，员工的工作积极性就高。（ ）

随堂测 4-1

判断题

4.2 选择题

1）成就动机强的人的行为特征表现为（ ）。

A.注重工作结果反馈　　B.喜欢承担责任

C.适度冒险　　D.注重金钱

随堂测 4-2

选择题

2）麦克利兰的成就需要论认为人的需要可以分为对成就的需要、对社交的需要和（ ）。

A.对发展的需要　　B.对享受的需要

C.对精神的需要　　D.对权力的需要

4.3 简答题

简述期望理论。

□ 技能题

尝试运用强化理论改变某个人的某种行为。

观念应用

□ 分析题

小陈是一家外企的部门经理，上个月他收到两封信：一封是公司因他业绩优秀而给予他的加薪通知，这个早已在小陈的意料之中；另一封信的内容他事先却一点儿也不知道，公司为小陈提供了一个到国外学习培训的机会。小陈非常高兴，决心以后一定好好干。试用某种激励理论分析这一现象。

□ 案例题

企业如何激励员工最有效？

有一道古老的管理学难题：业绩好应当奖励谁，如何奖励？这个问题的答案通常是利己的。简单并容易监控的工作，比如制作汉堡，是天然适合采用绩效激励的。然而不知为何，领奖金的往往却是高管们，尽管他们的复杂、难以度量的工作与绩效工资的粗糙性非常不吻合。

但是，让我们假定，经理们真的想解决这个问题。答案是极其复杂的。金钱很重要，但有时，我们会发现金钱激励是无礼或污秽的。金钱以外的奖励，比如表扬、地位的提升或做好一份工作的成就感，也可以促使我们努力干好自己的工作。

所以，经理们可以进行一些实验，看看在某一特殊情境下，什么因素能够起作用。这种做法早已有之，可以追溯到20世纪20年代开始的霍桑实验。

可惜的是，霍桑实验本身存在缺陷，而且一直被神化了。几年前，英国一家大型果园的所有者农场主史密斯与三位经济学家之间的奇特合作得出了有趣的结论。三位经济学家为农场主史密斯的果园设计了不同的激励方案，并对其进行了检验。这种合作是双赢的：史密斯提高了生产率；经济学家们得到了研究数据。

果园实验的结果表明，金钱激励确实重要，起码对于果园里的移民临时工来说是这样的。首先，计件工资计划把生产率提高了50%；其次，对一线经理实施绩效薪酬，确保不再为照顾朋友而把工作分配给他们，生产率又提高了20%；最后，生产竞赛鼓励工人们自己组织成高效团队，生产率进一步提高20%。

在另一项研究中，赞比亚首都卢萨卡的发型师受聘去销售安全套，并就如何防止HIV感染提供咨询。结果证明，要激励他们卖更多安全套，在一个公开仪式上褒奖业绩最佳者，比提供金钱激励的效果好得多。

但有时候，公开表彰和金钱激励都不合适。想一想长途航班机长的情况吧。与兼职的安全套销售员或水果采摘工不同，这些资深飞行员拥有很高的地位和6位数的年薪，并有强大的工会捍卫他们的收入和工作条件。然而，格里尔·戈斯内尔等人的一项实验，探讨了有哪些办法可能影响这些精英员工的行为。

戈斯内尔与一家想要鼓励机长们节约燃油的商业航空公司达成了合作。总体而言，有三种办法可以节约燃油：起飞前，认真计算燃油需求量；降落后，在滑行过程中关闭部分引擎；在飞行中，认真调整襟翼设置，并向空中交通管制部门争取最省油的海拔高度、航速和航线。航空公司自身的数据显示，机长有潜力节约3%~6%的燃油——这可以节约大量资金，带来可观的环保好处。但如何对他们实施激励呢？

戈斯内尔设计了一项不依赖于支付奖金的实验。机长们被告知，他们公司正在进行一项旨在节约燃油的实验，并且研究者将对所有机长的身份保密。实验将不设金钱激励，也不拟制排行榜。

机长们被随机分成4组。“信息组”每月收到反馈报告，报告中详细记载了他们有多少次在每次起飞前、飞行中和降落后节省了燃油。“目标组”收到同样的报告，但为了促使他们改善表现，要对他们设定省油目标（达标的奖励是一句衷心的“干得漂亮！”）。“激励组”被告知，他们每达到一个目标，都将有10英镑被捐给他们选择的慈善项目——在8个月的研究中，如果每个月都完成了全部3个目标，那么慈善捐款总额可能达到240英镑。“对照组”则仅仅被告知，一项有关节约燃油的研究正在进行中。

最明显的结果是，存在巨大、持续的“观察者效应”。仅仅告诉机长们有这样一项实验正在进行中，就促使他们更加注意，并节约下大量燃油。总是存在这样一种可能性，即机长们突然开始节约燃油的原因其实跟这个实验无关，但也没有显而易见的其他原因。

第二个结果是，跟对照组相比，其他三组都节约了燃油，但设定目标（无论是否进行慈善捐款）产生了特别明显的效果。

第三个结果是，达成目标的机长对自己的工作感到更满意。“我简直无法相信我们对机长们工作满意度的影响，”戈斯内尔的同事梅特卡夫说，“公司对节约燃油感兴趣并认可这方面的成功，似乎让机长们感到高兴，而不是生气。”

资料来源　哈福德. 企业如何激励员工最有效［EB/OL］.［2018-08-04］. http: //www.zwgl.com.cn/cn.

问题：根据本章的相关内容评价上述案例。

□ 实训题

调查一个外资企业的主要激励手段，分析其与激励理论的关系。

第5章

群体心理

学习目标

通过本章的学习，应该达到以下目标：

知识目标： 了解群体心理和行为的规律，掌握群体决策的技术和群体人际关系的建立及维护。

技能目标： 掌握人际交往的基本技能。

能力目标： 具有与他人沟通和合作的能力。

第5章

思维导图

引例 如何激发群体智慧？

美国哥伦比亚大学商学院几年前做过这样一个实验：在玻璃罐中放满糖果，请一群人来猜糖果的数量，然后记录每个人的答案、答案的平均数及其与正确答案之间的关系。

在这个实验中，糖果实际数目为1 116颗，参加实验的学生有73个，平均数为1 115颗。但最后得到的73份答案中，却有着天壤之别，离真实数字都相差很远。通过这个实验，可以获知：人群中涌出的群体智慧远远超过了个人智慧。

那么，这个实验的重要前提是什么？是限制数量范围、参与者年龄，还是罐子的形状？都不是。

重要前提是参与实验者彼此之间必须互相独立，且不允许在自己给出答案前互相沟通。显而易见的是，保持群体中每一个个体的独立性，是群体智慧发挥作用的重要前提。

如果再做反向实验，即取消独立性条件，允许参与者在做出答案之前互相通气、交换意见。结果却出人意料："群体智慧"的光环消失了，正确率大幅降低。难道增加沟通会降低群体智慧吗？

让意见领袖"闭嘴"

事实是：一旦人们被允许相互交流，就一定会有"意见领袖"冒出来，他/她会用强大的推理能力和无敌的口才，来对其他人起到引导和说服作用，结果每个人的自主判断就演变为在不知不觉中被"洗脑"。这时候，个体独立性消失了，群体智慧就会降低乃至消失。

所以，避免意见领袖或高话语权者对他人的影响、保持均衡的话语转换能力，才能使群体智慧发挥重要作用。

自从社交工具被广泛应用以来，人们很轻松地被黏合在一起，产生了许多群体智慧。这种群体智慧可以回答问题、进行决策、想出点子，甚至可以表达观点。因此，很多企业内部都会有"员工交流群"，其功能非常强大：员工之间可以很好地交流工作经验、互换信息，无形中促进良好企业文化的形成，这远比挂在墙上的宣传口号更有效；同时，企业外部的"用户群"，即用户之间就形成了一个售后服务体系，每当有一个用户抛出一个问题，其他用户就可以为其解答，甚至还会激发出很多的创新和创意。这事实上，都是群体智慧的体现。

在2015年奥斯卡颁奖前夕，专家做过一组测试，将人工群体和传统的民意测验进行比较。测试调研了48个人，让他们预测最热门的15个奖项。其中，采用传统民意测验的方法，以票数最高的预测作为该群体的代表意见，有6个正确（正确率为40%）。然后，挑出了48人中的7个人，作为一个子群。结果，这7个人的15个预言中有11个正确（正确率为73%）。也就是说，一个仅仅拥有15%的人数规模的子群，有73%的成功率，大大优于传统调研方法的40%正确率。

可见，保持群体中每一个个体的独立性，是群体智慧发挥作用的重要前提。这也证明了，"社会群落"确实拥有卓越的能力。

激发群体智慧的涌现

在群体智慧中，个体组成的群体（比如社会群落）能够一起解决问题，参与者通过实时反馈，从而实现群策群力，做出决策并行动。显然，群体智慧的优势明显优于个体，以及简单的个体之和。

为什么现在以海尔为代表的制造业企业，都在不断通过“用户交互”去设计、研发、制造产品？事实上，这正是将有着紧密联系的群体智慧激发出来的结果。

如何在组织中激发群体智慧的涌现呢？专家给出的答案是满足下面三个基本条件：

第一，连接。群体中的个体彼此要知道，自己和他人都是这个群体中的一员。

第二，流动性。个体之间要传递一些信息、想法、情绪，都要有互动。

第三，多样性。个体要做出独立的判断来保证独立性，从而确保整个组织的多样性。

而事实上，许多组织都是由很多“相似”的人组成的。在互联网时代，组织和人才的边界被渐渐打破，可以花很少的成本去获得更多的资源。可想而知，群体智慧在内部员工、外部员工、外部用户、外部专家等资源的共同作用下，将得以更充分发挥。

资料来源　佚名．如何在互联网时代激发群体智慧？［EB/OL］．［2016-04-14］．http：//www.zwgl.com.cn/cn.

5.1　群体心理概述

5.1.1　群体的定义和分类

1）群体（Group）的定义

群体是指为了实现某个特定的目标，两个或两个以上相互作用、相互依赖的个体组合。关于群体的定义有很多，其中有这样一种观点：三个人以上才可以称为群体，两个人是伙伴。

2）群体的分类

（1）正式群体和非正式群体

正式群体（Formal Group）是指由组织结构确定的、职务分配很明确的群体。通常情况下，在正式群体中，其成员的行为是与组织目标相一致的。非正式群体（Informal Group）是那些既没有正式结构，也不是由组织确定的关系密切的一群人。至于出于什么原因会在正式群体中产生非正式群体，原因可能是多方面的。在我国，非正式群体大量存在，在一些特定的时间和环境下，非正式群体的作用甚至会左右正式群体。这是中国企业管理中的一个特色。

课堂互动5-1

你所在的班级中有非正式群体吗？非正式群体的作用一定是负面的吗？为什么？

课堂互动5-1

答案提示

案例窗 5-1

无处不在的非正式群体

比尔·史密斯从工程学校毕业之后，来到一家大型制造厂的实验室工作。在实验室里，比尔的任务是管理四名负责检验样品的技术员。一方面，比尔是他们的监督者和管理者；另一方面，比尔又受到这个集体本身的制约。正是这种制约在折磨着比尔。他很快就发现他们每个人都在设法保护别人，所以实验室的脏活也就很难确定由谁负责。正是这个团体大大限制了比尔的作用的发挥，他们每天都只完成同样的检验工作量，根本不考虑比尔催促加快检验速度的要求。尽管比尔是上级指定的实验室主管，但是他经过多次观察发现，实验室的技术员有问题的时候并不找他，而是经过走廊找另一部门的老技术人员。

比尔还注意到，其中有三名技术员经常一起到咖啡间吃午饭，还有一位技术员经常同自己的朋友到邻近实验室用餐。比尔自己通常与其他实验室的管理人员一同进餐。午餐时，比尔逐渐明白了其中的种种蹊跷，很快认识到实验室发生的情况说明非正式群体在起作用，自己必须像对待正式群体那样认真对待这些非正式群体。

资料来源　根据相关资料整理。

分析提示：在任何正式的组织中都可能存在着非正式群体。一般说来，非正式群体形成的原因主要有以下几个方面：一是由于某种利益或观点上的一致性；二是具有共同的价值观和兴趣爱好；三是有类似的经历或背景。

（2）其他分类

命令型群体，是指由组织结构规定的群体。例如，车间主任和他的一些下属组成的群体。

任务型群体，是由组织结构决定的，为了完成一项工作任务而在一起工作的人。例如企业发生突发事件，领导协调各部门负责人员一起参与解决应对。

利益型群体，大家为了一个共同的利益目标而走到一起。例如，企业要削减福利，员工议论纷纷，经过商议，最后大家达成共识，组织起来和老板谈判。

友谊型群体，与工作无关，纯粹是出于满足人的社交需要而组成的群体。

小知识 5-1　　合作的力量

一位父亲和他7岁大的儿子整理后花园，他们发现一块埋在土中的大石头。父亲觉得这是一个教育孩子的好机会，于是他要求孩子自己将大石头移开。孩子用力推了半天，石头纹丝不动，于是他就在石头旁边挖了个洞，找来一根木棍插进洞中，把另一块小石头垫在底下，使劲地往上撬，但大石头依然不动。显而易见，以他的力气是不足以撬动大石头的。

孩子告诉父亲他撬不动，父亲在一旁看得很清楚，但仍平静地说你要尽全力。这一次，孩子用尽了全身的力气，小脸都憋得通红了，到后来将整个身体的重量都压在木棍上了，大石头还是纹丝不动。

孩子大口喘着气，颓然坐下。父亲和蔼地走到他身边，问道："你确定你真的用尽全力了吗？"孩子说当然用尽了。这时父亲温柔地拉起孩子的小手说："不，儿子，你还没有用尽全力。我就在你旁边，可你没有向我求援。"

时代发展到今天，走向成功最快速的办法就是寻求成功者的帮助，并与对方齐心协力共同完成。完美的互援与合作永远不能被忽视。

5.1.2 群体的发展

群体的发展大致可以分为五个阶段，即形成阶段、震荡阶段、规范化阶段、执行任务阶段和终止阶段。

1）形成阶段

在这一阶段，群体的结构、领导、目标等都没有确定。当大家觉得自己已经是群体中的一员的时候，这一阶段就完成了。

2）震荡阶段

这一阶段是群体碰撞和冲突阶段，大家对群体的目标和规范还没有从心里接受，角色分工没有确认。在这一阶段结束的时候，领导层次就清晰明确了。

3）规范化阶段

在这一阶段，群体成员之间开始形成密切的关系，群体开始表现出一定的凝聚力。每个人在群体中担当的角色已经确定，形成一定的友谊关系。群体规范形成了，这一阶段就结束了。

4）执行任务阶段

在这一阶段，群体成员的注意力开始转向怎样完成工作任务。

5）终止阶段

如果是长期性的工作群体，这一阶段就是群体发展的最后阶段，如果是临时任务群体，则群体开始进入解散过程。当然，在这个过程中，不同的人的心理感受会不一样。

5.1.3 群体的动态特性

每个个体都有不同个性，但在群体中由于受群体规范尤其是群体中其他成员的影响，往往会表现出不同于个体单独情境下的行为反应。这种反应是群体压力下的产物，也是个体借以适应环境的方式。这就是群体的动态特性。群体的动态特性关注的是群体如何影响个体以及个体如何适应群体问题。

1）群体士气

（1）群体士气的概念

"士气"原用于军队，表示作战时的集体精神，现在也应用于企业中，表示群体的工作精神。心理学家史密斯（G.R.Smith）等把群体士气定义为："对某个群体或组织感到满足，乐意成为该群体的一员，并协助达成群体目标的态度。"群体士气是指群体成员对群体的认同与满意，并愿意为群体目标而奋斗的精神状态。它代表一种个人成败与群体兴衰休戚相关的心理，是群体的工作精神和成员对组织的态度表现。

群体士气是群体成员的群体意识，它与群体凝聚力有密切关系。士气高昂的群体，凝聚力必然就强；士气低落的群体，凝聚力就会下降。高昂的士气虽不一定提高组织的绩效，但要想提高组织绩效，提高士气是不可缺少的重要条件。

（2）影响团体士气高低的因素

①对团队目标的认同。《孙子兵法》指出："上下同欲者胜。"团队管理的首要任务是要有明确的奋斗目标，这个目标要和个人的目标结合起来，即实现公司目标的同时，个人的目标也能实现，个人与企业的目标在一定层面上是一致的。而士气是一种团队意识，是团队成员对组织的集体态度，它代表一种个人成败与团队成就高低休戚相关的心理。如果团队成员接受、赞成、拥护团队的目标，认识到团队目标反映了自己的要求和愿望，具有较高的价值，个人就愿意为达到团队目标而努力，那么团队士气就会高涨。

②合理的经济报酬和奖励制度。金钱虽然不是个人追求的全部目标，但是金钱可以满足人们的许多需求。有时，它还代表一个人在组织中的成就和贡献以及在社会中的地位。所以，经济报酬和奖励一定要公平合理。否则，不合理的工资和奖金制度将会挫伤员工的积极性，引起不满，降低士气。

③团队成员对工作产生满足感。员工的工作满足感会直接影响到员工的工作行为、工作积极性、劳动效率及工作绩效。

世界著名的石油大王洛克菲勒曾经说过：要想充分发挥员工的才能，就要努力提高员工的工作满足感，让员工在工作中获得更大的满足，对工作感到满足就能够提高士气。所谓工作满足，就是员工对本职工作非常热爱、感兴趣，而且工作有利于员工能力及特长的发挥，使员工有用武之地。此外，民主的管理方式，可以为员工提供参与管理的机会、融洽的人际关系等，这些都将使员工产生工作满足感。

④优秀的领导者及领导集团。俗话说：火车跑得快，全靠车头带。"一头狮子带领一群绵羊"和"一只绵羊带领一群狮子"的结果绝对不一样。领导者对企业的生存与发展的作用举足轻重。作为管理者，需要从自身做起，改变态度，改变行为，成为士气的风向标。研究表明，领导者和领导集团作风民主，广开言路，乐于接纳意见，办事公道，遇事能同大家商量，善于体谅和关怀下级，则团队士气高涨；反之，遇事独断专行，压制员工积极性、创造性的领导者和领导集团可能降低团队的士气。

⑤和谐的人际关系与有效沟通。士气高昂的群体，必须具有很强的凝聚力，成员之间有强烈的认同感，关系和谐融洽，愿意彼此合作。群体成员之间的有效沟通不仅有助于解决问题、提高效率，而且通过参与可以提升员工士气。

⑥良好的工作与心理环境。适宜的工作环境对人们的身心健康具有重大的影响。不良的工作环境容易使员工产生心理上的疲劳，甚至引起某些慢性病，从而降低工作效率。

小知识 5-2　　和谐的故事

从前，有一个脾气很坏的男孩，他的爸爸给了他一袋钉子，告诉他：每次发脾气或者跟人吵架的时候，就在院子的篱笆上钉 1 根。第一天，男孩钉了 37 根钉子。后面的几天，他学会了控制自己的脾气，每天钉的钉子也逐渐减少了。他发现，控制自己的脾气，实际上比钉钉子要容易得多。终于有一天，他一根钉子都没有钉，他高兴地把这件事告诉了爸爸。

爸爸说："从今以后，如果你一天都没有发脾气，就可以在这天拔掉一根钉子。"日子一天一天过去，最后，钉子全被拔光了。爸爸带他来到篱笆边上，对他说："儿子，你做得很好，可是看看篱笆上的钉子洞，这些洞永远也不可能恢复了。就像你和一个人吵架，说了些难听的话，你就在他心里留下了一个伤口，像这个钉子洞一样。"

资料来源 佚名. 从前，有一个脾气很坏的男孩 [EB/OL]. [2008-09-24]. http: // http: // blog.gxnews.com.cn/u/1385/a/189169.html.

2）群体意识

群体意识是指成员对群体的态度，或称为以群体为主体的意识。这是某一特定群体内占主导地位的、对群体本身及所从事工作的看法。群体意识包括理想、价值观念、道德标准、工作态度等。

影响群体意识形成的因素多种多样，主要包括：

（1）特定群体构成

由不同人构成的群体其认知水平、理想、价值观念、文化素养、道德标准等都是不同的，这使不同群体具有了明显的差别。

（2）工作任务的特殊性

工作的特点也决定了群体的意识差异。这是由工作要求和制度决定的。因为工作任务不同，个人对工作的看法也不同。

群体意识对行为的影响是多方面的。首先，它影响群体行为的方向。意识的导向作用使得一个企业要将创立良好组织意识放在重要位置上。主人翁意识、集体主义意识、竞争意识、创新意识也是值得提倡的。其次，群体意识影响群体行为的强度和持久性，也影响成员的态度变化。最后，群体意识对群体的支配是不全面的，它不支配个人的具体行为，也不会使每个人都表现出共同的行为，它只指出群体成员行为的大致方向。所以，对群体意识的忽略和过分相信都是不现实的。比较合理的办法是注重主客观条件下的群体意识倾向。

3）群体凝聚力

（1）群体凝聚力的概念

群体凝聚力是指群体对个体成员的吸引力，或使群体成员愿意留在群体内的力量，也指成员之间的吸引力。它表现为成员对群体的认同感、归属感和力量感。群体凝聚力的强弱，在很大程度上决定着群体行为的效率和效果。如果这种吸引力达到一定强度，成员之间协调一致，彼此赋予一定的价值时，这个群体就具有较强的凝聚力。相反，成员互不信任，对群体不认同，甚至人心涣散，则表明群体的凝聚力很弱。

（2）群体凝聚力的作用

群体的凝聚力对群体及其成员发生的作用，表现为群体对成员的控制力增强、群体成员的自信心与安全感增强、成员之间的人际关系协调一致等。

①群体的控制力增强。在凝聚力强的群体中，成员都愿意留在自己所属的群体，

怕被排斥于群体之外，因此容易接受群体的监督与控制，愿意遵守群体的规范，积极参加群体组织的活动，承担群体规定的任务，努力实现共同目标。成员为了保持与群体的一致性，在遇到群体舆论压力时，容易产生从众行为和服从行为。

②群体成员的自信心与安全感增强。在凝聚力强的群体中，各个成员之间观点一致，关系融洽，相互支持，因而在心理上增强了自信心与安全感。成员对自己所属的群体以及对自己的评价也会随之而提高，从而更加热爱自己所属的群体，将群体作为自己的后盾与靠山。

③成员之间的人际关系协调一致。群体给予其成员以归属感，凝聚力则将成员的归属感转化为人际间的相互依赖。在一个高凝聚力的群体中，信念、态度的相似性，成员行为的一致性都为人际关系紧密、和谐提供了有力保证。

（3）影响群体凝聚力的因素

①领导因素对群体凝聚力的影响。领导者是群体的核心，领导班子自身是否团结一致、齐心协力、坚强有力，会直接影响群体的凝聚力。群体的领导方式对群体凝聚力也会产生很大的影响。研究表明，在民主型、专制型、放任型等领导方式中，民主型领导方式能使成员有充分表达自己意见的机会，成员有较强的参与意识，成员之间团结协作、互助友爱，因而有较高的凝聚力；而专制型和放任型领导方式则往往会降低凝聚力。

②群体的同质性对凝聚力的影响。群体的同质性，即指群体成员之间的共同点、相似性，其有相似吸引的作用。例如群体成员有共同的目标、理想、信念，相同的需要、动机、兴趣与爱好，相同的民族及文化背景，相似的个性及个性心理特征等，都是群体的同质性。一般来说，同质性有相互吸引的作用，同质性越高，群体的凝聚力也就越高。但是，当群体成员之间产生利益冲突时，工作性质相同、工作能力和水平相当的成员彼此不服气，可能出现嫉妒、“同行是冤家”、“文人相轻”等现象，这样会破坏群体的凝聚力，造成群体内部的不团结。

③来自群体外部的压力能增强群体内部的凝聚力。当某一群体受到外来群体的侵犯、攻击、竞争、威胁时，群体内部每个成员都会面临生死存亡的威胁和压力，任何人没有单独逃避的可能，这时只有群体成员更加紧密地团结在一起，才能抵御外来的压力。

④群体内部的奖励方式对群体凝聚力的影响。管理心理学的研究与实践表明，个人奖励与集体奖励方式有不同的作用。西方管理心理学的研究一般认为集体奖励方式可能增强群体的凝聚力，而个人奖励方式可能增强群体成员之间的竞争力。

⑤群体成员的荣誉感、成就感、归属感等集体主义精神和情感对凝聚力的影响。管理实践表明：某个群体在组织中占有显著的地位和影响，工作卓有成效更具挑战性，群体的经济效益高，则群体成员会产生较强烈的认同感、集体荣誉感、成就感和归属感，成员都希望维护群体的荣誉，保持群体的先进性，因而群体的凝聚力较高。群体成员会相互接纳、齐心协力、共同奋斗，使群体取得更有效的成就。反之，若某个群体的社会地位低，工作成效差，经济效益也低，则群体成员可能都想离开该群体，其吸引力、团结力、向心力就较差。例如有些群体开展的“厂服”“厂徽”“厂歌”“厂日”活动或“校服”“校徽”“校日”等活动，有助于培养群体成员的集体荣

誉感、成就感、归属感，增强群体的凝聚力。

⑥群体的规模、规范与风气对凝聚力的影响。从规模来看，小群体往往比大群体凝聚力更强，更趋向一致性。群体人数过多，规模过大，容易造成意见分歧，信息交流与信息沟通受阻，从而降低群体的凝聚力；另外，群体规模太小，又会失去平衡力量，矛盾难以调解，也会降低凝聚力，影响工作任务的完成，适度规模的群体可以增强凝聚力。

（4）增强群体凝聚力的方法

群体凝聚力的大小受许多因素的制约，有效地控制和利用这些因素，就是增强群体凝聚力的有效方法，具体包括如下五个方面：

①群体规模。群体规模的大小与凝聚力成反比，即群体规模大，凝聚力小；群体规模小，凝聚力大。因为群体人数多，相互接触的机会就少，但产生意见分歧的概率却增大，凝聚力自然降低。不过，如果群体规模太小，又会影响任务的完成。所以，既要保证群体的工作机能，又要增强群体的凝聚力，调查发现，群体规模在7人左右为佳。

②群体内部的一致性。群体内部的一致性就是指群体成员的共同性和相似性，主要指成员间要有共同的利益和目标。在承包的企业群体内部，成员间的一致性比未承包的群体要高，而且彼此间利害关系更为明显，因此凝聚力也更强。

③外部压力。外部压力会使群体间成员更加紧密地团结在一起以抵抗外来的威胁，从而增加了群体成员相互合作的需要。在企业活动中，应引进竞争机制，竞争对手带来的外部压力能够使群体内部成员更加团结，提高凝聚力。

④群体的领导方式。民主型的领导方式比专制型和放任型的领导方式更能使成员互助友爱、工作积极，群体凝聚力更强。

⑤群体内部的奖励。在那些人们期望彼此喜欢或为了较高的报酬而工作的条件下，他们相互间的影响更大，把个人和群体相结合的奖励方式更有利于增强群体的凝聚力。

除此以外，促进信息的沟通、提高群体的地位、努力达成目标等，也都能够增强群体的凝聚力。

4）群体规范

群体规范也称社会规范，是群体中成员共同认可的用来评判行为的标准。但群体规范并不是规定其成员的一举一动，而是规定群体对其成员的行为可以接受和不能容忍的范围。群体规范可能是正式规定的，但大部分规范是非正式的，是约定俗成的。

群体规范的形成受模仿、暗示、顺从等心理因素的制约。美国心理学家谢里夫的实验说明了群体规范的形成过程。实验在暗室进行，一个被试坐在暗室里，面前的一段距离内出现一个光点，光点闪现几分钟后消失。然后，让被试判断光点移动多远距离。实际上，光点并没有动，但在暗室中看光点，每个人都会觉得光点在移动，这是一种视觉错觉现象。这样的实验进行几次，每个被试都建立了个人的反应模式。有的人觉得光点向右上方移动，有的人觉得向左下方移动，有的人觉得向上方移动等。每个人的反应模式都各不相同。随后，让被试一起在暗室内看出现的光点，大家可以相互讨论，说出自己的判断。实验反复进行，经过一段时间之后，大家对光点移动方向的判断逐渐趋于一致。这就说明，群体规范代替了个人的反应模式。实验继续进行，出现了一个有趣的现象：当把这些被试重新分开单独进行判断时，每个人并没有恢复他原先建立的个人反应模式，也没有形成新的反应模式，而是一致保持群体形成的规范。这表明群体规范会形成一种无形的压力，约束着人们的行为，甚至这种约束并没有被人们意识到。

5）群体压力

（1）群体压力的概念

每个群体都对其成员有一定的约束力量。也就是说，群体都要求其成员共同遵守一定的行为准则。而对于群体行为准则的共同遵守，往往也是群体内大多数成员的意向或愿望。有经验的管理者知道，当90%的人已经说出“是”之后，让另外的人说“不”绝非一件容易做到的事。群体大多数成员的意见会产生一种无形的力量，它使群体内每一个成员自觉不自觉地保持着与大多数人的一致性，这个力量就是群体压力。

群体压力与权威命令不同，它既不是由上而下明文规定的，也不是强制个体改变自己的行为，而是通过多数人的意见，形成压力去影响个人的行为。群体压力尽管不具有强制的性质，但它对个体来说，却是一种难以违抗的力量。有时，当这种群体压力非常大的时候，甚至会迫使其成员违背自己的想法而产生完全相反的行为。这是因为当一个人的意见与群体内大多数人的意见和行为不一致时，就会感到紧张，这种紧张来自于对偏离群体的恐惧。每个人都有归属一定的群体的需要，而偏离大多数人的意见，则意味着对这种归属感的放弃。所以，如果一个人不愿意处于孤立的境地，他就会在群体压力面前顺应大多数人的意见。心理学上把这种行为称为从众。从众是指个体在群体的压力下改变个人意见而与多数人取得一致的认识的行为倾向。它是社会生活中普遍存在的一种社会心理现象。

（2）群体压力的作用

群体规范对其成员的影响，其实就是通过群体规范所形成的群体压力来实现的。群体压力致使其成员采取共同的行动，这种一致性的做法至少体现了以下两个方面的意义。

①群体一致的行为，有助于组织目标的达成和群体的存在与发展。成员间没有分歧意见的行为可促使相互间的交互作用更为顺利，彼此间更能够相互理解，努力协作，保证群体活动的良好秩序和工作效率。倘若群体内部意见不一，便无法得出结论、达成一致协议，导致一哄而散，不利于维护群体的存在与发展。

②群体一致的行为，可以增加个人的安全感。个人安全感是通过验证自身对情境的判断正确无误来获得的。可是，许多时候并没有可供核对的事实来验证，通常只能参照别人的意见和行为来确定自己的意见和行为，当看到别人赞成自己的意见和想法时，内心才会有安全感。而且，大多数人只有在属于某个团体，有明确的地位与安全感的情况下，才能自由地表现自己的个性。

对于管理者而言，要充分利用群体压力对个体所产生的影响，致力于发展群体的亲善性。当群体采取某种特定的行动时，个别成员就会受群体所迫，努力满足群体的需要。这样，便可排除不一致的声音，贯彻决策，达成群体目标。

（3）群体压力的影响因素

①个体的特点。人们在群体压力下表示顺从的愿望或需要是各不相同的。从常识或非正式的观察结果来看，独立思考的人和有才能的人与那些依赖性强和无才能的人相比常常是不大顺从群体压力的。

通过多种个性和智力测验的关联分析，发现能够抵挡得住群体压力而保持自己独力性的人具有如下特征：聪明；有创见性；“自我强度高”，即在面对压力的情况下仍能有效地应付；有自信心，没有忧虑和自卑感，有主见，不优柔寡断；有令人满意的社交态度和行为，诸如容忍、负责、有控制力等，在社会交往中不受他人干扰，也不依赖他人；有责任感，事业心强。

在上述行为方面被列入较低等级的人，容易屈服于群体压力。比如，一个人的特征是智力一般，缺少创见性，思维不灵活、停滞、僵化、思想贫乏、患得患失、自我强度低、自信心弱，和他人的关系有依赖性，易为他人所左右，总是注意他人对自己的评价，胸无大志，对稍微复杂的问题缺少正确的判断力等，就属于顺从者。

②群体的特点。它包括：A.群体意见的一致性程度。如果群体成员意见分散，群体压力就会减小；如果群体意见一致性高，群体压力就会加大，个体就不得不与群体保持一致。B.群体的规模和凝聚力。群体规模越大，凝聚力越高，个体就越容易从众。C.群体的专长。一个群体越有成效，越有某方面的专长，个体对群体就越信任，个体的行为就越容易趋向群体行为。D.群体的性质。对于能满足自身愿望的群体，个体容易表现出从众心理。一个代表个体愿望、满足个体要求的组织，个体必定愿意顺从。

6）群体沟通

一切组织的存在与发展都必须以成员间的沟通为基础，只要是两个人以上在一起共同活动，就需要用沟通的手段来保证他们的动作协调一致。管理就是要使沟通规范、有序地进行，以保证管理体系的运行处于各部门协调互动的良性发展中。

在组织沟通中，如果按沟通的途径分类，可将沟通的类型分为正式沟通与非正式沟通。正式沟通是按照组织构建的正式渠道进行的信息传递和交流，比如汇报制度、例会制度以及组织之间的公函往来等。正式沟通的优点是权威性强、信息不易被扭曲，是组织沟通中的主要形式。

知识拓展5-1

从微信朋友圈看企业内部非正式沟通

非正式沟通是指在正式沟通形式之外的信息传递和交流，形式灵活多样，如员工之间的私下交流、小道消息等。非正式沟通是正式沟通的有力补充，有时还能起到正式沟通不能起到的效果，如意见的征询、人际关系的调整，往往非正式沟通的效果要好许多。但是，组织中的非正式沟通往往也是小道消息形成和扩散的主要渠道，它对组织的作用可能是正向的，也可能是负向的，应该引起管理者的注意。

信息沟通的网络多种多样，按沟通渠道可将其归纳为两类，即正式沟通网络和非正式沟通网络。

（1）正式沟通网络

正式沟通网络是指由组织正式规定的信息沟通渠道所形成的沟通结构形式。正式沟通网络有五种基本类型（如图5-1所示）。

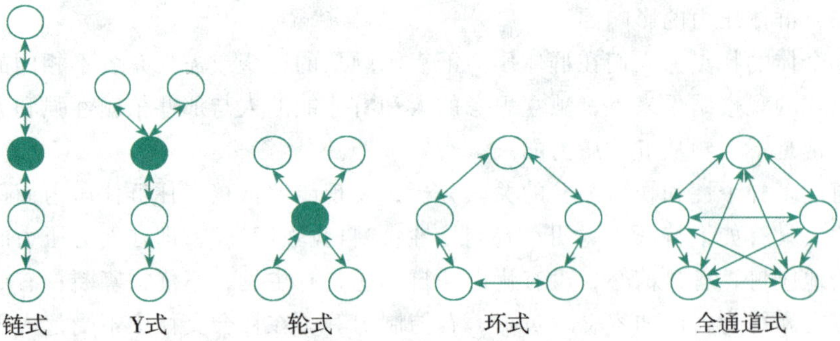

图 5-1　正式沟通网络的五种基本类型

①链式沟通网络。在这样的网络中，没有中心，信息的传递是以一对一传递的方式进行的。由于信息源的单一性，不会出现政出多门现象，不会出现多元信息导致的混乱。但是，一个信息要传递出去，可能要通过许多的这种两两传递的环节，传递速度很慢，可导致办事拖拉，而且如果信息在传递过程中要通过许多中间人的传递，也存在信息失真的情况，最后以讹传讹。

②Y 式沟通网络。这是一个纵向沟通网络，其中只有一个成员为信息沟通的核心，成为沟通的媒介，代表两个主管人员分别向下传递信息，或者下级向两个上级传递信息。这种信息沟通网络集中化程度高，解决问题的速度快。其中交会点是沟通的中心，它接受的信息量大，成为信息反馈的媒介。

如果将这个网络颠倒过来，并稍加改动，就成为图 5-2 这样一个模式。

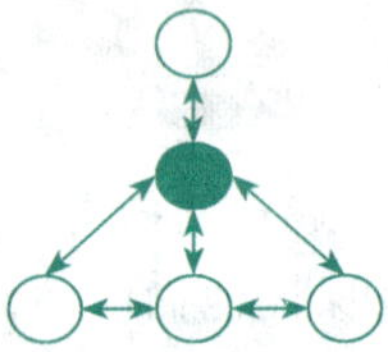

图 5-2　倒 Y 式沟通网络

这个模式表示一个组织中主管人员通过第二级层次（如秘书或其他中间人物），与三个下级发生沟通联系。这种现象在组织中十分常见。秘书获得了最多的情报信息，即主管领导的指示要经过秘书传达到基层，基层的意见反映也要先集中到秘书这里再向上反映。

③轮式沟通网络。在这里存在着一个信息中心，在沟通时，处于中心外围的沟通者只能通过信息中心接收和发送信息。在这样的沟通渠道中，每个信息只要通过两个点就能传递给需要信息的接收者，所以这种形式有利于信息的高速沟通和流向控制。同时，我们也不难发现，轮式沟通网络处于信息中心位置的人，对信息传递的质量和信息的传递与否有着很大的权力，从信息中心传递出去的信息是经他处理以后的信息，所以他有权对信息加以筛选，他还有权力和机会选择信息的接收者，因此，很容易形成行政专断。

④环式沟通网络。该网络可以看成链式网络的一个封闭控制结构，表示成员之间彼此一次联络和沟通，其中每个人都可同时与两侧的人沟通信息。

⑤全通道式沟通网络。在这种沟通形式中，信息的流转非常快捷，每个人获得信

息的机会几乎相等，所以组织中的人们会产生很高的满意度。采用这样的信息沟通形式，信息的传递没有方向，容易引起混乱。

（2）非正式沟通网络

在组织和群体中，除了正式网络以外，还有非正式网络存在，并传播各种信息。所谓非正式沟通网络是指群体中未经批准的信息的自由传播渠道所形成的沟通结构形式。这种情况称为小道消息。

美国管理心理学家戴维斯对非正式沟通网络进行了研究，他曾在一家皮革公司对67名管理人员进行过一次调查，采取顺藤摸瓜的方法对小道消息进行研究，发现非正式沟通有四种方式，即单线式、流言式、偶发式和集束式（如图5-3所示）。

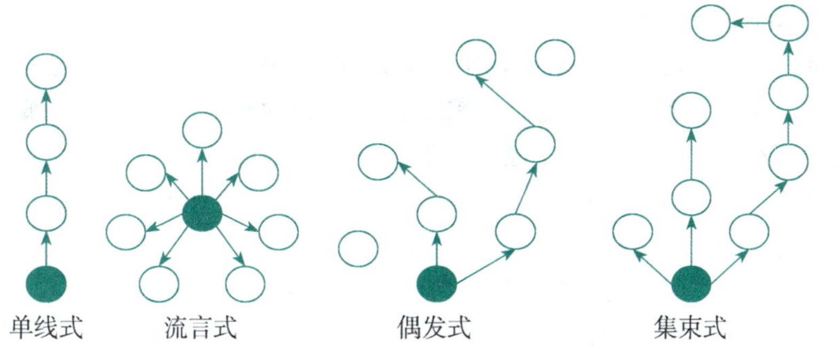

图5-3 非正式沟通的四种基本类型

①单线式。其传播模式表示信息发送者通过一连串的人把消息传播给最终的接收者。

②流言式（或称闲谈式）。其传播模式表示一个人主动把小道消息传播给其他人。

③偶发式。其传播模式表示信息发送者由偶然的机会将消息传给他人，他人也随机传播并非有意传播。

④集束式。其传播模式表示信息发送者有选择地将消息告诉自己的朋友或有关的人，有关人员得到消息后也照此传播。

小道消息的存在不是因为存在喜欢散布谣言的人，而是因为客观环境条件和主观需要同时具备。所谓环境条件就是环境无法提供正规的来自正式渠道的信息，同时这类信息又是人们渴望知晓的重要信息。这样，小道消息就出现了。小道消息生成的这两个条件在组织里通常都是存在的。所以，在一个组织里想要彻底消除小道消息几乎是不可能的，只能限制和弱化它的消极影响。

7）群体竞争与合作

从个人与群体行为的效能看，竞争与合作的研究不仅具有理论上的重要性，而且具有实践上的应用价值。我们可以想象，有些工作可能适于竞争，有些工作可能适于合作。同样，有些人适于竞争，有些人适于合作。心理学家们一直在尝试，企图找出竞争与合作的工作方式与工作效果的关系。以往的研究多从以下几个方面着手。

知识拓展5-2

人类最佳的合作策略

（1）群体内的竞争与合作

在同一群体内，有的工作适于成员们彼此合作，有的工作适于个人之间彼此竞争，还有的工作非靠成员们合作不可。研究结果表明：

①如果工作比较简单，而且群体中每位成员都能独立完成工作所需的全部程序，那么在个人竞争下的工作成绩将比群体合作的效果要好。

②如果工作比较困难，而且有部分成员不能各自独立完成全部工作，那么群体合作的工作成绩将比个人竞争好。

③如果群体中成员的态度与感情属于群体取向，而且又有明确的群体目标时，那么群体合作的工作成绩将比个人竞争好。

④如果成员的态度与感情属于自我取向，而且工作本身又缺乏内在兴趣，那么个人竞争的工作成绩将比群体合作好。

（2）群体间的竞争

群体间的竞争，在日常生活中是比较常见的。美国心理学家谢里夫曾设计了一项自然条件下的实验，第一阶段是邀请22名互不相识的男孩分成两队到郊外露营，两队的营地相距很远，互不来往。经过一周后，两队队员各自成为一个团结一致的群体。在实验的第二阶段，安排两队开展竞赛，如拔河、足球比赛等。在竞赛过程中，因为要争胜负，两队产生对立情绪。在实验的第三阶段，又设计了两队必须合作的情境，如郊游的卡车坏了，需要两队同心协力推动。这样，经过若干次合作，两队消除了隔阂，形成了一个新的较大的群体。

此后，谢里夫又对成年人进行了类似的实验，得到了相同的结果。通过上述的研究，得出了如下一些结论：

①竞争对每一群体内部的影响。A.群体内部分歧减少，其成员对群体更加忠诚；B.群体由一个非正式的、以游戏为主的群体转变为以工作和完成任务为主的群体；C.领导的方式逐渐由民主型转为专制型，而且群体成员心甘情愿忍受专制型的领导；D.每一群体都逐渐成为组织严密、纪律严明的群体；E.群体要求其成员更加效忠和服从，形成“坚强的阵线”。

②竞争对群体与群体之间关系的影响。A.每一群体都更加把另一群体视为对立的一方，而不是中立的一方；B.每一群体都会产生偏见，只看到本群体的优点，而看不到自己的弱点；C.对另一群体的敌意逐渐增加，与对方的交往和沟通减少，结果使偏见难以纠正。如果强制他们听取各队代表就某一问题发表意见，两队队员都只注意倾听支持自己偏见的发言，对于对方的发言，除挑剔毛病外，根本不注意倾听。

小知识5-3　运输竞赛

“运输竞赛”是一项说明竞争与合作之间关系的经典研究。这项研究是道奇和克劳斯于1960年进行的。研究者要求两个被试者想象他们各自正在经营着一家运输公司（A公司和B公司），并要求每人驾驶一辆货车尽快由一个地点到达另一个地点。两辆货车并非彼此竞争，它们有不同的起点和终点。但两辆货车的捷径是一条单行道，且两辆车是以相反方向行进的。两人走捷径的唯一方式是等一辆车通过后另一辆车再走，每个人在捷径的起点都有一扇控制门，可按按钮使之关闭，以防止对方通过。此外，每辆货车还有一条备用路线，不会与另一辆车发生冲突，但路线要远得多。研究者告诉被试者，他们的目标是尽快到达终点，越快得分越高，但并没有提到要比另一被试者得分更多。两名被试者无疑都十分清楚，最佳方案是相互合作，轮流使用单行道，两个人都走捷径，其中一人要稍候片刻，等另一人通过。而研究结果是：两名被试者不肯合作，都想抢先通过单行道。在单行道中间碰头后，彼此拒绝让步，最终一辆车退回，关闭控制门，走另一条路。双方都得不到高分。多次实验结果，只是偶尔出现合作行为，大部分是在竞争。

资料来源 佚名.群体凝聚力［EB/OL］.［2014-04-14］. http://www.chinabaike.com/z/jingji/hg/818095.html.

5.2 群体决策

管理的各项工作都离不开决策。决策的好坏将极大地影响整个企业或组织的成败。著名心理学家西蒙运用控制论和决策分析方法，把古典决策理论和行为决策理论成功地结合起来，提出了“管理就是决策”的观点。同样也得出如下结论：群体决策也是整个群体系统的重要方面。

5.2.1 群体决策及过程

1）群体决策的概念

群体决策是指两个或两个以上相互作用、相互依赖的个体的组合——群体所共同做出的决策。我们可以把群体决策看成群体中的一个开放的动态系统，既包括群体成员在各决策阶段的活动和作用，也要考虑到来自群体外部的各种信息的影响。在群体决策中，群体成员对于所要决定的问题有各种可供选择的解决办法，同时，群体对于其成员在决策中的选择也有巨大影响。

2）群体决策的过程

群体决策的过程大致分为以下三个阶段：

（1）讨论分析问题

群体在此阶段确认性质和问题产生的原因，提出满意地解决这些问题的标准。

（2）找出可供选择的解决方法

群体成员各抒己见，群策群力，提出各种可能的解决方法。

（3）分析可选择的办法，做出决策

通过群体讨论，比较和权衡不同的解决方法，有可能获得最佳的解决方案。实际的决策过程通常不是特别规范和理性的，而受到许多社会因素和心理因素影响。因此，群体决策过程与群体各成员的价值观念、信念态度、期望以及群体规范等都密切相关。

3）群体决策和个体决策的比较

群体决策的优点：①更完全的信息和更全面的知识；②保证了观点的多样性；③提高了决策的可接受性；④增强了合法性。

群体决策的缺点：①浪费时间；②存在从众压力；③可能被少数人控制；④责任

不清。

5.2.2 影响群体决策有效性的因素

社会压力会影响个体的态度和行为。在群体决策过程中，群体压力和群体规范起着较大作用，导致群体决策常常不可能像在实际决策中那样有效，其中主要有两种倾向损害了群体决策，这就是“群体思维”和“极端性转移”。

1）群体思维

（1）群体思维的含义

群体思维，也叫小集团意识，最先是由美国心理学家贾尼斯提出的。他考察了美国历史上一些造成重大失误的群体决策的事件，以及某些企业由于不正常的决策而招致破产的个案，提出在群体决策中存在群体思维的现象。他发现，表面一致的压力阻碍了不同意见的发表，使得不能对问题和解决办法做出符合实际的评价和分析，其结果是做出错误的决策，导致惨重的损失。

（2）群体思维的特征

群体思维一般有以下四个特征：

①群体成员不管客观事实和主观假设的反差有多大，总是以言行把他们所做出的基本假设合理化。

②在决策中出现不同意见时，掩饰自己的错误，坚持自己的观点，对怀疑多数人共同意见的人施加压力。

③持不同意见者为了与多数人一致而保持沉默，避免意见“交锋”，往往会降低自己观点的重要性或者保持沉默，造成一致通过的感觉。

④群体中存在着一种无疑义错觉，认为弃权或缺席就是赞成，如果一个人在群体讨论或决策中保持沉默，大家往往认为他表示赞成。

（3）群体思维产生的影响因素

群体凝聚力是产生群体思维的重要条件。凝聚力越大，群体思维产生的可能性越大。因为在这样的群体中，一个人的意见容易得到其他人的支持；人们容易顺从他人的意见而避免交锋，即便有不同看法，因担心被孤立或被排斥也会保持沉默。

面对有威望的领导者或专制型的领导者，别人对他的意见不敢提出异议，也没有能力反驳，大家随声附和容易趋向表面一致的意见。

与外界隔绝的封闭而孤立的群体，其思考问题失去横向比较与客观参照，容易闭关自守做出自以为是的判断，导致群体思维产生。

在做出重大决策时，一般成员唯恐承担责任，不敢或不愿意发表不同意见，也容易出现群体思维现象。

2）极端性转移

极端性转移过去也称为冒险转移现象，群体决策比个人决策更容易出现冒险倾向。研究表明，群体决策还有可能走向另一极端——倾向于保守，因此这一现象应更确切地称为极端性转移，即转移到冒险或保守。这主要是群体决策中责任分散以及社会规范的影响所造成的，群体将变得更保守。

具体来说，造成这两种极端倾向可能有以下原因：

（1）责任分摊

由于决策是以群体的名义做出的，可以把责任分散到群体中的每个成员的身上，因此每个人承担失误的责任和失败的恐惧压力就大大减小。通常会认为，即便出了问题，个人只有一份责任，因而可能持轻率态度做出冒险的决定。

（2）受群体领导人物的影响

群体中的领导人物为了显示自己的才能与胆略，往往会倾向于冒险水平较高的大胆决策。凭借其影响力，他们会用各种方法来证明其决策的正确性和可行性，这样就会引导群体成员的观念，进而做出冒险的决策。

（3）群体中多数人的偏爱与从众心理的作用

群体中多数人倾向于冒险，则容易产生冒险迁移，做出冒险的决策；多数人倾向保守，就出现保守迁移，做出保守性决策。这主要是因为群体中的个人在提出自己的意见时，往往会与别人的意见进行比较。如果个人意见的冒险水平低于群体其他成员，就会感到不安，担心群体成员会对他有不良的印象，如胆小怕事、思想保守等。基于这种考虑，个体在参加群体决策时所提意见的冒险水平，往往要高于单独决策时的冒险水平。

（4）对冒险和谨慎价值估计的影响

在竞争激烈、强调发挥个人潜力的组织环境中，冒险精神比保守决策容易收到更高的评价；在无竞争的环境中，人们则更加倾向于保守、安于现状。我国企业改革的实践表明，民营企业要依靠竞争才能求得生存发展；而某些吃惯了“大锅饭”的国有企业，往往安于现状，改革阻力较大。可见，对冒险与保守的评价，直接影响决策的倾向性。

5.2.3　群体决策技术与方法

针对常规群体决策中存在的弊病和问题，很多学者和专家设计并使用了多种有效的群体决策技术和方法，以充分发挥群体决策的优点。

1）头脑风暴法

头脑风暴法，又称智力激励法，是由美国创造学家奥斯本于1939年首次提出、1953年正式发表的一种激发创造性思维的方法，是一种通过会议的形式，让所有参加者在自由愉快、畅所欲言的气氛中，自由交换想法或点子，并以此激发与会者创意及灵感，以产生更多创意的方法。头脑风暴法的实现可以分为以下几个阶段：

（1）准备阶段

策划与设计的负责人应事先对所议问题进行一定的研究，弄清问题的实质，找到问题的关键，设定解决问题所要达到的目标。同时，选定参加会议的人员，一般5~10人为宜，不宜太多。然后将会议的时间、地点、所要解决的问题、可供参考的资料和设想、需要达到的目标等事宜一并提前通知与会人员，让大家做好充分的准备。

（2）热身阶段

这个阶段的目的是创造一种自由、宽松、融洽的氛围，使大家得以放松，进入一种无拘无束的状态。主持人宣布开会后，先说明会议的规则，然后随便谈些有趣的话题或问题，让大家的思维处于轻松和活跃的状态。如果所提问题与会议主题有着某种联系，人们便会轻松自如地导入会议议题，效果自然更好。

（3）明确问题

主持人简明扼要地介绍需要解决的问题。介绍时要简洁、明确，不可过分周全，否则过多的信息会限制人的思维，干扰思维创新的想象力。

（4）重新表述问题

经过初步讨论后，大家对问题已经有了较深程度的理解。这时，为了使大家对问题的表述能够具有新角度、新思维，主持人或书记员要记录大家的发言，并对发言记录进行整理。通过记录、整理和归纳，找出富有创意的见解，以及具有启发性的表述，供下一步畅谈参考。

（5）畅谈阶段

这是头脑风暴法的创意阶段，为了使大家能够畅所欲言，需要制定的规则是：第一，不要私自交谈，以免分散注意力；第二，不妨碍他人的发言，不去评论他人发言，每个人只谈自己的想法；第三，发表意见时要简明扼要，一次发言只谈一种见解。主持人首先要向大家宣布这些规则，随后引导大家自由发言、自由想象、自由发挥，使彼此相互启发、相互补充，真正做到知无不言、言无不尽，然后对会议发言记录进行整理。

（6）筛选阶段

会议结束后的一天或两天内，主持人应向与会者了解大家会后的新想法和新思路，以此补充会议记录，然后以创新性、可实施性等标准进行多次反复比较和优中择优，最后确定最佳方案。最佳方案往往是多种创意的优势组合，是大家集体智慧综合运用的结果。

头脑风暴法能够成功地实施，离不开以下原则的应用：①禁止评论他人构想的好坏；②最狂妄的想象是最受欢迎的意向；③重量不重质，即为了探求最大量的灵感，任何一种构想均可被接纳；④鼓励利用别人的灵感加以想象变化组合等以激发更多更新的灵感；⑤鼓励利用别人的灵感加以想象变化组合等以激发更多更新的灵感；⑥不准参加者私下交谈，以免打断别人的思维活动。

2）德尔菲法

德尔菲法又被称为专家意见法。它是一种通过反复通信的方式来解决问题的方法，也是一种集中各方面专家的意见预测未来事件的方法。德尔菲法的具体应用程序如下：①就预测内容写成若干条含义明确的问题，规定统一的评估方法。②根据情况，选择有关方面的专家数十人，将上述问题邮寄给他们，征求他们的意见。各专家互相之间不沟通，对专家的姓名要保密，避免因专家意见彼此不同而产生消极影响。③将专家的意见收集起来，对每一问题进行统计处理，找出答案的中位数和分布情况。④将统计结果再反馈给专家，每个专家根据统计结果考虑其他专家的意见，对自己的建议进行修改，但全部过程都需保密。⑤将修改过的意见再寄给专家。这样经过几次反复，最终能取得比较一致的意见。

由此可见，德尔菲法也可称之为有控制的反馈法。采用这种方法要求征求意见的问题明确具体，数量不可过多，要如实地反映专家意见，问题不能带有编拟者的主观倾向性。

德尔菲法的优点之一，就是各位专家在整个过程中都未曾谋面，因而能够独立地思考有关问题，克服了头脑风暴法的一些缺点。但德尔菲法的最大缺点是周期太长，虽然最终形成比较完善的决策，但可能已经失去了解决问题的最佳时机了。

尽管德尔菲法最早是美国兰德公司智囊团使用的技术，但是这项技术作为一项群体决策技术已经得到了广泛的应用。在今天，大量的商业、教育、政府、医疗以及军队中的组织都在使用这项技术。

3）名义群体法

名义群体法又称“非交往程式化群体决策术”，它是与德尔菲法密切相关的群体决策技术。名义群体简单来说就是一个“纸张群体”，在这个群体中的成员是不可以进行言语交流的。在群体动力学的研究中，社会心理学家将完全互动的群体与名义群体进行比较。就思想的数量、想法的新颖性、想法的质量而言，研究结果发现名义群体优于真实的群体。因此，名义群体法源于“无言语性沟通”之意。它是一种为专门目的而设计的群体决策过程，包括若干已标准化的步骤或环节，形成了如下的固定程序：

（1）有限通知

预先通知决策小组成员开会的时间、地点，却不预告议题。

（2）沉默准备

主持人在小组成员到齐后，宣布决策议题，并指定一段时间，令每人各自专心准备，写下尽可能多的意见与方案。此期间不允许交头接耳，不允许看报纸和文件，不许吸烟，必须专心构想。据统计，一个7~12人的决策班子可提出18~25个意见，比常规决策中同样大小的群体所想出的意见多3倍左右。

（3）轮流发言，陈述己见

不许任何人一口气把准备的意见全讲完，以免产生“铁路效应”，每轮发言每人只能陈述一条意见，与别人已谈意见基本一致的可不必谈，以节省时间。每条意见都由专人把要点记录在白板上，使人人可见。每轮发言均由主持人随机指定发言起点与顺序，以保证尽可能使人人获得均等发言机会。如此一轮发言结束，直到全部准备好的意见都陈述完毕。

（4）提问与回答

对已陈述意见有不清楚之处，可提出要求澄清。在提问及做补充说明时，不得进行任何评论，既不鼓吹，也不批评，每人只就事论事，客观说清事实。

（5）方案选择

要求每人从已陈述并记录在白板上的意见或方案中，按其有效性以书面方式选列出一定数量（由主持人酌情判断，一般为8~12条）的较佳方案来。

然后唱票统计，由主持人确定筛选标准（例如，凡支持率超过80%者入选），从中获得一定数量的意见或方案，即是群体决策的最终方案。有时候主持人也要求参与者将众多备选方案按其他标准（如重要性、相似性等）整理分类。

德尔菲法和名义群体法都是针对常规法的弊病设计出来的，以保证群体决策优势得以发挥，真正做到决策民主化。不难看出，虽然德尔菲法是“背靠背”式，名义群体法是“面对面”式，但两种方法都使参与者获得均等参与机会，相信每个人的责任心与判断力，做到“非交往”，即具有无辩论、无批判氛围。

名义群体法比较好地解决了德尔菲法的一些缺点，又结合了头脑风暴法的一些优点，是一种比较好的群体决策方法。

4）电子会议法

这是一种比较新的群体决策的方法，它是名义群体法与电脑网络技术的结合，因此称它为电子会议法。它的具体操作方法是：参与决策的人员坐在联网的电脑终端前，通过电脑屏幕观看有关问题，然后将自己的意见通过电脑进行传输，每个人的意见和投票都会在其他人的电脑屏幕上立即显示出来。

电子会议法的最大优点是：匿名、可靠、快速。参加者可以通过匿名的方式，将自己的真实态度和真实想法坦诚地表达出来，而不会受到惩罚。与传统会议相比，它减少了闲聊，讨论不会离开主题，因而效率极高。

但是这种方法也存在一些问题。通过电子会议得到的信息往往不如面对面的沟通所能得到的信息丰富，而且那些想出最好建议的人无法现场得到别人的赞扬和反馈。此外，打字速度也会影响参与者表达自己的观点。

5.3 群体人际关系

5.3.1 什么是人际关系

人际关系是指在人际交往中建立和发展起来的人与人之间的关系。它体现的是人与人之间心理上的关系、心理上的距离。它反映了人与人之间在思想感情上的距离和相互吸引或互相排斥的心理状态。

人际关系一般可分为积极关系、中性关系和消极关系。不同类型的关系伴随着不同的情感体验，如积极关系会使当事人双方在交往时产生愉快的体验，而消极关系会带给双方痛苦的感受。

美国心理学家霍妮认为，人际关系的形成往往与对他人的基本态度有关，主要分为：①受控型，是一种在受他人控制的前提下形成的人际关系；②实用型，是一种因为某种利益驱动而形成的人际关系；③回避型，是一种以回避的观念和形式而形成的人际关系。

美国心理学家舒兹认为，所有个体在人际交往中，都有建立人际关系的需要，这些需要包括：①包容的需要。理解和包容他人是人类修养和教育的体现，满足这一需要可以使人产生顶峰体验，并且形成良好的人际氛围。②控制的需要。驾驭和控制别人是部分人体现个人价值的表现，他们常常寻找那些依赖性强的人建立关系。③情感的需要。害怕孤独、需要爱是人类的本能，因此人们往往为了避免孤独而与人建立关系，并不完全受理智的支配。

5.3.2 群体人际关系的重要性

人际关系是组织的成员与组织内外部成员交往过程中形成的一种相互影响、相互依存的联系。人际关系在组织的管理活动中具有十分重要的作用。

1）人际关系影响群体内聚力和工作效率

良好的人际关系是群体内聚力的基础。群体中人际关系的好坏，直接影响员工的工作积极性和工作效率。正如古语所说的“天时不如地利，地利不如人和”，道理就在于此。

2）良好的人际关系有助于员工的身心健康

良好的人际关系，使人心情舒畅，生活、工作愉快；反之，人际关系紧张，使人心情苦闷，情绪低落。特别是受到他人无端打击、诽谤，遭到不公平待遇时，就会使人心理失衡，甚至导致身心疾病。

3）人际关系影响个体行为和自我发展与完善

个体在自我成长与发展中，受人与人之间相互交往关系的影响。良好的人际关系会有一种积极的社会助长作用，互帮互学，催人奋进，促进个体的自我发展与自我完善。

4）企业内部良好的人际关系有助于企业目标的实现

员工不是作为一个孤立的个体而存在，而是生活在集体中的一员，他们的行为很大程度上受到集体中其他个体的影响。建立良好的人际关系，有利于一种企业文化的形成，培养共同的价值观、创造积极向上的企业文化是协调好组织内部各利益群体关系，发挥组织协同效应和增加企业凝聚力最有效的途径。这样一种企业环境有利于激发员工的积极性和创造性，有助于企业目标的实现。

5.3.3 群体人际关系的形成过程

人际关系的构成有三种心理成分：一是认知成分，指人与人之间是相互肯定还是否定，以认识上的一致为相互选择的标准；二是情感成分，指人与人之间是相互喜爱还是厌恶，以情感上的倾慕为相互选择的标准；三是行为成分，指人与人之间是相互交往还是隔离，以行为上的共同活动为相互选择的标准。

人际关系的形成过程大体有以下三个心理阶段：

1）觉察阶段

觉察阶段，即彼此知觉、判断阶段。人与人结成一定的人际关系，首先是从彼此认识开始的。先是觉察到对方，继而认识了解对方，进而衡量对方，并思考是否值得同对方交往。觉察阶段是人际关系形成的前提和基础。

2）表面接触阶段

双方彼此有了觉察并认为值得交往后，便开始了面对面的交往，这样就由不相识转为相识关系了。表面接触是相对于心理沟通而言的。因为此时交往多是角色性的接触，而非感情上的融合，彼此还不十分了解，还谈不上友情成分，人们日常生活中与许多人打交道，大多数是表面接触，这是普遍的人际关系。

3）亲密互惠阶段

随着双方在接触上越来越频繁，关系逐渐密切，彼此了解加深，心理上越来越贴近，逐渐产生了感情的依赖和融洽，这就形成了亲密互惠的人际关系。亲密互惠的关系是以主动热情地关心、帮助对方，并以对方的相应友好表示为进一步发展动力的。当然，这种关系也有深浅之分，可划分为合作水平、亲密水平和知交水平。

人际关系的三个发展阶段并非截然分开，也不是对每个人都一样。

5.3.4 人际交往的原则

1）相符原则

在交往中，双方都希望对方的心态和行为与自己的人际交往需要的内容和性质相符。只有双方都以符合对方的人际交往需要的心态和行为与对方进行交往，才能产生良好的人际关系，顺利地进行人际交往。

2）报偿原则

人际交往中，一方的行为会引起另一方的相应行为。也就是说，一方的积极行为会引起另一方的积极行为，一方的消极行为会引起另一方的消极行为。因此，我们在与别人打交道时应当遵循报偿原则。对于任何与我们发生交往的人，我们都应该尊重他们，喜爱他们，否则就会遭到拒绝，造成人际交往的困难。在这一点上，切记古人的教诲："己所不欲，勿施于人。"

3）自我价值保护原则

大量的心理学研究证明，任何一个人，其心理活动的各个方面，从知觉信息的选择到信息的内部加工，从对行为原因的解释到人际交往，都具有明显的自我价值保护倾向。

在知觉信息的选择上，比如我们观看中国球队与外国球队比赛时，总感到裁判对中国队不公平。而事实上，每个裁判都刁难中国球队是不可能的。反过来说，另一方球迷的感觉也是如此。其原因就是人们所看到的东西经过了自己愿望的过滤，因而已经不是客观世界的本来面目。

在信息的内部加工上，心理学家发现，人们总是对支持自己观点的信息记得多、忘得慢，而对反对自己观点的信息记得少、忘得快。

在对行为原因的解释上，自我价值保护的倾向更为明显。当自己获得成功时，人们会认为这是自己的努力所致，并非客观条件促成。而当别人取得成功时，却认为他们有这样或那样的机遇与条件。

在人际交往上，人们之间的接纳与拒绝是相互的。人们只接纳那些喜欢自己、接纳自己的人，而对于否定自己的人则倾向于排斥。

心理学研究证明，人们要想同别人建立和维持良好的人际关系，就必须对别人的自我价值感持支持态度，必须避免人们自我价值保护的防卫倾向。一旦人们在人际关系中威胁别人的自我价值感，就会激起别人强烈的否定情绪。在这种情况下，人们就很难与别人建立和维持良好的人际关系，已经建立起来的关系也会遭到破坏。

4）情境控制原则

人们进入一个新的环境后，会产生各种探究行为，巴甫洛夫称之为"无条件反射"。这种反射的真正含义，是要了解周围事物对人的意义，从而把握环境，使人们在该环境中的行为有一个明确的定向。

情境的不明确或不能达到对情境的把握，会引起机体的强烈焦虑。这不仅是指物理环境，对社会环境也是同样。因此，所谓情境控制原则，就是指人需要达到对所处情境的自我控制。要想使别人从内心深处真正接纳自己，就必须帮助人们达到对于情境的控制。相反，如果增加了人们达到情境控制的难度，或是与人们对情境的控制不对等，那么别人实际上不可能对我们有深层次的接纳，我们与其关系的深度也只能停留在正式的、表层的水平上。

案例窗 5-2

被打入"冷宫"的小刘

两年前，小刘是上司器重的明星员工，市场部绝对的红人。但小刘个性直率，不会"做人"，有意无意经常让市场总监下不了台，不觉中两人积怨已深。如今，他简直就被"干晾了起来"，本该他做的工作，总监却故意让其他人去做，以前应该有他参与的大区例会，也除了他的名……小刘说自己简直就像被打进了"冷宫"，他甚至厌恶去办公室。近一年来的种种冷遇让他变得压抑而沉闷，人也灰头土脸。一年来，面对上司给予自己的种种"冷遇"，在忍无可忍的情形下，扛不住压力且能力很强的小刘想到了辞职，不仅部门的人很受震动，而且也影响到了公司的其他人。

冰冻三尺非一日之寒。虽然企业管理中的"冷暴力"究其原因，施暴和受暴的双方均逃脱不掉责任，但有一点却很明确：管理冷暴力的主要施暴者是上司。当然，上司有时用冷暴力去"惩罚"员工或许也是迫不得已：在员工有过错而不便直接惩罚时，这种形式隐蔽的冷暴力或许有效，但他们往往忽略了其对工作氛围的伤害。

资料来源　王运启．"冷暴力"，管理不能承受之痛EB/OL]．[2019-03-18]．http：//www.emkt.com.cn/article/667/66707-2.html.

分析提示：随着工作压力的增大，企业和职场中的"冷暴力"成为近年来的常见现象，导致不少优秀员工离职，成为企业管理当中的不能承受之痛。冷暴力不是通过殴打等行为暴力解决问题，而是表现为：语言的嘲讽、故意忽视、躲避、冷漠、轻视、疏远和漠不关心等，致使他人精神上和心理上受到侵犯和伤害，损害了他人的自尊。为减少冷暴管理的发生，企业应努力从制度、文化等多方面着手来建立有效的干预机制，如建立以员工为导向的组织文化、建立员工意见申诉机制、对可能提拔的领导进行人格测试以防止具有"冷暴力倾向"的人晋升到管理岗位上等。

5.3.5　影响人际关系的因素

人际关系的状况好坏影响着人们的生活、工作和学习，对群体、对达成组织目标和创建和谐社会也有着深刻的影响。在现实生活和工作中，人们常常知道人际关系的重要性，却对自己为何陷入困境、怎样改善和增进人际关系等方面的知识知之甚少。下面我们就影响人际关系的因素加以探讨。

1）人际吸引的假设

（1）互利假设

对于人性有一种互利假设，这种观点认为，正常的人都追求和期望以最小的投入和付出，来换取最大的报偿和收益。这是人的行为原则。从这个观点出发看待人际关系，自然就会得出下面的结论：人们之间良好关系和友谊的建立与维持，要看双方是否认为这个关系对双方是否有益。如果双方认为友谊关系的存在对彼此是有价值的，就是说利大于弊、好处多于坏处，或者说双方感到为此付出是值得的，那么双方就会得到心理满足，从而建立并维持友谊关系。反之，如果双方感到这种关系的存在对彼此没有益处，则会采取行动终止目前的关系。即使只有其中一方感到当前的关系对自己不利，这种业已存在的关系也无法继续维持下去。

（2）自尊增高假设

良好的人际关系，或者说友谊关系表现为双方的相互选择，即你喜欢我、我也喜欢你，友谊就是你选择了我、我选择了你。和自己喜欢的人在一起心情愉快，这是人之常情。自尊增高假设认为，友谊关系能提高人的自尊感、自我价值感和自信心。通常情况下，朋友会给你更多的理解、支持、赞许和尊重。和朋友在一起，彼此能有自尊抬升感，相互之间的自尊需要能得到较好满足。这些在一般关系的人那里是很难得到的。人们喜欢那些喜欢自己的人，这是人际交往的规律。同样，对于那些经常和自己过不去的人会越来越不喜欢。在我们的文化中有“净友”一说，即实言相告、敢于相互揭短的朋友。其实这只不过是一种乌托邦式的设想，生活中很少有这种类型的友谊关系存在，友谊关系不具备此项功能。挑剔他人毛病，指出别人缺点是友谊关系所无法承担的责任。

总之，人们喜欢那些喜欢自己的人，他人对自己的评价影响着自己喜欢对方的程度，而争论、批评、贬低则会驱逐朋友，消灭友谊。所以在与朋友交往过程中，以及家庭生活中，最好不要试图把辩论会搬进来，经常发生争论会破坏良好的人际关系。

2）影响人际吸引的因素

怎样使自己成为人际交往中的宠儿？怎样让别人喜欢自己？哪些因素能促进良好人际关系的建立和维持？心理学在这方面有一些很具价值的研究，下面加以介绍。

（1）接近且相悦

时空的接近容易建立良好的人际关系，尤其在交往的初始阶段更是如此。彼此在一起相处的时间久，交往的机会多，会最终带来友谊关系的建立。心理学的一些研究证明，人们居住越接近，成为朋友的概率越大；见面的机会越多，彼此越熟悉，越容易相互喜欢。不过这种时空上的接近只是友谊建立的必要条件，而彼此的好感（起码无恶感）才是友谊建立的基础。如果一方对另一方印象恶劣，被厌恶者单方面的接近，企图建立友谊的努力，不但不易改变前者的态度，甚至可能招致更加强烈的厌恶。接近且相悦通常适用于陌生人人际关系的建立。熟人之间人际关系的发展变化很复杂。陌生人最初的交往必须有外在条件，这就是时空的接近，一般情况下它会发展成相互喜欢，结果带来友谊关系建立，这就是接近且相悦。有道是：“有缘千里来相会，无缘对面不相逢。”友谊关系的建立和发展既需要时空的接近，也需要彼此的最初好感，这里的好感就是缘分。第一印象好就是彼此有缘分，不好就是无缘，就会“对面不相逢”。我们在前面已经介绍过第一印象了，在此不再赘述。时空因素在友谊关系建立的初始阶段作用很大，而随着时间的推移，它的影响会逐渐变小。

小知识5-4

美国心理学家费斯汀格（Festingger，1950）等人，以麻省理工学院已婚学生眷属宿舍的居民为对象，研究他们之间的邻居友谊与空间远近的关系。该宿舍共17栋两层楼房，每层5户，共计170户。在每学年开始搬入时，他们彼此互不相识。一段时间后，研究者让每户举出新结交的3位邻居朋友。结果有以下特点：①是他们的近邻；②是他们同层楼的人；③是他们信箱靠近的人；④是走同一楼梯的人。可见，经常见面是友谊形成的一个重要因素。

（2）类似性因素

在个人特性方面，双方若能意识到彼此的类似性，则容易相互吸引，这种类似性越多、越接近，越能产生好感。正所谓“物以类聚、人以群分”。类似性主要表现在社会性和心理特性上，如社会地位、种族、职业、籍贯、宗教信仰、学历、年龄、性别、兴趣、爱好、态度、容貌等。心理学研究发现，要求指出个人最好朋友时，被提到的人与指出者在教育水平、经济条件、社会价值等方面都很类似。

性别是友谊领域的第一条鸿沟。研究表明，在异性之间建立起像大多数同性之间的那种友谊关系是很难、很少见的。友谊关系通常建立在同性之间。

为什么类似性有助于人际交往？从心理学角度可以做出以下解释：

其一，具有相同兴趣、爱好的人趋于参加类似的社会活动。在其共同参加的社会活动中，他们有更多的交往机会，按照前面我们谈到的“接近且相悦”原则，具有相似性的人在时空上更趋接近，因而也就更容易相互吸引变成朋友。比如甲和乙都喜欢下围棋，他们可能都参加围棋比赛而获得较多的交往机会，最终成为朋友。

其二，在较多的交往机会中，如果发现彼此的价值观、社会态度相似或一致，双方会产生一种社会增强作用，尤其是在大家对某类问题发生争论时，这种社会增强作用愈发明显。在公共场合发生争论时，有人站出来支持你，与你持有一样或类似的观点，你会有种“英雄所见略同”的感觉，自己的自尊心因得到支持而受到保护和抬升，由此会产生对对方的感念之情，友谊因而发展起来就不奇怪了。

其三，凡是性别、年龄、学历、态度、社会地位等方面相似者，在交往时，彼此间的意见容易沟通，较少因意见传达困难而造成误会和冲突。顺畅无误的沟通是正常交往的前提条件。比如两个受过高等教育的人在一起交谈会很自如，而如果其中一个是文盲，这种交谈就会变得异常困难，也会使继续交往的可能性变得渺茫。

其四，在初次见面的陌生人之间，相似性能在很大程度上消除彼此的陌生感，从而减少紧张不安，使交往成为一件轻松愉快的事。

总之，相似性是影响人际关系的重要因素，相似性有助于人们建立起友谊关系。心理学研究发现，在原本陌生的一群人走到一起的初期，时空接近对人们之间的吸引起决定性作用，到了后期则发生了变化，彼此间态度和价值观越是相似的人，相互吸引力越大。

（3）互补因素

互补是指双方在交往过程中获得互相满足的心理状态。它主要指心理特性相反者的互补。例如，有强烈支配性格的人不容易与同样性格的人相处，但是他可能与具有顺从性格的人和睦相处，甚至建立密切的友谊关系。生活中许多自然形成的非正式的小团体都是由这种支配者和顺从者组成的。正如俗语所说的“一山不容二虎”，通常情况下，人格特征突出且相同的人难以共处。比如脾气急躁的人往往喜欢和性情温和的人相处，二者恰好可以相互容纳，相互调剂补充。有的人富有同情心，有着较强的要关心帮助别人的倾向，这类人如果遇到依赖性强的人，双方会一拍即合，容易建立密切关系，从而使双方的需要都得到满足。此类情况在异性朋友之间尤为明显，所谓“刚柔相济”就是此类互补关系。

人际吸引的互补作用主要发生在交往程度较深的友谊关系中，在两性友谊和夫妻之间尤其明显。有人研究过大学生在两性间从朋友到夫妻关系的演变过程，探求相似性与互补性在双方发展过程中的作用变化。结果发现，从友谊、爱情到婚姻过程中，经历了三部曲。

①初交时，社会性即外在的相似性很重要，如宗教信仰、经济地位、种族、社会背景等相似与否，构成了人际吸引的主要因素。这是友谊的理性阶段。

②深交后，个人性格的相似性更显得重要，如兴趣、态度、价值观等相似与否是构成友谊的基础。这是友谊发展的感情阶段。

③长期友谊或爱情的维持，双方在人格特质上的互补更重要。双方有互补的需要，能从对方身上获得自己所缺乏的东西，这样才能形成永久的相互吸引力，友谊或爱情才能维持长久。

（4）个人特质

在影响人际吸引的各种因素中，个人特质也是一个重要因素。在日常生活中，我们常见到一群人中，有的人很受欢迎，有许多朋友，是“明星”类人物；而有的人则遭人厌弃，没有朋友，是“孤儿”。个人特质在造成这种现象的过程中常常扮演着重要角色。

①在影响吸引力的个人特质中，生理特征之一——仪表是其中一种。漂亮、标致的人招人喜欢。仪表通常在交往的初始阶段影响力较大，随着时间的推移和交往的深入，则个人内在的东西作用增大。仪表在异性之间交往中的重要性要远远大于同性之间。

为什么漂亮的人招人喜欢呢？伯查德和沃尔斯特提出了一些理由，在此提供给大家参考。

漂亮的人招人喜欢的原因是：A.人们从各方面学到，漂亮的人才值得爱。不论电影还是电视中，被爱的总是漂亮的人，因此美貌就起到了爱的导火索的作用。B.同漂亮的人在一起，在别人面前显得荣耀和光彩。有时只因为有漂亮的女朋友，别人就会对他有好感。C.固有观念，认为漂亮的人还有其他方面的好属性，如性格开朗、心地善良等。D.漂亮的人看着就舒服，使人沉湎于美的满足之中。

小知识 5-5　漂亮的吸引力

一项实验分别以公认的漂亮和不漂亮的女性作为助手，让她们扮演临床心理学研究生，给男性被测者的个性特点作临床心理学评价，评价包括两个维度：漂亮或不漂亮，肯定或否定。实验结果表明，在女性不漂亮的条件下，男性被测者不太注重评价的结果，他们事后对评价者的喜欢水平都是中等。但在女性漂亮的条件下，被测者非常看重评价结果，并且在得到肯定的评价时，对评价者的喜欢水平最高。在得到否定的评价时，对评价者的喜欢水平最低；当主试者询问他们是否继续参与研究时，他们表现出非常愿意再与漂亮的女评价者进行交往。可见，来自漂亮女性的否定对被测者非常重要，以至于使他们希望自己有机会改变漂亮女性对自己的评价。

②安德森的研究。美国心理学家安德森研究了各类性格的人被喜爱或被厌恶的程度，并排出了顺序，其结果见表5-1。

表5-1　**安德森个人性格受欢迎程度表**

诚实	做派不正	友好	不友善
正直	虚伪	友善	恶毒
通情达理	敌意	热情	讨厌
忠实	暴戾	快乐	虚假
耿直	自私	不自私	不老实
可信赖	不可信赖	幽默	冷酷
理智	粗俗	负责任	邪恶
可靠	自高自大	开朗	虚假
有思想	贪婪	信任别人	说谎
体贴	欺骗		

资料来源　孙喜林. 现代心理学教程［M］. 大连：东北财经大学出版社，2000.

表5-1所列的性格特点中有些部分发生了概念重叠，原因可能与翻译有关。安德森研究了排列在前30位的情况，经过分类得出5种令人喜欢的性格类型和6种令人讨厌的性格类型。令人喜欢的性格有：诚实而认真、通情达理又聪明、可信亦可靠、直爽而幽默、亲切而体贴。被人厌恶的性格有：讲假话不可信、庸俗而粗鲁、自私而贪婪、邪恶而残暴、盛气凌人、冷漠无情等。

安德森的研究是以美国大学生为样本的，我们在参考使用时需注意两个问题：A.文化背景差异。此结果是在美国文化背景下得出的，拿到中国来必须考虑到文化差异，尽管人类文化的共性是主要的，但差异还是存在的。B.样本普适性问题。来自大学生的研究结果能否全部应用于普通成人，也有待于进一步研究。

总之，安德森的研究成果是关于性格特点与个人吸引力方面最有价值的研究之一，有很高的参考价值，但使用时要谨慎。

③奥尔波特的研究。美国心理学家G.奥尔波特研究了一群陌生人首次集会时的人际吸引力。研究结果发现：首先是个人的内在特质如幽默、涵养、礼貌等因素，这是主要的吸引力因素；其次是外表的特点如体形、服装等；再次是个人所表现出来的特殊行为，如新奇的、令人喜爱的动作等；最后，地位角色也能引起他人的爱慕与尊

敬，从而产生吸引力。

④在影响人际吸引的个人性格特征中，既有能够增进人际吸引的特征，也有阻碍人际吸引的特征。前面在介绍安德森的研究成果时涉及了他列举的一些令人厌恶的性格特征，下面我们详细介绍社会心理学家对妨碍人际吸引的个人特征研究的结论。

社会心理学家研究得出，具有下列性格特征的人缺乏吸引力：A.不尊重他人，对他人缺乏感情，不关心他人的悲欢情绪，甚至把他人当成使唤工具。这类人缺乏吸引力。B.有着强烈的自我中心主义，只关心自己的兴趣和利益，忽视他人的处境和利益，这种人只能和他人建立一般的人际关系。C.对人不真诚，一切为自己着想，不顾他人利益，这样会破坏人际关系。D.过分服从并取悦于他人，过分惧怕权威而不关心部下，前者不讨人喜欢，后者则招人厌恶。E.缺乏独立性，过分依赖甚至于丧失自尊心，这样的人让人尊重不起来，唯恐避之不及。F.嫉妒心强的人不招人喜欢。G.怀有敌对情绪和猜疑性格的人、情绪偏激的人，往往容易使人际关系陷入僵局。H.过分自卑、缺乏自信的人，对人际关系过于敏感的人，对他人尖刻以及过分自夸的人，都缺乏吸引力。I.孤独、内向、有自闭倾向的人没有吸引力。J.有偏见、固执、防卫意识过强、报复性强的人缺乏吸引力。K.好高骛远、苛求他人的人不招人喜欢。

案例窗5-3

仰巴脚效应

一个人能力越强，成就越大，就越为人所欣赏吗？

美国心理学家安荣森（Aronson，1980）进行了这样一个实验研究：他把A、B、C、D四部录像带分别播放给四组被试，让他们凭主观感觉评分，以表示他们对片中人物的喜欢程度。片中人物由一人扮演，只是事先介绍和访问过程不同。

A录像带的内容是：访问者在介绍受访者时，把他描述成一个能力杰出的大学生——荣誉学生、校刊编辑、运动健将。在受访过程中表现杰出，他能毫不费力地答对92%的问题。他给人的印象是完美无缺的人。

B录像带的内容和A录像带的内容只有一点差异，受访者表现得有点紧张，不小心将面前的咖啡打翻，弄脏了新衣服，导致了尴尬的场面。

C录像带将受访者说成是一个普通大学生。在访问过程中他的表现一般。

D录像带内容与C录像带大致相同，只是把B录像带中的“小插曲”放了进来。

结果发现，受访者被喜欢的顺序依次是：B、A、C、D。

资料来源　根据相关资料整理。

分析提示：实验结果说明，才能平庸者固然不会受人倾慕，而全然无缺点的人，也未必讨人喜欢。最讨人喜欢的人是精明而带有小缺点的人。这种现象在心理学中称为“仰巴脚效应”。精明、杰出的人不经意中犯点小错误，不但瑕不掩瑜，反而给人以亲切感和安全感。人们面对完美无缺的人难免因相形见绌、已不如人而感到不舒服。

（5）自我暴露

个性的更广泛和更亲密的暴露能促进彼此的相互吸引，增进相互喜欢。向别人敞开自我能使他人本能地感到满足，并且这种好感会泛化到自我暴露的人的身上。

达赫（D.M.Daher，1976）等人的实验研究发现，被试们更喜欢自我暴露较深的人。一些相似的研究也发现，对刺激者的喜欢随着他或她更多的自我暴露而提高。当然，这类自我暴露是相当肤浅的。

卡普兰（K.J.Kaplan，1975）等人的实验研究则更深入了一步。他们的实验研究证明，自我暴露中相互性规则决定着喜欢。人们喜欢那些和自己自我暴露水平相同的人。如果某人的自我暴露比我们暴露自己时更显亲密和详细，我们会害怕过早地进入亲密关系领域而考虑“刹车”。在自我暴露时人们通常非常小心，因为超过相互关系水平的过多自我暴露会使自己处于危险境地，感情易受攻击。自我暴露的速度对引起喜欢非常重要。自我暴露的速度必须缓慢到足以使双方都不能感到惊奇，如果过早地涉及太多的个人亲密关系，会引起忧虑和自卫行为。那些自我暴露来得“太强烈”“太快”的人不会招人喜欢，而只能招人讨厌。另外，要求他人进行过多的自我暴露，而自己并不这样做，同样不被人喜欢。

知识拓展5-3

个人形象与美国总统大选

真正的亲密关系的建立是很缓慢的，它要靠信任和与他人相处的体验，要经历冒险，要有代价。因此，在建立亲密关系过程中，我们应该用尊重和小心谨慎来对待它。

5.3.6 群体人际关系的建立与维护

群体的人际关系影响群体的士气和工作效率，关系到群体成员的身心健康，关系到精神文明的建设。因此，组织的管理者应特别重视群体人际关系的建立与维护。

1）加强领导班子建设

一个群体领导班子的思想作风，对该群体有着重要的导向作用。领导班子成员如果政治坚定、品德高尚、公道正派、以身作则、清正廉洁、深入群众、工作勤奋，就会使群体成员感到亲切敬佩，其高尚人格就能形成一种无形的、巨大的道德力量，促使整个群体建立起友好和谐的人际关系。

2）建立合理的组织结构

合理的组织结构和必要的组织措施，是维持良好人际关系的组织条件和保证。组织结构精干合理，成员各司其职，勤于工作，就会形成良好的人际关系。必要的组织纪律和制度，可以有效防止无事生非、挑拨离间等破坏群体人际关系的不良现象产生。否则，组织机构臃肿，人浮于事，无事生非，相互扯皮，就不可能建立起和谐的人际关系。

3）培养集体意识

群体是由若干个体组成的，只有所有个体都关心群体建设和群体目标，群体才会得到发展。因此，必须加强群体的思想建设，利用组织的力量创造适宜的群体气氛。一方面让每个成员都了解群体的目标和方针，鼓励大家分工合作，共同完成组织任务，形成团结共事的良好氛围；另一方面积极组织成员间的交流活动，增进感情交流，加深相互了解。让职工参与管理，增强职工对群体的认同感，为建立良好的人际关系创造条件。

4）加强自我修养

群体中每个成员的良好个性修养影响人际关系。

（1）树立正确的世界观

一个人树立了正确的世界观，对社会、集体、人与人之间的关系就会有正确的认识，就能科学地分析人与人之间的矛盾。

（2）重视个性锻炼

良好的个性能改善与增强人际关系。一个人心胸开阔，性情开朗，严于律己，宽以待人，就为搞好人际关系提供了有利的心理条件。如果一个人心胸狭窄，性情孤僻，就难以与人交往。因此，注重个性锻炼，改造不良性格，对于增进人际关系十分重要。

本章小结

★ 群体是为了实现某个特定的目标，两个或两个以上相互作用、相互依赖的个体组合。群体的分类主要有正式群体和非正式群体等。

★ 群体的形成大致可以分为五个阶段，分别是：形成阶段、震荡阶段、规范化阶段、执行任务阶段、终止阶段。

★ 群体决策过程分三个阶段：论断总问题找出可供选择的解决方法；分析可选择的办法；做出决策。影响群体决策有效性的因素有“群体思维”和“极端性转移”。群体决策的方法有头脑风暴法、德尔菲法、名义群体法、电子会议法。

★ 人际关系是人与人之间心理上的关系、心理上的距离。影响人际关系建立的心理因素是社会知觉。增进人际吸引的因素有：接近、类似、互补、好的个性特点以及自我暴露。人际交往的原则有：相符、报偿、自我价值保护、情境控制等。个人在面临竞争还是合作的选择时，多数情况下会选择竞争。

核心概念

群体　凝聚力　压力　群体规范　群体决策　人际关系

基本训练

□ 知识题

随堂测5-1

判断题

5.1 判断题

1）在人际交往过程中自我暴露越快，就越容易招对方喜欢。（　　）

2）在知道“和则两利、分则两败”的情况下，人们通常会选择合作。（　　）

随堂测5-2

选择题

5.2 选择题

1）影响人际吸引的因素有（　　）。

A. 相似　B. 接近　C. 互补　D. 好的个性

2）人际交往的原则有（　　）。

A. 相符　B. 报偿　C. 自我保护　D. 情境控制

5.3 简答题

简述群体决策的优点和缺点。

□ 技能题

寻找各种机会接近某个不认识的同学，看看能否与其成为朋友，并总结分析成败得失的影响因素。

观念应用

□ 分析题

落网之鸟

猎人在湖边布网捕鸟，许多鸟儿落网，由于鸟很大，带着网飞走了。猎人跟着鸟儿跑，农夫看到了说："你怎么能追得上鸟呢？"猎人答道："如果只有一只鸟，我没办法，但网里有一群鸟，我肯定能追得上。"后来鸟和网果然掉到地上，猎人成功捕到了许多鸟。

问题：

（1）为什么一群鸟在一张网里却无法保持在空中飞行，反而掉在了地上？

（2）这个案例在管理上有什么启示？

□ 案例题

为什么中国员工的沟通能力不如印度员工？

为什么美国公司的印度裔CEO那么多，只是中国人传说中的"印度人爱抱团"那么简单吗？

如果有客户找中国工程师做东西，对话通常是这样的：

客户："我们这次大概想要一个这样的东西……（此处省略50字），目前想法还不成熟，你们还有什么问题吗？"

中国员工：OK，没问题。而内心独白却是这样的：你啥都不知道，我问什么啊。我想就这么这么做，做出来再跟你们谈吧。

于是，这群最优秀的中国员工就开始用自己天才的大脑，想象客户遇到的问题，他们力图让自己的方案变得非常华丽，非常前沿，等着客户说"哇，太棒了，就这么搞"。

结果可想而知，客户看傻眼了，NoNoNo，这不是我想要的，全部重来。

那么印度员工是怎么做的呢？

客户："我们这次大概想要一个这样的东西……（此处省略50字），目前想法还不成熟，你们还有什么问题吗？"

印度员工："好的，我们回头列一些问题，再跟你们进行第二轮沟通。"

回到公司，他们不慌不忙地开始讨论，既不加班，也不占用午餐时间，过了两天，列出了整整24个小问题。

和客户的第二轮沟通，他们会用一天的时间，把这24个问题一个一个地讨论完。如果冒出了一批新问题，就再进行新一轮会面，直到把所有问题全部沟通得一清二楚，他们才开始……干活？NoNoNo，他们还要把所有沟通结果整理成一个文档，再跟客户开一次会，把自己的理解再跟客户确认一遍，去纠正双方在理解上的分歧。

最后，他们还会把这些沟通结果整理成详细的文档，发给客户，再抄送给所有项目组的成员，确保大家的理解都是一致的，才开始正式干活。

这两种工作方式的结果就是：中国员工做出来的东西有想法，有新意，但不到最后关头，你根本不知道自己会得到什么；印度员工的工作平庸，刚刚好用，一点也不肯多做工作，但却刚好是你想要的。

如果你是老板，你喜欢用那一种员工？

很多管理学家认为，印度人的成功，很大程度上来自于他们严谨的沟通能力。

但在有海外工作经验的中国员工印象中，印度裔CEO普遍能说会道，拍马屁不干实事。

一个事实，两种观点，这其实是一个“沟通文化”的差异。

中国人去了印度，总觉得印度人都是奇葩，毫无时间效率的概念；印度人接触了中国人后都认为，中国人太过变态，做什么事情都是急吼吼地先干起来再说。

中国的时间观念强，所以觉得沟通太浪费时间；印度人自我感觉太好，不愿意白费功夫，宁可把话先说清楚。

不习惯沟通，造成了两个问题，一部分人“表达能力弱”，无法把对客户的理解表达成准确的语言，只能先“做出来”再说。而另一部分“沟通达人”走上另一个极端，他们平常说的“沟通一下”，更多是强调诱导、说服，甚至是诡辩，而不是理解对方的想法。

不得不说，也许是中国人既聪明又勤快，聪明到觉得别人无法理解自己，勤快到觉得沟通是一种浪费时间，宁愿浪费自己的才华，多返几次工，也不愿多费口舌。

资料来源　佚名.为什么中国员工的沟通能力不如印度员工？[EB/OL].[2019-04-09].http://www.ceconline.com/mycareer/ma/8800099136/01/.

问题：中国人和印度人在沟通方面为什么会有这样的差异？该案例给你什么启示？

□ 实训题

利用假期参加一个旅游团，观察记录该旅游团的整个旅游过程，总结分析规律性的东西。

第6章

团队及其建设

学习目标

通过本章的学习，应该达到以下目标：

知识目标： 了解什么是团队以及团队的类型，团队精神的本质特征，掌握高效团队的特征和建设方式。

技能目标： 掌握建设高效团队的基本技能。

能力目标： 掌握建立人际互信的能力。

第6章

思维导图

引例　贝索斯的“两个披萨原则”

亚马逊内部最重要的，但也是最容易被低估的就是其人力创新制度。

企业不断扩张，沟通和协调问题随之而来，即使像谷歌一样运营得很好的企业，也需要进行重组调整。因此谷歌成立新公司Alphabet，根本上来说就是为了让公司的灵活性更强。

对于这种情况，亚马逊的缔造者杰夫·贝索斯也有他自己的解决方法。他提出了“两个披萨原则”：每个团队的人数不能多到两个披萨都不够吃的地步。

贝索斯的这套理论也得到了Auren Hoffman认同。在他看来，没有“两个披萨规则”就没有亚马逊这么好的公司。这一项是极为重要的创新策略，也是公司未来扩张的战略。因为过大的团队往往会限制个体的发挥，一旦团队个体效率下降，创新的脚步就会慢慢停滞。小团队有助于减少集体会议和社会惰化之类的创意杀手。

可以说，整个公司的服务架构就是亚马逊的秘密武器。在这里，团队领导者需要慧眼识珠，找出让项目成功的关键人物来带领一个小团队。只要小团队里每个人知道他们的任务，确定了相同目标，就可以自主行动完成任务。他们甚至可以通过供应商来完成项目，或者最后由供应商代替继续运作项目，这样自己就可以投入其他更有趣的项目中去。

此外，亚马逊里的每个团队（尤其是产品和工程方面），都有自己的端口能够与其他团队进行交互，以获得特定的输入和输出内容。这意味着团队可以快速决策和行动，更有利于达成共识，促进企业创新。

人力资源方面的创新是其他公司应该向亚马逊求教的最重要的事。杰夫·贝索斯在2017年致股东的公开信中表示，要快速做出决策，始终把公司当成创立“第一天”（Day 1）来看，保持危机感。“两个披萨规则”让亚马逊每个员工的创意不至于被流程和庞大的架构所扼杀，不同项目持续运作不至于彻底失败。大公司也能拥有高灵活度、强大适应力和优势，根据市场和用户情况随时做出反应。

为你的企业时不时准备两个披萨吧，用披萨喂饱自己的团队，说不定生产力会更有保证。

资料来源　佚名．团队多少人合适？准备两个披萨就够了［EB/OL］．［2017-10-16］．http：//www.zwgl.com.cn/cn/66421473.html.

6.1　团队概述

6.1.1　为什么团队管理这么流行

团队管理这么流行，其主要原因不外乎两方面：一是团队本身的特点；二是社会环境要求。团队与传统的部门结构或其他形式的稳定性群体相比，所具有的优点主要在于：

第一，它可以使不同的职能并行进行，而不是顺序地进行，从而大大地缩短了完成组织任务的时间。

第二，它可以迅速地组合、重组和解散。

第三，它可以由团队成员自我调节、相互约束，促进员工参与决策过程，增强组织的民主气氛，并且削减组织中的某些中层管理职能。在经济全球化的今天，企业所面对的社会环境变化非常快而且更加复杂，传统组织形式已经无法应对。

另外，传统组织提高效率的办法就是提高组织化的程度，而这方面的潜力已经经过了比较充分的挖掘，其缺点却日益凸显，而且在很多情况下单凭个人能力已很难独立完成，这就要求人们进一步提高相互合作水平来解决错综复杂的问题。在这种大背景下，团队管理就应运而生了。

6.1.2　什么是团队

所谓团队，是指为了实现组织目标，由一些志向相同、团结和谐并负有共同责任的人组成的群体。团队中的成员有着共同的目标，并都为了这个目标而奉献。团队不仅强调个人的工作成果，而且也强调团队的整体业绩，往往团队的集体成果要超过成员个人业绩的总和。因此，许多人都认为团队是管理的最佳组织形式。

团队不同于一般的工作群体，它是一种特殊类型的群体。所有影响群体的因素都会影响团队，但是，并不是所有的群体都是团队。从工作绩效的角度来说，工作群体的绩效，仅仅是每个群体成员个人贡献的总和。而工作团队则不同，其团队成员努力的结果使团队的绩效水平远大于个体成员绩效的总和。经过努力发现，给团队下定义既困难又缺乏意义，此处我们将团队的概念简要描述如下：团队就是比一般工作群体效率高的暂时性的小规模组织。

工作群体与团队之间的差别见表6-1。

表6-1　工作群体与团队的差别

工作群体	团队
• 强烈地、清楚地被关注的领袖	• 分享领导角色
• 个人责任	• 个人的和共同的责任
• 群体的目标与更广泛的组织使命相同	• 团队自己提交的具体团队目标
• 个人的工作——产品	• 集体的工作——产品
• 召开有效的会议	• 鼓励开放式的讨论和积极地解决问题的会议
• 间接地通过对他人的影响测量它的有效性绩效（例如，该企业的财务绩效）	• 通过评估集体的工作——产品直接测量
• 讨论、决定和委托	• 讨论、决定和一道从事实际的工作

团队的核心是共同承诺，成员齐心协力，共同承担集体责任。只要团队目标切实可行、具有挑战性，就能激发团队无穷的能量。工作团队是因组织的某项关联工作而使各成员联合起来组成的集体。优秀的工作团队与团队一样，具有能够一起分享信息、观点和创意，共同决策以帮助每个成员更好地工作，同时强化个人工作标准的特点。但是工作团队常常与组织结构相联系，又过于强调个人目标和责任，工作团队的

目标只是个人目标的简单汇总，这些都将阻碍集体能量的充分发挥，因此工作团队不像团队那样具有由于团队成员共同努力、共同工作所带来的增值效应。

小知识6-1　　团队意识

知识拓展6-1

什么是团队

中国有句俗语：一个和尚挑水吃，两个和尚抬水吃，三个和尚没水吃。但英国人是这样说的：一个人做生意，两个人开银行，三个人搞殖民地。在旧的观念中，以职务为重心，以职务功能划分部门，如财务部、人力资源部、市场部、研发部等，各部门相互独立，缺乏横向联系。现在的新观念是如何将部门和部门之间的断层衔接起来。国内很多公司经常“文山会海”，天天在发红头文件，天天在开会。如果合作好，断层衔接好，就不需要这样频繁地开会。这就是缺乏团队意识的表现。

6.1.3　团队的构成要素

团队有几个重要的构成要素，可以总结为“5P”。

1）目标（Purpose）

团队应该有一个既定的目标，为团队成员导航，知道要向何处去。没有目标的团队就没有存在的价值。

自然界中有一种昆虫很喜欢吃三叶草，这种昆虫在吃食物的时候都是成群结队的，第一个趴在第二个的身上，第二个趴在第三个的身上，由一只昆虫带队去寻找食物，这些昆虫连接起来就像一节一节的火车车厢。管理学家做了一个实验，把这些像火车车厢一样的昆虫连在一起，组成一个圆圈，然后在圆圈中放了它们喜欢吃的三叶草。结果它们爬得精疲力竭也吃不到这些草。这个例子说明，在团队失去目标后，团队成员就不知道到何处去，最后的结果可能是饿死，这个团队存在的价值可能就要打折扣。团队的目标必须跟组织的目标一致，可以把大目标分解成小目标，具体分到各个团队成员身上，需要大家合力才能实现这个共同的大目标。同时，目标还应该有效地向大众传播，让团队内外的成员都知道这个目标，有时甚至可以把目标贴在团队成员的办公桌上、会议室里，以此激励所有的人为目标去工作。

2）人（People）

人是构成团队最核心的力量。3个（包含3个）以上的人就可以构成团队。目标是通过人来具体实现的，所以人的选择是团队中非常重要的一个部分。在一个团队中可能需要有人出主意，有人制订计划，有人实施，有人协调不同的人一起去工作，还有人去监督团队工作的进展、评价团队最终的贡献。不同的人通过分工来共同完成团队的目标，因此在人员选择方面要考虑人员的能力如何、技能是否互补、人员的经验如何等。

3）团队的定位（Place）

团队的定位包含以下两层意思：

一是整个团队的定位，团队在企业中处于什么位置，由谁选择和决定团队的成员，团队最终应对谁负责，团队采取什么方式激励下属？

二是个体的定位，作为成员在团队中扮演什么角色？是制订计划还是具体实施或评估？

4）权限（Power）

团队当中领导人的权力大小跟团队的发展阶段相关，一般来说，团队越成熟，领导者所拥有的权力相应越小，在团队发展的初期，权力是相对比较集中的。

团队权限关系的两个方面：①整个团队在组织中拥有什么样的决定权。比方说财务决定权、人事决定权、信息决定权等。②组织的基本特征。例如，组织的规模多大，团队的数量是否足够多，组织对于团队的授权有多大，它的业务是什么类型。

5）计划（Plan）

计划有两层含义：①目标最终的实现，需要一系列具体的行动方案，可以把计划理解成目标的具体工作程序。②按计划进行可以保证团队的工作进度。只有按计划操作，团队才会一步一步地接近目标，从而最终实现目标。

案例窗 6-1

团队建设的重要性

有一则寓言讲的是有三只老鼠一起去偷油喝，可是油缸非常深，油只在缸底有一小点儿，它们只能闻到油的香味，根本就喝不到油，越闻越垂涎三尺。喝不到油的痛苦令它们十分焦急，但焦急也解决不了问题，所以它们静下心来集思广益，终于想到了一个聪明的办法，就是一只老鼠咬着另一只老鼠的尾巴，吊下缸底去喝油。它们取得了共识：大家轮流喝油，有福同享，谁都不准有私自独享的想法。

第一只老鼠最先被吊下去喝油，它想："油就只有这么一点点，大家轮流喝一点也不过瘾，今天我运气好，不如先自己喝个痛快。"夹在中间的第二只老鼠也在想："下面的油没多少，万一让第一只老鼠喝光了，我岂不是只有喝西北风了？我干吗这么辛苦地吊在中间让第一只老鼠独自享受一切呢？我看还是把它放下，干脆自己跳下去喝个够！"第三只老鼠也在暗自嘀咕："油那么少，等它们两个喝饱喝足，哪里还有我的份，不如趁这个时候把它们放下，自己跳到缸底饱喝一通。"

于是第二只老鼠狠心地放了第一只老鼠的尾巴，第三只老鼠也迅速放了第二只老鼠的尾巴，它们都争先恐后地跳到缸里去了。它们吃饱喝足后，才突然发现自己已经浑身湿透，加上脚滑缸深，再也逃不出这个美味的油缸。最后，三只老鼠都被困死在这个油缸里。

资料来源　王先琳. 从三只老鼠的教训看团队建设的重要性［EB/OL］.［2014-11-21］. http：//info.ceo.hc360.com.

分析提示：团队要众人不断维护和建设，"众人拾柴火焰高"，团队建设也是一样的道理。否则，团队内部会产生干扰，使1+1不但不能大于2、等于2，甚至可能小于2。内耗将极大地破坏团队的凝聚力，降低团队的影响力，减弱团队的战斗力，损害团队的生产力。

知识拓展6-2

一秒读懂好团队和差团队的区别

6.1.4　团队的类型

在组织管理中，根据目标、任务特点，可以将团队划分为问题解决型团队、自我管理型团队、多功能型团队和虚拟团队。

1）问题解决型团队

自20世纪80年代开始，日本与美国的企业管理中开始流行一种问题解决型团队——全面质量管理，也叫质量圈，这种团队由员工及主管人员共同组成，主要解决产品质量问题，具有一定的代表性。

这种团队一般由来自同一部门的5~12名员工组成，他们每周用几个小时的时间聚在一起，讨论如何提高产品质量、如何提高生产效率和改进工作方法。团队的成员在解决问题的技术方面接受培训，然后就如何改进工作程序和工作方法相互交换看法。但是，这些团队一般没有权力根据这些建议单方面采取行动，而是把那些超出其控制范围的问题报告给管理层。问题解决型团队在解决实际存在的问题时虽然是有效的，但是在调动员工参与决策过程的积极性方面还是略显不足。

问题解决型团队模式如图6-1所示。

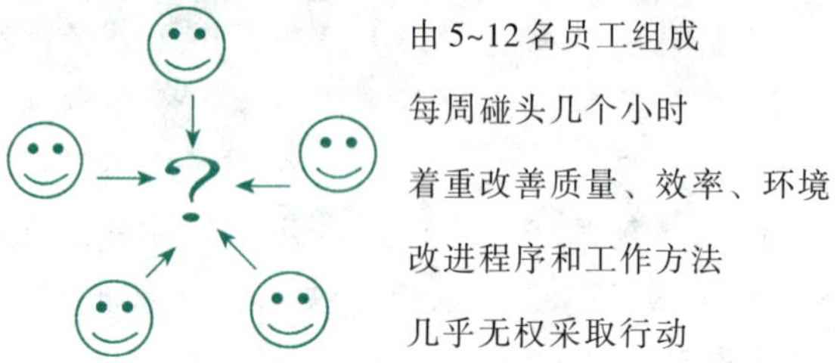

图6-1 问题解决型团队

2）自我管理型团队

自我管理型团队是独立自主的团队，它不仅关注问题的解决，而且能执行解决问题的方案，并对工作结果承担全部责任。这种团队在调动成员参与决策的积极性方面有明显优势。

自我管理型团队承担着以前自己的上级主管所承担的一些责任，一般可以自主控制工作节奏，决定工作任务的分配，甚至选拔团队成员等。这样，管理者的重要性就下降了，给管理者的工作带来了很大的挑战。

自我管理型团队模式如图6-2所示。

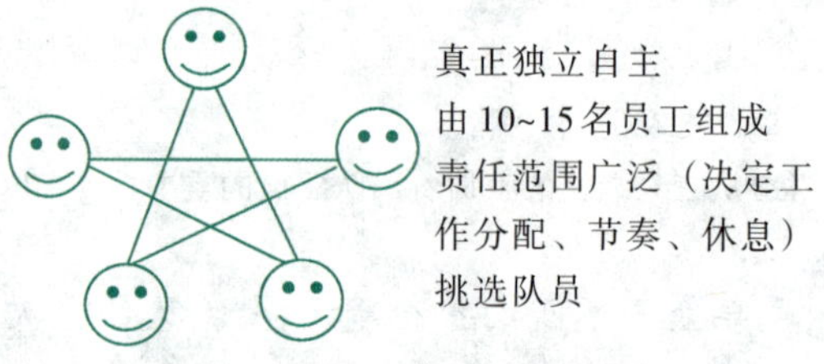

图6-2 自我管理型团队

3）多功能型团队

多功能型团队由来自同一等级、不同工作领域的员工组成，他们来到一起的目的是完成同一项任务，任务完成后又回到各自的部门。因此该类型团队成员构成需要跨部门，集合不同工作领域的员工集思广益，共同完成。实践证明，这种团队是一种有效的方式，它能使组织内（甚至组织之间）不同领域的员工之间交换信息，激发出新的观念，解决面临的问题，协调复杂的项目。当然，多功能型团队在其形成的早期阶段往往要消耗大量的时间，因为团队成员要学会处理复杂多样的任务，而且在成员之间，尤其是那些背景不同、经历和观点不同的成员之间（如跨国性的团队），建立起信任和真正的合作也需要一定的时间。

4）虚拟团队

虚拟团队是指跨越空间、时间和组织界限，成员间主要通过网络技术进行沟通的跨功能团队。随着互联网的日益普及，以信息、创意和智慧为代表的网络经济使虚拟团队成了组织发展的新趋势和管理层关注的焦点。技术的发展以及以知识为基础的工作使得虚拟团队变得可能，而全球化以及知识分享和团队工作的成效使其变得更为必要。有效的虚拟团队要创造性地综合使用电子沟通手段以满足其需要。

虚拟团队的潜在优势包括以下四个方面：

- 成员可以随时随地工作；
- 可以根据能力选拔团队成员，而不必受限于他们工作和生活的地理区域；
- 身体残疾或无法出差的成员也可以参与其中；
- 差旅、住宿、租赁和采购等费用随着空间需求的减少而减少。

虚拟团队的核心特征是对目标、技术和人的联结。对于任何团队，目标都是很重要的，对于虚拟团队更是如此。清楚、精确和共同的目标是虚拟团队的黏合剂。

实践证明，这种团队是一种有效的方式，它能使组织内（甚至组织之间）不同领域的员工之间交换信息，群策群力，激发出新的观念，解决面临的问题，协调复杂的项目。

由于团队划分的标准不同，因而也就会有不同的类型。但无论如何划分，各种类型的团队都在通过发挥自身优势达到改善组织绩效水平、提高组织创新性及增强组织适应性等目的。

6.2　高效团队建设

6.2.1　高效团队的特征

仅仅组成团队的模式并不能自动地提高团队的效能。近年来一些研究提出了高效团队的一些主要特征。具体包括如下几个维度：

1）清晰的目标

高效的团队对所要达到的目标有清楚的了解，并坚信这一目标包含重大的意义和价值。而且，这种目标的重要性还激励着团队成员把个人目标升华到团队目标中去。在高效的团队中，成员清楚地知道希望他们做什么工作，以及他们怎样共同工作以完成任务。

2）相关的技能

高效团队是由一群有能力的成员组成的。他们具备实现理想目标所必需的技术和能力，而且相互之间有能够良好合作的个性品质，从而能出色地完成任务。后者常常被人们忽视，但尤其重要。有精湛技术的人并不一定就有合作技巧，高效团队的成员往往兼而有之。

案例窗 6-2

鸡鸣狗盗

故事出自《史记·孟尝君列传》。

战国时候，齐国的孟尝君喜欢招纳各种人做门客，号称门客三千。他对门客是来者不拒，有才能的让他们各尽其能，没有才能的也提供食宿。

有一次，孟尝君率领众门客出使秦国。秦昭王将他留下，想让他当相国。孟尝君不敢得罪秦昭王，只好留下来。不久，大臣们劝秦王说："留下孟尝君对秦国是不利的，他出身王族，在齐国有封地，有家人，怎么会真心为秦国办事呢？"秦昭王觉得有理，便改变了主意，把孟尝君和他的手下人软禁起来，只等找个借口杀掉他。

秦昭王有个最受宠爱的妃子，只要妃子说一，秦昭王绝不说二。孟尝君派人去求她救助。妃子答应了，条件是拿齐国那一件天下无双的狐白裘（用狐腋下的白色皮毛做成的皮衣）做报酬。这可叫孟尝君为难了，因为刚到秦国，他便把这件狐白裘献给了秦昭王。就在这时候，有一个门客说："我能把狐白裘找来！"说完就走了。

原来这个门客最善于钻狗洞偷东西。他先摸清情况，知道秦昭王特别喜爱那件狐白裘，一时舍不得穿，放在宫中的精品储藏室里。他便借着月光，躲过巡逻人，轻而易举地钻进储藏室把狐白裘偷出来。妃子见到狐白裘高兴极了，想方设法说服秦昭王放弃了杀孟尝君的念头，并准备过两天为他饯行，送他回齐国。

孟尝君可不敢再等过两天，立即率领手下人连夜偷偷骑马向东快奔。到了函谷关（在现在河南省灵宝市，当时是秦国的东大门）正是半夜。按秦国法规，函谷关每天鸡叫才开门，半夜时候，鸡怎么可能叫呢？大家正犯愁时，忽然听见几声"喔，喔，喔"的雄鸡啼鸣，接着，城关外的雄鸡都打鸣了。原来，孟尝君的另一个门客会学鸡叫，而鸡只要听到第一声啼叫就立刻会跟着叫起来。怎么还没睡踏实，鸡就叫了呢？守关的士兵虽然觉得奇怪，但也只得起来打开城门，放他们出去。

天亮了，秦昭王得知孟尝君已经逃走，立刻派出人马追赶。追到函谷关，发现孟尝君一行已经出关多时了。

孟尝君靠着鸡鸣狗盗之士逃回了齐国。

资料来源　根据相关资料整理。

分析提示：鸡鸣狗盗这个历史典故通常被用来贬评那些不高雅的行为、技能或者具有这些技能的人，这也源于我们传统文化是泛道德的。从团队管理角度分析，技能没有高雅卑下之分，只有有用无用之别。当然，行为和手段的道德是要遵循的，但是在一些特殊情况下，小德要服从于大德。

3）一致的承诺

高效团队的成员对团队表现出高度的忠诚和承诺，为了能使团队获得成功，他们愿意去做任何事情。我们把这种忠诚和风险称为一致承诺。对成功团队的研究发现，团队成员对他们的团队具有认同感，一致承诺的特征表现为对团队目标的奉献精神，愿意为实现这一目标而调动和发挥自己的最大潜能。

4）相互信任的氛围

通过团队学习而形成的组织文化和管理层的行为塑造，对形成相互信任的团队氛围很有影响。如果组织崇尚开放、诚实、协作的办事原则，同时鼓励成员的参与和自主性，它就比较容易形成信任的环境，从而能帮助团队建立和维持信任的行为。

5）良好的沟通

团队成员通过畅通的渠道交流信息，管理层和团队成员之间有健康的信息反馈机制，并经常进行以获取超过个人水平的见解为目的的“深度会谈”，鼓励成员将他们认为最困难、最复杂、最具冲突性的问题放到团队中来讨论，自由地表达各自的观点并加以验证，使彼此真诚相对，让每个人以真实的想法交流。

6）成员角色的多变性

对高效团队来说，其成员角色具有灵活多变性，总在不断地进行调整。高效团队能够给员工适当地分配不同的角色，使工作任务分配与团队成员偏好的角色相一致。同时，这也要求成员有充分的准备，应对团队中时常的角色变换。

7）恰当的领导

有效的领导能够让团队成员跟随自己共同度过最艰难时期，因为他能为团队指明前进方向，向成员阐明变革的可能性，鼓舞成员的自信心，帮助他们更充分地了解自己的潜力。高效团队的领导者往往担任的是教练和后盾的角色，对团队提供指导和支持，但并不试图去控制它。

8）内部支持和外部支持

从内部条件来看，高效的团队应该拥有一个合理的基础结构，包括适当的培训，一套公平合理的绩效评估系统，以及一个起支持作用的人力资源系统。从外部条件来看，管理层应该给团队提供完成工作所必需的各种资源。

6.2.2　如何创建高效团队

高效团队的创建，必须解决团队管理中存在的问题，不断调整和完善，使团队成熟起来。具体来说，主要从如下几个方面来创建高效团队：

1）确立目标和规范

制定具体的、可以衡量的、现实可行的绩效目标，为团队运营设立愿景。通过确定明确的工作目标，让具体工作目标与团队整体目标建立联系，从而让团队凝聚成一个强有力的整体。同时，要建立以任务为核心的团队规范，鼓励那些高效的工作行为，制裁那些有损于效率或质量的行为。这样，将明确具体的团队目标与任务为导向的团队规范相结合，就会增强团队成员完成团队任务、实现团队目标的有效性。

2）选聘适合团队要求的成员

要考虑成员能力、性格、角色的合理搭配，实现个人能力的优化组合，达到团队系统功能最大化。一个团队一般需要3种不同技能的人：具有技术专长的成员；具有发现问题、解决问题和决策技能的成员；善于聆听、反馈，拥有解决冲突及调和人际关系技能的成员。同时，要分析个人的价值观是否与团队价值观相吻合，以减少和避免进入团队后“搭便车”行为。

3）选择合适的领导和团队结构

团队应选择合适的领导和内部结构来协调团队成员的不同意见，并解决团队中的日常问题。例如，如何安排工作日程、如何解决内部冲突、如何分配具体的工作任务使之与团队成员的个人能力相匹配、如何做出和修改决策以及如何获取外部资源等。

4）培养成员间的信任感

团队成员之间的相互高度信任对于创建高效团队至关重要。研究表明，信任包括五个维度：正直、能力、诚实、一贯、开放。而且，正直程度和能力水平是一个人判断另一人是否值得信赖的两个最关键的特征。因为如果对别人的道德品格和基本的诚实缺乏把握，信任的其他维度就没有意义了。能力水平被看重是因为团队成员为了顺利地完成各自的任务，需要与同伴进行相互帮助和支持。

人际关系表明，信任是脆弱的，信任感需要很长时间才能建立起来，却又很容易被破坏，破坏之后要恢复又很困难。因此，培养团队成员之间的信任感需要采取有效的思路和方法。总结起来，有如下几种方法可以借鉴：

（1）表明你既是在为自己的利益而工作，也是在为别人的利益而工作。

（2）成为团队的一员，用言语和行动来支持你的工作团队，表现你的忠诚。

（3）开诚布公，让人们充分了解信息，解释你做出某项决策的原因，对于现存问题则坦诚相告。

（4）涉及利益分配时，要客观公平、不偏不倚。

（5）表明指导你进行决策的基本价值观是一贯的。

（6）真诚地说出你的感受。

（7）保守秘密。

5）建立合理的激励机制

团队应建立平等明晰的评价标准，让每位团队成员的贡献都可以衡量，每位成员都可以清楚地看到谁做了什么，而且每位成员都对自己的行为负责。尽管团队中有一定余地可以兼容不同风格的成员，但也要制定统一的业绩标准（工作的效率和品质是所有成员都应当遵守的基本标准），以防止“鞭打快牛”的不公平现象，避免团队内由此引发的冲突。

要改变传统的以个人导向为基础的绩效评估与奖酬体系，除根据个人贡献进行评估和奖励外，还应当以团队为基础进行绩效评估和利润分享，鼓励合作而不是鼓励某一个优秀的人。除了基本的个人薪酬系统之外，还可以设定一种以团队达成目标为前提的个人奖金。另外，给团队成员的晋升、加薪以及其他各种激励都应以他们在团队合作中的表现为衡量标准。

工作设计方面，由于认识到团队成员的工作动力主要来自于工作本身，因此应采用灵活合理的工作方式，使团队成员体会到工作的意义和价值。另外，设计合理的容错规则也是一种重要的方法，例如可以规定人员创新失误的资金补贴范围。

6）确立适当的团队规模

为了使团队成员之间都能够充分了解并且互相影响，保证团队结构的简单化和组织目标的明确，应当严格控制团队成员数目，一般不要超过12人。适当的团队规模，容易形成较强的团队凝聚力、忠诚感和相互信赖感。

7）开展高质量的团队培训

通过培训来保证团队成员价值观与团队价值观的一致，矫正团队成员的个人行为，保证团队成员工作的高效率。在团队培训中，成员对新知识和信息的接受至关重要。培训已经不是传统意义上集中时段的训练，而应该是即时的、全方位的学习。要让团队成员感觉到学习的紧迫性，并把每个学习机会转变成交流和合作的机会。为此，必须制订周密的培训计划，来实现培训思路的根本转变。

8）将团队文化建设贯穿到团队管理的各个环节

高效团队需要相应的团队文化来配合。首先，要增强成员对团队的认同感，使团队成员为自己是团队的一员而感到自豪。如果团队成员都能有"风雨同舟""同呼吸，共命运"的感觉，将会对团队管理非常有利。其次，让每个团队成员认识到他们之间的协作以及贡献对团队的成功来说是至关重要的。换句话说，没有他们的贡献，团队将会以失败而告终。

团队文化建设可以贯穿到管理的各个环节。比如，在绩效考核和薪酬管理方面，充分体现团队的特点，以集体的成果来决定创造的价值；把团队价值观贯穿于培训的始终；在宽松的环境中，树立团队的榜样等。因此，要持之以恒地把团队管理所必需的理念渗透到每个团队成员的行为中。

知识拓展6-3

团队有效性模型

总之，同其他形式的管理一样，创建高效团队是件复杂的事情，不存在确保成功的简便易行的规则。将上述原则和方法整合起来，进行系统思考，并根据实际情况采取有针对性的措施，就可以创建高效团队，不断提高团队效能。

6.3　团队精神

6.3.1　团队精神的概念

团队精神是指团队成员彼此共鸣、一致认同的内心态度、意志状态和思想境界。或者说，团队精神是团队成员的士气。简单地说，团队精神就是大局意识、协作精神和服务精神的集中体现。团队精神的基础是尊重个人的兴趣和成就；核心是协同合作；最高境界是全体成员的向心力和凝聚力，也就是个体利益和整体利益统一后推动团队的高效率运转。团队精神的形成并不要求团队成员牺牲自我，相反，挥洒个性、表现特长能够保证成员共同完成任务目标，而明确的协作意愿和协作方式能够产生真正的内心动力。没有良好的从业心态和奉献精神，就不会有团队精神。团队精神包含团队的凝聚力、团队成员的合作意识和团队成员的士气三方面内容。

6.3.2　团队精神的重要性

有一个著名的公式：

（知识+经验）×精神=竞争力（新的生产力）

知识可以在课堂上和书本中学习，经验可以在实践中积累，而以上公式说明只有乘上一种高尚独特的精神，才能成为竞争力。也就是说，在知识经验相同的情况下，精神就具有决定性作用。

6.3.3 团队精神的本质特征

1）团队精神的基础——挥洒个性

团队业绩来自两个方面：首先来自团队成员个人的成果，其次来自集体的成果。也就是说，团队所依赖的是个体成员的共同贡献而得到的实实在在的集体成果。这里不要求团队成员都牺牲自我去完成同一件事情，而要求团队成员都发挥自我去做好这件事情。

2）团队精神的核心——协同合作

团队成员在才能上是互补的。共同完成目标任务的保证就在于发挥每个人的特长，并注重流程，使之产生协同效应。

3）团队精神的最高境界——凝聚力

全体成员的向心力、凝聚力是从松散的个人集合走向团队的最重要的标志。向心力、凝聚力来自团队成员自觉的内心动力，来自共同的价值观。很难想象在没有展示自我机会的团队里能形成真正的向心力。同样也很难想象，在没有明确的协作意愿和协作方式的情况下能形成真正的凝聚力。

4）团队精神的根本——团队利益与个体利益的统一

只有使每个员工的目标和利益与团队的目标和利益一致，使团队成为维护和实现大家利益的共同体，才能使大家为了共同的利益而走到一起，心往一处想，劲往一处使，拧成一股绳。

5）团队精神的外在表现

团队精神的外在表现：一是积极向上、充满活力的精神面貌和高昂的士气；二是强烈的责任心；三是强烈的集体荣誉感。

小知识6-2 日本的团队教育从幼儿园开始

在日本，幼儿园通常设计很多游戏用来测试小朋友。例如，设置3个小房间，每个小房间安排一个小游戏，玩过了以后走出去，就决定这个小朋友是否被录取。规则是这样的：老师在里面喊号码，每次进来10个小朋友，进来后被要求把一个小圆桌抬到隔壁去，结果有9个小朋友一起动手，只有1个小朋友呆呆地在旁边看，他的号码是6号。“6号是哪一家的，带出去，不录取”。这时，6号小朋友的妈妈走进来，她一进来老师就讲了一句更难听的话：“从小就没有团队精神，缺乏家教。”这位妈妈的脸变得通红。日本幼儿园为了训练和考核小朋友的团队精神发明了100多种方法，融入小朋友的思想和行为中，让团队精神变成其自知自觉的行动，变成其生活的一部分。

本章小结

★ 本章介绍了目前在管理学界和业界都备受推崇的团队问题。简单来说，团队就是比一般工作群体效率高的暂时性的小规模组织。团队主要包括四种类型：问题解决型团队、自我管理型团队、多功能型团队和虚拟型团队。

★ 建设高效能的团队主要从八个方面入手：确立目标和规范；选聘适合团队要求的成员；选择合适的领导和团队结构；培养成员的信任感；建立合理的激励机制；确立适当的团队规模；开展高质量的团队培训；将团队文化建设贯穿到团队管理的各个环节。

★ 关于团队精神主要介绍了团队精神的内涵和团队精神的本质特征。

核心概念

团队　团队精神

基本训练

□ 知识题

6.1　判断题

随堂测6-1

判断题

1）团队精神是指团队成员彼此共鸣、一致认同的内心态度、意志状态和思想境界。（　　）

2）团队的重要构成要素包括目标、人、团队的定位、权限、计划。（　　）

6.2　选择题

随堂测6-2

选择题

1）组织管理中，根据目标、任务特点，可以将团队划分为（　　）。

A.问题解决型团队　　B.自我管理型团队

C.跨功能型团队　　D.虚拟团队

2）团队精神的核心是（　　）。

A.协同合作　　B.独立作业　　C.自我保护　　D.挥洒个性

6.3　简答题

1）简述高绩效团队有何特点。

2）简述如何建设高绩效团队。

□ 技能题

以你所了解的某高绩效团队为例，分析总结影响此团队绩效高低的因素。

观念应用

□ 分析题

在中国文化背景和现实社会条件下，探讨在团队内建立互信的途径。

□ 案例题

小米：打造一支富有激情的合伙人团队

作为“人类历史上达到100亿美元销售额，100亿美元估值，发展最快的公司”，小米4年巨额估值背后的用人之道有何特殊之处？小米一直在向华为学习，打造一支富有激情的合伙人团队。

1.向华为学习：团队第一，产品第二

企业成功最重要的因素是什么？最重要的是团队，其次才是产品，有好的团队才有可能做出好产品。公司的竞争本质不是人才竞争，而是人才背后的机制竞争。

华为为何强大？华为86%的精英成为公司的“奋斗者”，就是合伙人！所以，公司20%的精英骨干必须发展成为合伙人。

2.做老板就是“找人”

要搭建一个精良的团队，首先要做的就是“找人”，而这一点，在创业之初更显得尤为重要。

在小米成立第一年，就将绝大多数的时间花在了“找人”上。

小米在搭建硬件团队上花费最多时间。因为最初几个创始人都来自互联网行业，不懂硬件也没有硬件方面足够的人脉。在第一次见到现在负责硬件的联合创始人周光平博士之前，小米方面已经和几个候选人谈了两个多月，进展缓慢，甚至有的人还找了“经纪人”来谈条件，不仅要高期权而且还要比现在的大公司还好的福利待遇。“找人”之路可谓困难重重，然而这是必须跨过的关卡。

找人，只是一个重要的开始，更重要的是让独当一面的骨干成为合伙人，人家为啥要来你公司，不是你有高待遇，创业公司也给不了高待遇，但是你可以给优秀的员工提供合伙人的发展平台。

3.合伙人制：这是最低管理成本的管理模式

公司的合伙人不是指几个创业股东，光靠几个创业股东是远远不够的，创业股东充其量是投资人，更重要的是把员工发展成为合伙人。应该带着这个期望来招募优秀的员工，让员工看到盼头，看到希望，从一入职就告别打工心态。

创业其实是个高危选择。不少今天看来很成功的企业，当初都经过九死一生。淘宝、支付宝和天猫等，其实最有价值的是背后的团队，尤其是马云和他的18个联合创始人。

真格基金创始人徐小平在近期的演讲中着重强调了合伙人的重要性，他表示“合伙人的重要性超过了商业模式和行业选择，比你是否处于风口上更重要”。

4.用最好的人

在员工招聘上，要用最好的人。找到最好的人，一个好的工程师不是顶10个，是顶100个。所以，在核心工程师上面，一定要不惜血本地去找。最好的人本身有很强的驱动力，你只要把他放到他喜欢的事情上，让他有玩的心态，他才能真正做出一些事情，打动他自己，才能打动别人。

乔布斯有句话，非常让人震撼：“我过去常常认为一位出色的人才能顶两名平庸的员工，现在我认为能顶50名。我大约把四分之一的时间用于招募人才。”据说乔布斯一生参与招聘过5 000多人，组建由一流的设计师、工程师和管理人员组成的“A级小组”，一直是乔布斯最核心的工作。

5.寻找最合适的人

在小米创办四年后，市场估值已经达到100亿美元，业界很多人把其看作创业的明星公司。但在这种前提下，小米依然在“找人”上花费巨大的精力。原因在于其要找的人才必须要最专业，也要最合适。

最合适，是指这个人要有创业心态，对所做的事情要极度喜欢。员工有创业心态就会自我燃烧，就会有更大的主动性，这样就不需要设定一堆的管理制度或KPI考核什么的条条框框去约束他们。

而创业心态有时更通俗地说就是热爱，如何持续激发团队的热爱呢？首先，让员工成为粉丝。其次，“去KPI化”。没有KPI不意味着没有目标。小米的做法是，不把KPI压给员工，而是合伙人负责KPI。

小米的KPI只是定一个数量级，比如说今年要卖4 000万台产品，不会去约定如果你完成A档、B档、C档，就给你一个什么样的奖励。而是在定KPI的时候，更多地判断一个公司增长规模的阶梯：“我们到底到了哪个阶梯上?”，把这个信息测算清楚以后，再分配调度资源。

6.合伙人需要的品质

发展什么样的员工成为合伙人？不要期望雇来的员工，能和老板一样有企业家精神，很多老板希望员工能像老板一样思考，这几乎是不可能的，能像老板一样思考的人都在当老板，绝对不在找工作。

合伙人不是招聘来的，而是培养出来的，至少要跟你有1~2年的磨合时间，你要选的精英人才，必须有责任、担当、牺牲、奉献精神。这是合伙人最起码的品质，没有这些精神的人，如果发展成为合伙人，公司的价值观文化就会出问题。选合伙人，能力是基础，品格是核心。

资料来源　彭小东. 雷军：偷学华为，400亿美元背后的人才密码！[EB/OL].［2018-11-28］. http：//www.boraid.cn.

问题：小米为何要打造一支富有激情的合伙人团队？该案例给你什么启示？

□ 实训题

本章将团队划分为四种类型，试分别列举出你所熟悉的这四种类型的团队。

第7章

组织心理

第7章

思维导图

学习目标

通过本章的学习，你应该达到以下目标：

知识目标： 理解组织的含义，能划清正式组织和非正式组织的界限；明确组织设计的目的和程序；了解组织为什么要变革，怎样才能克服阻碍变革的那些因素。

技能目标： 熟练地掌握常见的组织结构形式及各自的优缺点。

能力目标： 知道在不同的情况下应该采用哪种类型的组织结构。

引例 从组织机构到生态机构

说起组织机构，很多人随口就能说出很多，如职能型、事业部型、矩阵型、网络型，包括一些新型的组织机构，比较有趣的有"合弄制"，比较难实现的有"阿米巴模式"等。

有一种新型的组织机构模式，是把组织机构转化为生态机构，这种组织机构就是海尔的平台式组织机构模式或者叫创客式组织机构模式。海尔自己并不强调这种组织机构，而是把它看成一种商业模式，称其为互联网时代的管理模式。

海尔从1984年创业到现在，经历了五个战略发展阶段：名牌战略、多元化战略、国际化战略、全球化品牌战略，进入网络化战略阶段。

创业30多年来，海尔致力于成为"时代的企业"，每个阶段的战略主题都是随着时代变化而不断变化的，但贯穿于海尔发展历程的，始终是管理创新，重点关注的就是"人"的价值实现，使员工在为用户创造价值的同时实现自身的价值。

海尔从2005年提出"人单合一"，如今已经10多年。现在"人单合一双赢"模式因破解了互联网时代的管理难题而吸引了世界著名商学院、管理专家争相跟踪研究。

在互联网时代，用户与企业的关系正在发生着改变：企业和用户之间实现了信息零距离，原来企业的大规模制造注定要被大规模定制所代替；去中心化，每个人都是中心，金字塔式的组织架构变得扁平化；分布式管理，全球的资源企业都可以为我所用，全球都是企业的研发部和人力资源部。

传统企业的组织是串联式的，从企划研发、制造、营销、服务一直到最后的用户，企业与用户之间有很多传动轮，但这些传动轮并不知道用户在哪里，这是企业里的中间层。还有一些社会上的中间层，比如供应商、销售商。总而言之，这些中间层拉远了企业和用户之间的距离。海尔采取了一种"外去中间商，内去隔热墙"的做法，把架设在企业和用户之间的导致效率迟延和信息失真的传动轮彻底去除，让企业和用户直接连在一块儿，从传统串联流程转型为可实现各方利益最大化的利益共同体。在这个利益共同体里面，各种资源可以无障碍进入，同时能够实现各方的利益最大化。要建成并联的生态圈，组织结构一定要变。现在的海尔，没有层级，只有三种人——平台主、小微主、创客，都围着用户转。

平台主从管控者变为服务者，员工从听从上级指挥到为用户创造价值，必须要变成创业者、创客，这些创客组成小微创业企业，创客和小微主共同创造用户、市场。小微主不是由企业任命的，而是创客共同选举的。创客和小微主之间可以互选，如果小微主做了一段时间被小微成员的创客认为不称职，可以被换掉。如果企业内部的人都不行，还可以引进外部的资源。这些小微主加上社会的资源，就变成了一个生态圈，共同去创造不同的市场。这就会形成有很多并联平台的生态圈，对着不同的市场，对着不同的用户。

海尔集团已支持内部创业人员成立200余家小微公司。创业项目涉及家电、智能可穿戴设备等产品类别，以及物流、商务、文化等服务领域。另外，在海尔创业平台，已经诞生了470个项目，汇聚了1 328家风险投资机构，吸引了4 000多家生态资源，孵化和孕育着2 000多家创客小微公司。越来越多的社会人员选择海尔平台进行创业，海尔创建的创业生态系统已为全社会提供超过100万个就业机会。

海尔抓住第三次工业革命的机遇，加快探索实践"人单合一双赢"模式，搭建

“人人创客，引爆引领”的创业生态系统，不断推动员工、组织和企业实现转型。为保障员工、组织、企业的顺利转型，2015年，海尔聚焦两大平台——投资驱动平台和用户付薪平台的建设。其中，投资驱动平台就是将企业从管控组织颠覆为生生不息的创业生态圈，为创业者在不同创业阶段提供资金支持。用户付薪平台是指创客的薪酬由用户说了算，从企业付薪到用户付薪，促使创业小微公司不断自演进和迭代升级。投资驱动平台和用户付薪平台是海尔模式创新的驱动力量。

从组织机构到生态机构，海尔在这种模式上作为先驱者，正在谱写商业模式的新篇章。

资料来源　任康磊.从组织机构到生态机构［EB/OL］.［2019-03-22］. http: //www.chinahrd.net/blog/412/1178606/411573.html.

7.1　组织概述

在现实生活中，我们每一个人都不得不与各种各样的组织打交道。比如，我们中的大多数人在一出生的时候碰到的第一个组织就是医院。此后，我们要和幼儿园、学校、工作单位、银行、政府机关等形形色色的组织进行密切的接触。

7.1.1　组织的含义

组织（organization），来源于器官的英文“organ”一词，因为器官是构成系统的具有特定功能的细胞结构。在我国古代，“组织”一词指的是将丝麻编结起来而制成的布帛，也含有“编织”之意。随着生产活动的复杂化和语言文化的进步，“组织”一词便被人们借用来说明社会现象。因此，从最一般意义上讲，所谓组织就如我们上面所提到的各种各样的社会组织或事业单位。

1）组织的概念

管理学意义上的组织，就是人们为了达到共同目标，通过责权分配和层次结构所构成的一个完整的有机体。这个定义包含以下含义：

（1）人是组织的主体。任何组织都是由各种各样的人通过分工协作而组成的。

（2）组织是有目标的。任何组织都是为了实现某种目的而建立起来的，它都会在自己的活动中表现出一定的方向或者共同的目标。

（3）组织要有不同的权力层次和责任制度，因为权力和责任是达成组织目标的必要保证。

（4）组织是一个有生命力的有机体，它会成长、发展、衰落甚至消亡。

2）组织的有效性

一般来说，组织由三种成分组成，它们是目标、劳动分配和权力层次。但在这三者之上，有效性才是重要的组织活动指标。所谓有效性，就是共同努力去完成一个已知目标，完成的程度显示了有效程度的大小。有效性标准主要包括以下几个方面：

（1）产量。它反映了组织为环境需要而生产出一定数量与质量产品的能力。它包括利润、销量、市场占有率、毕业生人数、治愈病人数、文件处理量、接待客人人数等。

（2）效率。它主要指输入输出比。

（3）满意度。组织对员工的满意程度，包括雇员态度、调入调出情况、出勤率、怠工情况等。

（4）可变性。组织能够也确实可以对外界变化做出反应，如改变政策和结构。

（5）发展。它能根据环境的需求而促进自身的发展，如培训等。

7.1.2 营造良好的组织气氛

组织对人们的工作和生活有广泛的影响，大多数人会作为组织的一员而度过工作、生活的大部分时间。一方面，组织作为社会的创造物，影响其成员的思想、情感和行为；另一方面，组织中各个成员的行为方式及绩效又会影响组织的绩效。因此，塑造健康的组织，营造良好的组织气氛，对于员工、管理人员乃至组织本身，都是非常重要的。

每一个组织都有自己独特的文化传统和工作方式，这些东西的整体就构成了一个组织的气氛。例如，有的组织热闹喧嚣，工作效率很高，而有的组织自在悠闲，作风散漫；有的组织富有人情味，而有的组织人与人之间冷淡漠然。

组织气氛能影响职工的绩效和工作满意度，因为气氛能够创造各种期望，即各种不同行为结果给人们带来的期望。人们期望得到奖酬，期望工作令人满意，并且基于对组织气氛的感知，预期可能出现的挫折。这些期待都会产生各种各样的激励效果。因此，管理人员一定要把营造健康的组织气氛作为一项长远的事业，作为一项“资产”来对待。如果人们都能为尊重人的价值而努力工作，就会创造一种和谐的组织气氛。

有利于营造良好组织气氛的典型因素有：领导质量、公平奖酬、适当的信任、合理的工作压力、机会、工作使命感、合理的控制、责任、员工参与。

7.2 组织结构的设计

管理人员在确定了组织的基本目标以后，必须考虑进行有效的组织设计，以保证组织目标的实现。因为有效的组织设计能够为组织活动提供明确的指令，有助于组织内部人员之间的合作，使组织活动更具秩序性和预见性，并保证组织活动的连续性。因此，有效的组织设计对提高组织活动绩效、获得最大的经济效益具有重要的作用。

7.2.1 组织设计的程序

组织设计就是设计清晰的组织结构，规划和设计组织中各部门的职责和职权，确定组织中各种职权的活动范围并编制职务说明书。组织结构的设计一般包括以下几个步骤：

1）工作划分与工作专门化

组织结构设计的第一步是将实现组织目标必须进行的活动划分成内在的、有机联系的部分，以形成相应的工作岗位。划分活动的基本要点是工作的专门化。工作专门化是指把工作任务划分成若干步骤来完成的细化程度，即先把工作分成若干步骤，每一步骤安排一些人去完成。因此，每个人只完成自己所从事的工作的一部分，而不是全部。

在20世纪中前叶，工业化国家大多数生产领域的工作都是通过工作专门化来完成的。管理人员认为这是最有效的利用员工技能的方式。在大多数组织中，有些工作需要技能很高的员工来完成，有些则不需要训练就能做好。如果所有的员工都参与组织制造过程的每一个步骤，那么对于技能较高的员工来说就是浪费。因此，通过工作专门化，员工从事某项工作的技能会有很大提高，这样就可以大大提高组织的生产率。但是，到了20世纪60年代以后，传统的工作专门化所带来的高效率受到了挑战。例如，在某些领域出现了这样的新问题：由于工作专门化，人的非经济性因素的影响（表现为厌烦情绪、疲劳感、压力感、低质量、缺勤率和流动率上升等）超过了经济性优势的影响。在这种情况下，就要通过工作扩大化和工作丰富化来丰富员工的工作内容，增强他们的工作满意度，并最终提高生产率。

今天，大多数管理人员并不认为工作专门化已经过时，当然也不认为它是提高生产率的不竭之源。他们已经认识到了在不同类型的工作中工作专门化所起的作用，同时认识到并不是所有的工作类型或组织形式都适用专门化的工作分工。例如，在麦当劳快餐店，管理人员通过工作专门化来提高生产和销售汉堡与炸鸡的效率。但是，像苹果公司这样的高科技企业，则可以通过丰富员工的工作内容、降低工作专门化的程度来提高生产率。

2）工作归类与部门化

设计组织结构的目的就是要按照劳动分工的原则将组织中的活动专业化，而劳动分工又要求组织活动保持高度的协调一致性。协调的方法就是组织的部门化，即按照职能相似性、任务活动相似性或产品相似性的原则把组织中的专业技能人员分类集合在一个部门内。

一个组织的各项工作可以按各种原则进行归并，常见的有职能部门化、产品部门化、地区部门化、顾客部门化等。

（1）职能部门化

这种方法就是按工作的相同或相似性进行分类。比如，企业里把从事相同工作的人进行归并，形成生产部门、销售部门、财务部门、人事部门等。由于职能部门化与工作专业化有密切的联系，因此，按职能划分部门是许多组织广泛采用的一种方法。职能部门化的优点是：有利于对专业人员进行归口管理，便于监督和指导，可提高工作效率。其缺点是：这种分类方法可能会助长部门主义风气，使得部门之间难以协调配合，因而整体管理较弱。

（2）产品部门化

由于不同的产品在生产、技术、市场、销售等方面可能很不相同，因此出现了根据不同的产品种类来划分部门的需要。在这种情况下，产品部门的负责人对某一产品或产品系列在各方面都拥有一定的职权。产品部门化的优点是：便于本部门内更好地协作，提高专业化经营的效率水平；有利于提高决策的效率；为“多面手”式的人才提供了较好的成长条件。其缺点是：各个部门同样容易出现部门化倾向；整个组织行政管理人员过多，管理费用增加。

（3）地区部门化

对于地区分散的组织来说，按地区划分部门是一种普遍采用的方法。这种方法是在组织地理位置分布于不同地区，各地区的政治、经济、文化等因素影响到组织的经营管理时，把某个地区或区域内的业务工作集中起来，并据此设立相应的管理部门。地区部门化的优点是：能对本地区环境的变化做出迅速的反应；有利于主管人员的培养和训练。其缺点是：需要更多的具有全面管理能力的人员，增加了最高主管部门控制的难度；各地区可能会存在因职能机构设置重叠而导致管理成本过高的问题。

（4）顾客部门化

它就是根据目标顾客的不同利益需求来划分组织的业务活动。在激烈的市场竞争中，顾客的需求导向越来越明显，表现为不同的顾客在产品品种、质量、价格、服务要求等方面有不同的需求。顾客部门化顺应了顾客需求不断发展、变化的趋势。

3）确定组织层次

确定组织层次就是要确定组织中每一个部门的职位等级数。组织层次的多少与某一特定管理人员可直接管辖的下属人员数即管理幅度的大小有直接关系。在一个部门中员工人数一定的情况下，一个管理人员能直接管理的下属人数越多，那么该部门内的组织层次就越少，所需要的管理人员也越少；反之，一个管理人员能直接管辖的员工人数越少，所需的管理人员就越多，相应的组织层次也越多。管理层次与管理幅度的这种互动关系决定了两种基本的组织结构形态：一种是扁平式组织结构形态；另一种是锥形组织结构形态。图7-1揭示了这两种组织结构的差别性。

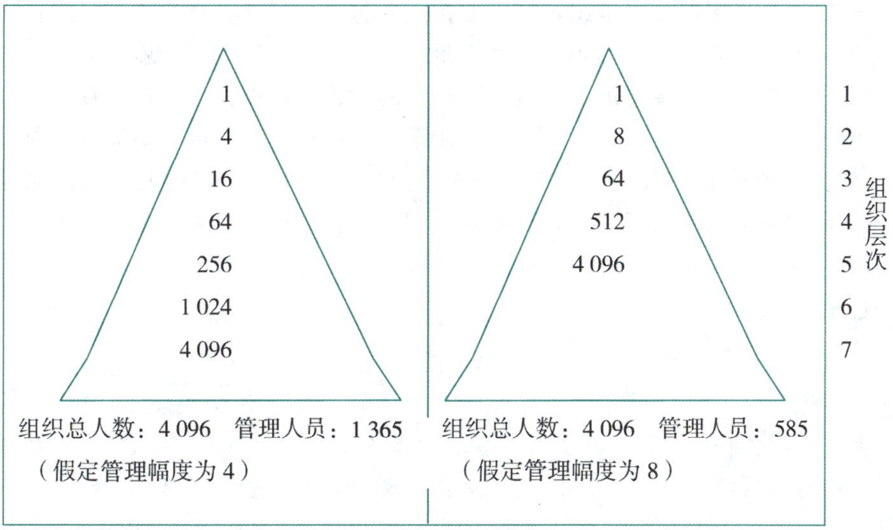

图7-1　组织幅度与组织层次比较图

扁平式组织结构的优点是：由于管理的层次比较少，信息沟通和传递的速度比较快，因而信息的失真度也比较低，同时，上级主管对下属的控制也不会太呆板，这将有利于发挥下属人员的积极性和创造性。其缺点是：过大的管理幅度增加了主管对下属监督和协调控制的难度。

锥形组织结构的优点是：由于管理的层次比较多，管理幅度比较少，每一管理层次上的主管都能对下属进行及时的指导和控制；层级之间的关系比较紧密，这有利于工作任务的衔接。其缺点是：过多的管理层次往往会影响信息的传递速度，因而信息的失真度可能会比较大，而这又会增加高层主管与基层之间的沟通和协调成本，增加管理工作的复杂性。

小知识 7-1　　影响管理幅度的因素

洛克希德公司曾通过研究若干决定管理幅度的重要变量来解决实际中的应用问题。虽然此项研究只应用于中层管理部门，却是一种定量分析的尝试。该公司认为影响管理幅度的因素主要包括职能相似性、地区邻近性、职能复杂性、指导与控制、协调、计划、管理者助理。

4）实行授权，建立职权关系

授权是指组织内部授予的指导下属活动及其行为的决定权。这些决定一旦下达，下属必须服从。授权是组织设计的重要内容，它与组织结构内的职位密切相关，而与个人特质无关。

任何组织内的各个部门及每个管理层次中，都必须设置一系列的职位，而且应在每个职位上配置合适的人选，每个人都要具有与其职位相称的职务，负有一定的责任、义务，同时具有完成工作、履行职责的权力。

组织内的职权分为三种形式：直线职权、参谋职权和职能职权。所谓直线职权，是指管理者直接指导下属工作的职权。这种职权由组织的顶端开始，向下延伸到最底层，形成所谓的指挥链。当组织规模日益扩大并越来越复杂，直线主管发现他们在时间、技术知识、精力、能力等各方面都不足以圆满地完成任务时，就要创造出参谋职权。所谓参谋职权就是指管理者拥有某种特定的建议权或审核权，可以评价直线方面的活动情况，进而提出建议或提供服务。所谓职能职权则是一种权益职权，是由直线管理者向自己管辖范围以外的个人或职能部门授权，允许他们按照一定的制度和程序，在一定的职责范围内行使的某种职权。职能职权的设立，主要是为了发挥专家的核心作用，减轻直线主管的任务负荷，提高管理工作的效率。

案例窗 7-1

疯长的鱼

单位办公室门口摆着一个挺大的鱼缸，缸里放养着十几条产自热带的杂交鱼。这种鱼长约三寸，大头红背，长得特别漂亮，惹得许多人驻足观望。

一转眼两年时间过去了，这些鱼在这两年时间里似乎没有什么变化，依旧三寸来长，大头红背，每天自得其乐地在鱼缸里时而游玩，时而小憩，吸引着人们惊羡的目光。

忽一日，鱼缸的缸底被本单位领导那顽皮的小儿子砸了一个大洞。当人们发现时，缸里的水已经所剩无几，十几条热带鱼可怜巴巴地趴在那儿苟延残喘。人们急忙把它们打捞出来。怎么办呢？人们四处张望了一下，发现只有院子当中的喷泉可以做它们的容身之所。于是，人们把这十几条鱼放了进去。两个月后，一个新的鱼缸被抬了回来。人们都跑到喷泉边来捞鱼。捞上一条，人们大吃一惊；又捞出一条，人们又大吃一惊。等十几条鱼都被捞出来的时候，人们简直有些手足无措了。两个月，仅仅是两个月的时间，那些鱼竟然都由三寸来长疯长到一尺长！

人们七嘴八舌，众说纷纭。有的说可能是因为喷泉的水是活水，鱼才长这么长；有的说喷泉里可能含有某种矿物质；也有的说那些鱼可能是吃了什么特殊的食物。但无论如何，都有共同的前提，那就是喷泉要比鱼缸大得多！

资料来源 王国华．疯长的鱼［EB/OL］．［2013-08-12］．http://wenku.baidu.com/view/139febbf284ac850ad024272.html.

分析提示：人们常说：舞台有多大，梦想就多大。还有人反过来说：梦想有多大，舞台就有多大。发展空间决定梦想，也决定成就。年轻人的成长也是这样，要想使自己长得更快，长得更大，就不要拘泥于一个小小的鱼缸。如果能够提供大舞台，组织中的人就会得到大发展，大发展的人又会推动组织发展。正所谓：时势造英雄，而后英雄造时势。

7.2.2 常见的组织结构的形式

组织结构是组织设计的结果，一般可用组织结构图来表示。组织结构图是对一个组织的一整套基本活动和过程的可视化的描述，是反映组织内各机构、岗位上下左右相互关系的一种图表。

组织结构在整个管理系统中起着框架的作用，并保证组织中的人流、物流、信息流的正常运行。组织结构的完善程度，决定着组织能否顺利地达到目标以及能否促进个人在实现目标的过程中做出贡献。

一般来说，常见的组织结构形式主要有以下几种：

1）直线型组织结构

直线型组织结构又称垂直式或军队式结构，它是最早产生和最简单的一种组织结构形式（如图7-2所示）。它的特点是：组织中各种职务按照垂直系统直线排列，各级主管人员对所属单位的一切负责，组织中每一个人只能向一个直接上级报告。其优点是结构简单，职权明确，权力集中，决策迅速，组织稳定。但它缺少弹性，组织内部缺乏民主和合作精神，而且往往由于个人的知识能力有限而使主管人员感到负担太重甚至难以应付。因此，这种组织结构形式一般只适用于规模小、业务过程简单的企业或现场的作业管理。

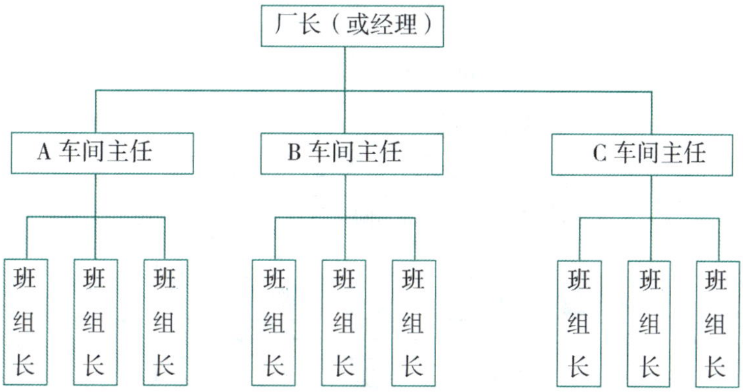

图7-2 直线型组织结构

2）职能型组织结构

职能型组织结构又称为多线型组织结构。与直线型组织结构不同，它的特点是采用按职能分工实行专业化的管理办法来代替直线型的全能管理者，即在上层主管下面设立职能机构和人员，把相应的管理职责和权力交给这些机构，各职能机构在自己的业务范围内可以向下级下达命令和指示，直接指挥下属（如图7-3所示）。

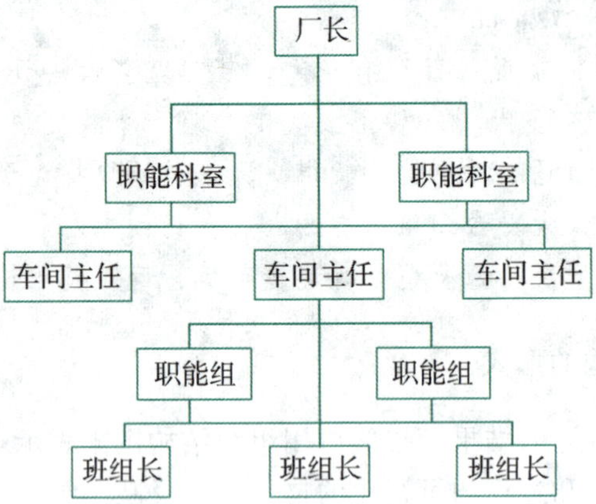

图7-3　职能型组织结构

这种组织结构形式能够适应现代生产技术比较复杂和管理分工比较细致的特点，能够充分发挥职能机构的专业管理作用；由于吸收了专家参与管理，减轻了上层主管人员的负担。其缺点是这种结构形式妨碍了组织必要的集中领导和统一指挥，形成了多头领导，使得基层人员有时觉得无所适从。因此，该结构不利于明确划分直线人员和职能科室的职责权限，容易造成管理的混乱。

3）直线职能型组织结构

直线职能型组织结构是各类组织中最常采用的一种组织结构形式（如图7-4所示）。这种组织形式是建立在直线型和职能型基础上的。其特点是：以直线为基础，在各级主管之下设置相应的职能部门从事专业管理。在这种组织模式中，直线部门担负着实现组织目标的直接责任，并拥有对下属的指挥权；职能部门只是上级直线管理人员的参谋与助手，他们主要负责提供建议和信息，对下级机构进行业务指导，但不能对下级直线管理人员发号施令，除非上级直线管理人员授予他们某种职能权力。

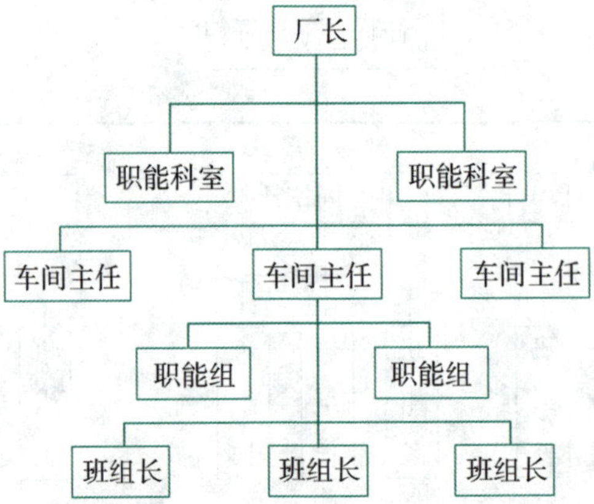

图7-4　直线职能型组织结构

这种组织结构形式的优点是：它既保持了直线型集中统一指挥的优点，又吸取了职能型发挥专业管理职能作用的长处。因而这种组织结构能够做到集中领导，便于调配人力、物力和财力；职责清楚，有利于提高办事效率；秩序井然，使整个组织有较高的稳定性。

这种组织结构形式的缺点是：不同的直线部门和职能部门之间的目标不易统一，相互之间容易造成不协调或矛盾，从而增加了高层管理人员的协调工作量；由于职能组织促使职能管理人员只重视与其有关的专业领域，因而不利于从组织内部培养熟悉全面情况的管理人才；由于分工细，规章多，信息传递路线长，整个系统的适应性较差。

4）事业部制组织结构

事业部制组织结构首创于20世纪20年代的美国通用汽车公司。它是在总公司领导下设立多个事业部，各事业部有各自独立的产品和市场，实行独立核算。这种组织结构形式是欧、美、日各大企业采用的典型组织结构形式（如图7-5所示）。

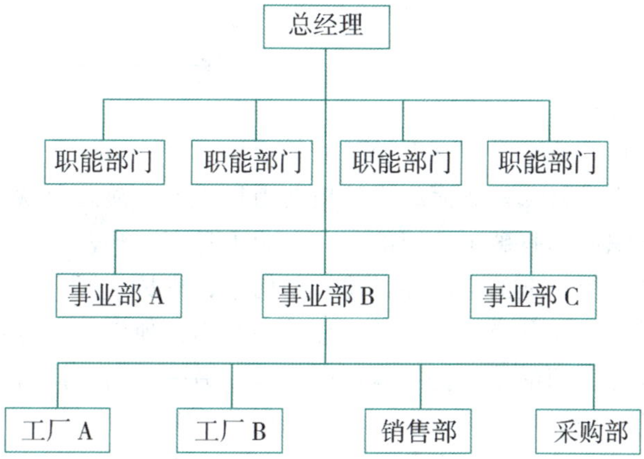

图7-5　事业部制组织结构

这种组织结构形式最突出的特点是“集中决策，分散经营”，即总公司集中决策，事业部独立经营，这是在组织领导方式上由集权制向分权制转化的一种改革。具体地说，在这种组织结构中，事业部一般按产品或地区划分，具有独立的产品和市场，拥有足够的权力，能自主经营，并实行独立核算，自负盈亏。企业的最高管理层是企业的最高决策机构，它的主要职责是研究和制定公司的总目标、总方针、总计划以及各项政策。各事业部在不违背总目标、总方针和公司政策的前提下，可自行处理其经营业务。

事业部制组织结构形式的主要优点是：它使高层主管部门摆脱了日常繁杂的行政事务，可以专注于公司的战略决策事务，提高了管理的灵活性和适应性，有利于培养和训练管理人才；各事业部之间有比较和竞争，可以克服组织的僵化和官僚化，提高对市场竞争环境的适应性。

事业部制组织结构形式的缺点是：每个事业部都有完备的职能部门，由于机构重复，会造成管理人员增加和管理成本提高；各事业部往往从本位主义出发，相互之间的支持与协调比较困难，限制了组织资源的共享，因而可能影响到组织长期目标的实现。

目前，发达国家又出现了超事业部制。这主要是由于企业规模越来越大，事业部太多而导致管理幅度过大，因而在总公司与各个事业部之间又增加了一层管理组织结构——超事业部。由超事业部领导各事业部，而总公司只领导各个超事业部。其目的是加强对各事业部组织活动的协调，进一步减轻最高管理层繁杂的行政事务。

小知识 7-2

在哈佛从事企业管理研究工作的劳伦斯和洛斯曾经研究了两家工业企业，其中一家采用事业部制组织结构，另一家则采用职能型组织结构。这两家企业的其他条件如生产项目、销售市场、生产技术、原材料等都是相似的。经过研究，他们认为，采用职能型组织结构的企业，在稳定的市场关系占主导地位和在较长时间内具有相对不变的生产技术和工艺的条件下，往往会取得较好的成果。相反，事业部制组织结构在灵活性方面则是一种适宜的组织形式，当其未来的任务极难预测和需要解决革新问题的时候更是如此。

5）矩阵型组织结构

矩阵型组织结构是由纵横两套系统组成的矩形组织结构，一套是纵向的职能管理系统，另一套是为完成某项任务而组成的横向项目系统，横向和纵向的职权具有平衡对等性。矩阵型组织结构打破了传统的“一个职工只有一个领导”的原则，使一个职工同时属于两个或两个以上的部门。在这种结构中，成员并不专门设置，而是从职能部门中抽调或借用，因而其成员具有双重性：一方面，他们仍然需要对其原来所属的职能部门负责，职能部门的主管仍是他们的上级；另一方面，他们必须对项目经理负责，项目经理对他们拥有项目职权。其结构如图 7-6 所示。

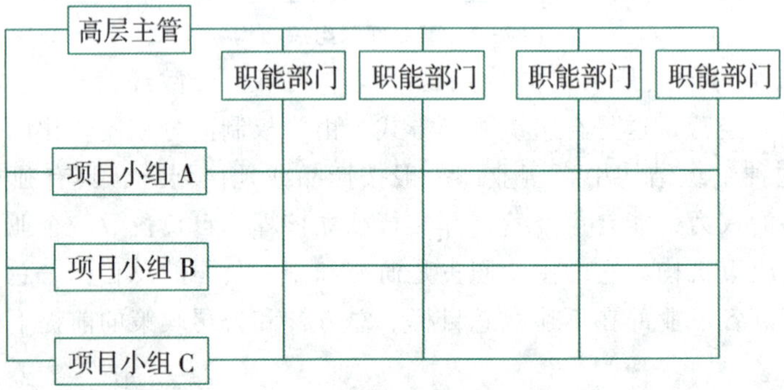

图 7-6 矩阵型组织结构

矩阵型组织结构形式的优点是：加强了各职能部门的横向联系，具有较大的适应性和机动性；它是按一定的任务要求，把具有各种专长的有关人员调集到一起，有利于发挥技术人员的潜力，有利于攻克复杂的技术难题；有利于资源在不同产品之间灵活分配，因而对市场上激烈竞争的适应力较强。其缺点也很明显：由于项目小组是临时性的，所以稳定性比较差；组织中的信息和权力等资源一旦不能共享，项目经理与职能经理之间就有可能会发生矛盾，协调和处理这些矛盾不仅需要良好的人际沟通能力，也需要付出更多的组织成本。

案例窗 7-2

矩阵式的组织设计：华为研发部门的组织变革

华为研发部门在早期的时候采取的是直线型组织结构，一个项目经理带着几个工程师，研发的技术和项目管理都由项目经理来负责。那个时候对于简单的、小型的研发项目，一个成熟的项目经理是可以把握的。这种管理对项目经理的技术水平、综合管理能力要求比较高，也就是说项目的成败取决于项目经理的能力和经验。

随着华为研发的项目越来越复杂，项目组的人员越来越多，规模越来越大，项目经理的精力被分散，一旦项目经理无暇顾及一些项目的技术细节，在一些敏感和高危领域就容易形成管理漏洞，技术难点就无法突破，造成成本失控，进度无法保证。

华为研发的几个产品和项目之间对配合度的要求是比较高的，但在华为初期，中研、中试和生产三大部门之间是交接的关系而不是协同的关系，每个部门只完成自己负责的部分，出了问题不会被提前发现和修正，等到下一个环节问题暴露的时候，部门之间就推卸责任，扯皮不断，整个研发组织就是纯自然的状态。从规范和标准化的角度来讲，组织管理混乱，成本浪费，问题百出，项目经理常常到处救火。

1995年，华为的中研部成立了。华为研发组织采取了矩阵式的管理方式。这个时候的研发组织形态表现出矩阵的特征。从纵向来看，华为的研发依然分为中研、中试、生产三大部门，横向上看每个项目都有产品经理对项目中的三大环节负责。但华为在组织管理的方式上做了一些调整，针对项目管理活动开始了管理提升，从项目制定目标、计划开始，出现了标准化的趋势。开发流程进一步重组和优化。华为公司通过弱矩阵式项目研发的模式转变，使产品开发质量有了很大提高。

2000年以后，华为研发的组织架构的变化更加明显，原有的部门设置被打破，华为建立起了企业管理平台、技术平台、运作支持平台三大部门，实行全面项目管理，建立了许多跨部门的矩阵式组织。华为公司有了良好的项目管理环境，实现了公司范围内的跨部门协作，极大提高了华为公司产品在全球市场的竞争力。

资料来源 佚名.华为、福特、通用汽车和海尔们，都曾怎样选架构？[EB/OL].[2019-04-01]. http://www.zwgl.com.cn/cn/64024276.html.

分析提示：矩阵式的组织结构，一方面继承了原来直线职能制下纵向管理的能力优势，另一方面可以响应外部市场的机会要求，基于快速传递信息的需要和快速响应客户的需要，更加灵活高效地协同不同业务的发展。上述案例说明了矩阵式组织在华为研发中所发挥的威力。

6）委员会式组织结构

委员会式组织结构是由一些具有丰富经验和知识背景的专家跨部门组成的一种组

织结构。委员会中各个委员的权力是平等的，并依据少数服从多数的原则决定问题。它的特点是集体决策、集体行动。

委员会可以有多种形式。按时间长短可以分为常设委员会和临时委员会。前者是为了促进协调、沟通和合作，行使制定和执行重大决策的职能；后者是为了某一特定的目的而组成的，达到特定的目的后就解散。按职权，委员会可以分为直线式和参谋式。直线式的委员会如董事会，它的决定下级必须执行；参谋式的委员会主要是为直线人员提供咨询和建议。委员会还有正式和非正式之分。前者可以作为组织结构的一个组成部分存在，具有专门的职责和权力；后者可以在没有具体授权的情况下，为了对某一具体问题进行集体讨论而临时组织起来。

委员会式组织结构的优点是：可以充分发挥集体的智慧，避免个别领导者的判断失误，并可防止个人滥用权力；委员会各成员地位平等，有利于反映各方面人员的利益，并有利于沟通和协调；委员会使下级人员有可能参与决策的制定，这有助于调动人员的积极性。

委员会式组织结构的缺点是：做出决策往往需要较长时间；集体负责有可能造成个人责任不清；当意见不一致时，有可能出现委曲求全、折中调和的现象；为谋求一致或接近一致的结论或决定，委员们可能不得不维持少数人的专断，使得一个人或少数人占支配地位，而这又与设置委员会的初衷相矛盾。因而，在设置委员会时，要注意委员会的规模不宜过大，讨论的有关议题应该事先通知，精心挑选委员会的组成人选，而且委员会的主席不应该在委员会中占支配地位。

课堂互动7-1

答案提示

课堂互动7-1

在组织规模比较大且业务范围广或市场区域大时，采用哪种组织结构形式比较适宜？在创新任务比较多、生产经营复杂多变的条件下，采用哪种组织结构形式比较适宜？

7）网络组织

上述我们讨论的所有组织设计都有一个共同的局限性，即缺乏对动荡的环境和技术的适应能力，而建立网络组织的目的就是克服这个局限性。所谓网络组织，就是一种以项目为中心，通过与其他组织建立研发、生产制造、营销等业务合同网，有效发挥核心业务专长的协作型组织结构形式。这种组织模式使传统的企业间的供求关系得到了扩展，打破了企业与其外部关联者的障碍，使得双方互惠地赢得市场，共享技术、共担风险。

（1）网络组织存在的条件

网络组织是一种新型的组织结构形式，它的存在和发展需要下列因素的相互支持：

①特殊的能力。网络组织首先要通过崭新的方式对资源进行组合，实现创新和改造，保持优势。

②责任。网络组织必须联合完成任务的人分担责任。公司的设计包括广泛采用跨职能部门和自我管理团队等。

③确立目标。制定与满足一个或多个重要外部利益关系人（如顾客、供应商、股东、政府等）的需要有联系的共同目标。

④沟通。沟通的重点要放在横向沟通而不是纵向沟通上。对决策所必需的信息要广泛交流和散发，而且沟通和交流要本着公开的原则。

⑤信息技术。信息技术可以协助员工进行更方便的内部沟通和外部沟通。

⑥组织文化。网络组织偏向有机设计体系，组织层次越少越好。

⑦平衡的观念。个人、团队、部门以及分支机构都从拥有共同目标和共同受益的角度看待自己。随着时间的流逝，依据过去表现的记录建立和发展合作与信任形式。信任的基本假定是，每一个人或部门都要依靠由他人控制的资源以及共用资源找出双赢的解决办法，从而使大家相互受益。

（2）网络组织的基本形式

网络组织有三种基本形式——内部网络、稳定的网络和动态网络（如图7-7所示）。例如，通用汽车公司的部件生产公司代表了一种内部网络组织，公司总部起到"掮客"的作用，协调下属部件生产分部的活动，每个部件生产分部都在自由市场上出售自己的产品。宝马汽车公司是一个稳定的网络，它的每个部件都可能外购，整车55%～75%的成本花在从外部采购的部件上。动态网络组织，也被称为虚拟组织，如莱维斯玩具公司，它的多数产品都在公司外研发、设计和加工。它像"掮客"一样运作，协调各个专门产品公司的活动。

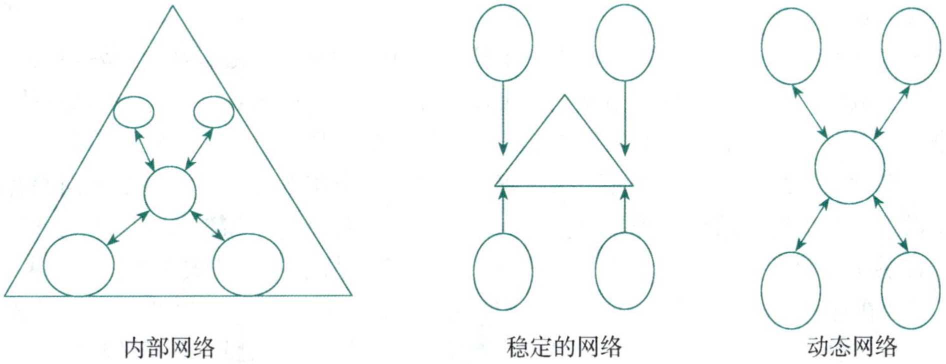

图7-7　网络组织的基本形式

网络组织的优点是：具有更大的柔性和灵活性，可以更好地结合市场需求来整合各项资源，而且容易操作；结构简单，由于组织中的大多数活动都实行外包，这些活动更多地是靠电子商务来协调处理，因而组织结构可以进一步扁平化，效率也会更高。

网络组织的缺点是：可控性太差。首先，网络组织的有效运作是靠与独立的供应商广泛而密切的合作来实现的，一旦组织所依存的外部资源出现问题，组织将处于很被动的境地。其次，由于项目是临时的，员工随时都有被解雇的可能，因而，员工对组织的忠诚度也比较低。

（3）与传统组织模型的对比

与传统的金字塔式的组织模型相比，网络组织模型的主要特点体现在以下几个方面：

①网络性。网络组织的显著特点是它的网络性，即强调组织内部的个体、群体和次级单位之间以及它们与组织环境的关键成分之间的相互依赖性。网络组织模型的边

界是“可渗透的”或“半可渗透的”，允许人和信息更便利地通过。例如，在组织内部，把来自组织不同部门和科室的人员集合在一起组成跨职能团队；在组织与其环境的关系方面，通过与其他公司建立同盟和合作性网络，使这些公司变成一个“3C”公司，即同时是竞争者（competitor）、顾客（customer）和合作者或伙伴（collaborator）。

②扁平性。如前所述，与传统的金字塔式的组织模型相比，网络组织模型更为精干，管理层次也少得多。例如，像IBM和宝洁这样的大公司，在过去的十几年时间里已经取消了好几个中间层次。这也意味着，公司的销售额增长了，但雇员的数量却减少了，从而大大提高了生产率。对于组织扁平性的要求，一方面，因为市场竞争的加剧，组织需要更迅速和更灵活地对市场和技术方面的变革做出反应，从而消除那些高耸的、控制取向的组织结构所引起的延误；另一方面，信息技术方面的变化也消除了对中层经理层次的需要，这些层次的主要任务以前一直集中在组织和传递信息上。例如，在微软公司，开发小组的程序员与公司最高领导比尔·盖茨之间就没有中层领导。

③灵活性。随着市场竞争的日趋激烈、劳动力的日益多样化以及外部环境的日益复杂化，组织要具有更大的灵活性。目前，许多公司已经强调，要使产品和服务适应特定顾客或顾客群的专门需要。因此，改善产品和服务以适应一系列顾客需要的能力日益成为竞争优势的一个源泉。

④多样性。在今天，人们更喜欢一个珍视多样性的组织。随着社会的发展，劳动力正在日益多样化（比如更多的女性、更加国际化、更多的人在其生命周期的不同时点进入和离开组织等）；同时，组织将面临更多的新问题，而这些问题需要更具创新性和创造性的方法来解决。因此，新组织模式可以在员工工作方式、满足不同顾客的需要以及与其他组织的合作等方面，表现出多样性的特点。例如，新组织模式可以为员工提供多样化的工作模式，包括兼职工作、在家里从事“电信式工作（Tele Working）”（在这种工作中，员工通过一台家用电脑与办公室相连）。这些不同的模式是人们可以选择的，完全取决于个人的兴趣、家庭情况以及可以脱离公司的程度。

⑤全球化（国际化）。中国加入WTO以来，越来越多的企业与国外的竞争者接触，或直接到国外去建立自己的分支机构。特别是随着经济全球化的发展，我们看到越来越多的国际化模式如雨后春笋般产生。

传统组织模型与网络组织模型的比较见表7-1。

表7-1　**传统组织模型与网络组织模型的比较**

传统组织模型	网络组织模型
个人的职位/工作是组织的基本单位	团队是基本单位
与环境的关系由专门的“越界者”处理	与环境结成紧密的网络
信息纵向流动	信息横向和纵向流动
决策向下传递，信息向上流动	决策在信息所在地做出
高耸(管理层次多)	扁平(管理层次少)
强调结构	强调过程
强调规则和标准程序	强调结果和产出
固定工时和长工时	灵活的工作日，兼职很常见
标准化的评价和奖励系统	适宜的评价和奖励系统
专门化和被聚焦的个体	专门化和被聚焦的组织
按照所在地的国家来定义环境	环境被看作是全球性的

7.2.3 阿米巴组织形态

阿米巴，即阿米巴经营，是一种经营方法，也是一种组织形态，就是把组织划分成一个个小的团体，通过独立核算制加以运作，在公司内部不断培养具备经营者意识的领导，实现全体员工共同参与经营的全员参与型经营。

“阿米巴”（Amoeba）又称变形虫，在拉丁语中是单个原生体的意思，属原生动物变形虫科。虫体赤裸而柔软，其身体可以向各个方向伸出伪足，使形体变化不定，故而得名“变形虫”。变形虫最大的特点是能够随外界环境的变化而变化，不断地进行自我调整来适应所面临的生存环境。日本企业家稻盛和夫把这个灵感运用到自己的企业管理实践上，创造了一种阿米巴经营管理模式，结果一手创立了两家世界500强企业——京瓷与KDD，还赤手空拳地拯救了濒临破产的日航公司。

京瓷公司就是由一个个被称为“阿米巴小组”的单位构成。与一般的日本公司一样，京瓷也有事业本部、事业部等部、课、系、班的阶层制。但与其他公司不同的是，稻盛和夫还组织了一套以“阿米巴小组”为单位的独立核算体制。“阿米巴”指的是工厂、车间中形成的最小基层组织，也就是最小的工作单位，一个部门、一条生产线、一个班组甚至到每个员工。每个人都从属于自己的阿米巴小组，每个阿米巴小组平均由十二三个人组成，根据工作内容分配的不同，有的小组有50人左右，而有的只有两三个人。每个阿米巴都是一个独立的利润中心，就像一个中小企业那样活动，虽然需要经过上司的同意，但是经营计划、实绩管理、劳务管理等所有经营上的事情都由他们自行运作。每个阿米巴都集生产、会计、经营于一体，再加上各个阿米巴小组之间能够随意分拆与组合，这样就能让公司对市场的变化做出迅捷反应。

阿米巴管理的精髓，就是从管理走向经营，把管理的问题交给经营来解决。把传统的科层制企业、事业部制企业等，根据企业战略及其他特点，划分成一个个更小的阿米巴单元，把内部交付变成市场交易，让这些阿米巴独立核算，自负盈亏，实现企业全员经营，对每个巴长、巴员既有成本硬约束，又有利润硬激励。企业老板由此也像孙悟空一样，为自己创造了无数个小老板，既解放了员工，又解放了自己。在传统的成本管理体系中，其主角是产品，是物，焦点在于一个产品每道工序的成本；而在阿米巴经营中，主角是以最少费用换取最大销售额的绞尽脑汁的“人”组成的团队，焦点在于阿米巴团队创造的附加值。

阿米巴变革实际上是把员工从暴君的专制式管理中解放出来，充分发挥他们的主观能动性，并建立一种自下而上的市场压力传导机制，通过增强企业的适应性和创新能力，以随时应对外部市场的细微变化。从某种意义上看，阿米巴经营管理，实际上也是当下互联网思维的最佳制度基础。

但这仅是一种理论上的可能。阿米巴虽然价值观健康，方法论科学，但如果不能注意与处理好阿米巴有效落地的一些前提与变数，企业实施阿米巴也不一定都能成功。具体到中国式阿米巴落地过程中，向来首先强调的是企业价值观的匹配性。企业一定不能带着唯利是图的观念来引进阿米巴，而应把员工当人看待，当成德鲁克意义上的有着明确身份、权力与功能的鲜活个性人，而不仅仅是赚钱工具，是流水线上作业的原子式的工业人。只有在这个价值观的基础上，引进的阿米巴才可能存活。事实上，通过对阿米巴批判性与变通性的实践与磨合，中国也有很多落地阿米巴并取得了不同程度成功的企业，比如实行人单合一的海尔，实施责任中心的华为，实施分算奖的波司登、九牧王、恒安集团等。

7.2.4 影响组织结构的因素

由于各种力量的作用，很多组织出现了比较频繁的组织结构变化。例如，很多大城市的医院以及大多数的学校为了适应新的要求，在过去的二三十年里，其组织结构已经发生了很大的变化。很多工业组织也正在把改变组织结构看成必须面对的现实。影响组织结构的因素主要有以下几个方面：

1）环境

环境包括一般环境和特定环境。一般环境是指对组织管理目标产生间接影响的经济、社会文化以及技术等环境条件。特定环境是指对组织管理目标产生直接影响的因素，如政府、顾客、竞争对手、供应商等。

环境是不断变化的，环境的复杂性和变动性决定了环境的不确定性。在不确定的环境条件下，管理者缺乏完整的外部环境信息，无法预测未来的变化，因而难以做出正确的判断和决策。当环境由简单的稳定性向复杂的变动性转移时，管理决策过程中的不确定性因素也随之增加。可见，只有与外部环境相适应的组织结构才能成为有效的组织结构。

2）战略

高层管理人员的战略选择会影响组织结构的设计。所谓战略，是指决定和影响组织活动性质及根本方向的总目标，以及实现这一总目标的途径和方法。研究发现，许多经营成功的公司，其组织结构都是随着战略发展的变化而变化的。一般来说，一个企业如果要保持在单一行业内发展，则偏好采用集权的组织结构。而那些实施多元化经营的公司，一般采用分权的事业部制结构。为了不断适应公司新的发展战略的要求，公司就要适时地变化组织结构，以保持组织的适应性。

3）技术

任何组织都需要通过技术将投入转换为产品，因而组织结构就要随着技术的变化而变化。对技术进行区分的一个常用标准就是它的常规性。所谓常规性技术是指技术活动是自动化、标准化的操作，而非常规性技术是指技术活动内容要根据不同的要求而有不同的变化。一般来说，组织内部门技术越是常规化，组织规范化、集权化程度就越高，采用机械式组织结构的效率也就越高；组织内部门技术越是非常规化，组织规范化、集权化程度就越低，这时，采用柔性有机式组织结构的效率也就越高。

4）组织规模

组织规模是影响组织结构的重要因素之一。研究表明，组织规模的扩大，会提高组织的复杂化程度，并连带提高专业化和规范化的程度。通常情况下，当组织业务不断扩张、组织员工增加、管理层次增多、组织专业化程度不断提高时，组织的复杂化程度也会不断提高。

5）人的行为

有证据表明，人可以适应不同的组织结构，可以在不同的组织结构中高效率地工作并获得较高的满足感。当人们认识到某一具体结构适合于完成组织目标时就更是如此。然而，由于个人之间的差异，不同的人在不同的组织结构和氛围中的工作效率各不相同。因此，管理人员应该在人的个性和组织类型间加以匹配，并应明确地认识到组织结构是如何影响人的态度和行为的。这种评估认识在确定挑选和培训何种类型人员、采用何种报酬和奖励制度以及采取其他人事政策和程序方面都是很重要的。

课堂互动7-2

随着管理幅度的增加，所需的管理人员的数量相应减少，进而管理的费用也会减少。那么对于任何一个组织来说，管理幅度是不是越大越好呢？

课堂互动7-2
答案提示

7.3　组织变革

组织在完成结构设计之后，管理任务并没有结束。因为组织的内外环境随时都在变化，组织必须适时进行变革才能应对未来的挑战。

知识拓展7-1
从民族性格看组织图

7.3.1　组织变革的意义及动因

在某种意义上，所有的组织都处在一个变化的环境之中，而且它们本身也在不断地变化。这就要求组织不断调整和完善自身的功能和结构，提高在变化的环境中生存与发展的灵活性、适应性和快速反应能力。组织变革就是组织根据外部环境变化和内部情况变化，及时对组织中的要素进行结构性变革，以提高其适应环境和生存、发展需要的应变能力。

1）组织变革的意义

变革是组织实现动态平衡的发展阶段。组织原有的稳定和平衡不能适应形势变化的要求时，就要通过变革来打破它们，但打破原有的稳定和平衡本身不是目的，目的是建立适应新形势的新的稳定和平衡，应当把组织的变动性和稳定性有机地结合起来。

卡斯特和罗森茨韦克曾指出，一个组织的动态平衡包括下列一些方面：

（1）足够的稳定性，以利于达到目前的目标。

（2）足够的持续性，以保证在目标或方法上进行有秩序的变革。

（3）足够的适应性，以对外部的机会和要求以及内部的变化情况做出反应。

（4）足够的革新性，以使组织在条件适宜时富有主动性（实行变革）。

现代组织尤其是企业组织都是开放的社会技术系统。组织的运行是与多重环境发生动态的相互影响的过程。每个组织都有一个多层次、多因素、复杂多变的背景，组织想要维持和发展，必须不断调整与完善自身的结构和功能，提高在变化的背景下生存、维持和发展的灵活性及适应能力，即不断地对组织进行变革。

企业和组织不是孤立存在的封闭性组织，它是与周围环境有着密切联系的开放性系统。客观环境在不断变化，企业和组织需要不断变革才能适应新的情况与要求。

组织变革的目标，主要在于实现组织结构的完善、组织功能的优化以及组织成员满意度的提高。

2）组织变革的动因

推动组织变革有很多种原因，这些原因归纳起来不外乎外部原因和内部原因两大类。

（1）外部原因

第一，社会经济环境的变化。社会经济不断发展，人民生活水平不断提高，市场更为广阔，产品更新换代速度加快，工作自动化程度不断提高等，均会迫使组织进行变革。社会经济环境还包括国家的经济政策、法规以及环境保护等。

第二，科学技术的发展。科学技术的迅速发展及其在组织中的应用，如新发明、新产品、自动化、信息化等，使得组织的结构、组织的运行要素等都产生了变化，这些变化也会推动组织不断地进行变革。

第三，管理理论与实践的发展。管理的现代化、新的管理理论和管理实践，都要求组织变革过去的旧模式，对组织要素和组织运行过程的各个环节进行合理的协调和组织，从而对组织提出变革的要求。

（2）内部原因

第一，组织目标的选择与修正。组织的目标并不是一成不变的，当组织目标在实施过程中与环境不协调时，需要对目标进行修正。

第二，组织结构与职能的调整和改变。组织会根据内、外部环境的要求对自身的结构进行适时的调整与改变，如管理幅度和层次的重新划分、部门的重新组合、各部门工作的重新分配等。同时，组织在发展的过程中亦会不断抛弃旧的不适用的职能并不断承担新的职能，如社会福利事业、防止公害、保护消费者权益等。这些均会促使组织不断进行变革。

第三，组织员工的变化。随着组织的不断发展，组织内部员工的知识结构、心理需要以及价值观等都会发生相应的变化。现代组织中的员工更注重个人的职业发展和管理中的平等自主。组织员工的这些变化必将带动组织的变革。

第四，顾客需求的不断变化。随着科技的发展、生活水平的提高，消费者的需求水平、需求结构、价值观与生活方式、审美观念等都发生了一系列新的变化。为了满足消费者的需求，组织必须及时进行调整，增强快速反应能力，才能在激烈的市场竞争中占据主动地位。

此外，组织目标与职工价值观的改变、组织内部的矛盾与冲突、组织职能的转变等都要求组织能够适时地进行调整和改革，以适应组织内外环境的变化，提高组织的效能。

组织变革往往是在面对危机的时候才变得分外重要。危机会通过各种各样的形式表现出来，成为组织变革的先兆。

一般来说，一个组织在下列情况下应考虑进行变革：决策效率低或经常出现决策失误；组织沟通渠道阻塞、信息不灵、人际关系混乱、部门协调不力；组织职能难以正常发挥，目标不能如期实现，人员素质低下，产品质量下降；缺乏创新等。

知识拓展7-2

危机面前，京东终于引入自运行机制

7.3.2　组织变革的阻力

组织变革意味着原有状态改变、新的目标状态形成的过程，它是一个破旧立新的过程。面对变革，组织内部和外部的利益相关者将深受变革的影响，产生不希望和阻挠组织变革的各种因素。因此，组织变革不可能一帆风顺，不可避免地会遭到来自各个方面的阻力。明显的抵制表现为罢工、生产力降低、工作质量低劣甚至对工作的破坏等。隐蔽的抵制表现为迟到、缺勤增加、要求调转工作、士气低下以及事故率高等。

充分认识和了解这些阻力，并设法寻找有效的对策来克服和排除阻力是组织成功变革的基本条件。

1）组织变革的内部阻力

组织变革的阻力既可能来自组织内部，也有可能来自组织外部，例如组织的供应商、销售商、股东、顾客、金融机构、政府、工会、行业协会等外部利益相关者都可能制约组织进行变革。相对而言，组织内部的各种因素是阻碍组织变革更直接的力量，因此，我们主要分析组织变革的内部阻力。

在组织内部，人们抵制和反对组织变革的原因有技术上的因素（例如，技术的进步和更新会迫使组织进行变革，以适应生存与发展的需要），也有更多的原因是人性、利益、文化等社会性因素。这些阻力的来源可以主要概括为以下几个方面：

（1）人的惯性与惰性

组织变革的阻力一部分是来自人类共有的惯性和惰性。因为作为人类，我们都是有习惯的动物，人们往往依赖于习惯和模式化的反应来应对现实生活的复杂性。同样，在组织中，组织原有的制度、机制约束着组织成员的行为，并形成相对稳定的行为模式和行为习惯，人们也不希望轻易改变它。任何变革都会使人们感到不习惯、不适应，甚至很痛苦。当面对变革的时候，这种习惯和惰性的倾向，就成为抵制组织变革的阻力源头。

（2）既得利益的维护

一般而言，当组织变革不触及自身既得利益，甚至可能会增加利益时，人们都会支持和拥护组织变革。但是，当组织变革会威胁、损害某个人或某个群体的既得利益时，就会有人反对、阻挠变革的进行。组织变革可能会损害和威胁的个人既得利益包括权力地位、经济报酬、职业安全、专业知识与技能等。因此，那些从组织原有状态获取既得利益的个人或群体往往会极力反对组织变革。

（3）变革的恐惧与怀疑

组织变革是用未知的、模糊的和不确定的东西替代已知的、明确的、确定的东西。对未知事物的恐惧是正常人的心理特征，任何的不确定都可能会威胁到组织成员的安全感、平衡感，成员内心就会产生恐惧和焦虑，进而产生对组织变革的抗拒心理和行为。未知的、模糊的和不确定的事物也往往导致怀疑心理的产生。因此，最终会导致本能的一种排斥倾向，宁愿维持现状而抵制变革。

（4）组织文化与群体规范的制约

组织文化和群体规范具有一定的稳定性和惯性，一经形成则很难在短时间内得以改变。当组织内外环境发生变化时，这种稳定性和惯性突出反映在组织成员的认知和行为在相当长的时期内不能同步发生改变上。因此，即便组织变革已成为共识，但有可能由于组织文化和群体规范的约束作用而受到严重制约。

（5）组织资源的限制

组织变革需要资金、技术、人员、时间、信息等多种资源的支持和配合。而组织变革实质上也是对组织所拥有的人力、物力、财力等资源进行重新整合的过程。在资金短缺、技术落后、人员不齐、时间仓促、信息闭塞的情况下，组织变革不得不推迟或放弃。

2）克服组织变革阻力的对策

组织变革往往是内外部环境共同作用的结果，是大势所趋，而不以某个人或某些人的意志为转移。即便存在着各种各样的阻力，也必须进行变革，这是组织生存与发展之道。但要注意组织变革的策略性，加强组织变革的计划性和实施的正确性。因此，选择科学有效的措施与方法就显得十分重要。具体来讲，克服变革阻力的对策主要包括以下几个方面：

（1）沟通与教育

组织变革的管理者要与员工进行有效的沟通，使员工了解组织内外环境的变化情况，说明组织变革的必要性和理由，阐明怎样进行组织变革，以及解释变革所产生的影响，使其接受变革进而支持变革。如果员工了解了全部事实并消除了误导信息，变革的阻力就会自然消失或减小。

（2）鼓励参与变革

组织成员很难抵制和反对他们自己参与决定的组织变革，因此，组织变革的管理者在做出变革决策之前，应把持反对意见的人吸纳到变革决策中来。具有专业知识的员工不仅有助于提高决策质量，而且会获得支持变革的承诺，增强员工的责任感，减少变革阻力。

（3）促进与支持

组织变革的管理者可以通过提供一系列支持性措施来减少组织成员对变革的恐惧和忧虑，进而减少阻力。这需要管理者给员工提供必要的心理咨询和疏导，进行新知识和新技术的传授和培训等，使员工尽快适应组织变革的新要求。

（4）谈判换取支持

具有一定权力的组织成员成为潜在或现实的变革阻力或阻力源的时候，组织变革的管理者可以通过与其进行谈判，用一定的利益满足他们的需要，换取他们的妥协和支持。但这种策略也存在一定的风险，其他组织成员也会效仿，从而导致组织付出更高的变革成本。

（5）操纵与收买

组织变革的管理者可以封锁不受欢迎的信息，歪曲事实，使变革更具吸引力，制造信息使员工接受变革等。组织变革的管理者还可以通过增选变革阻力群体的领导者在变革决策中担任重要角色，而收买他们接受变革计划。很显然，这种策略的初衷不是寻求高质量变革方案的决策参与，而是一种间接、政治的手段，是一种非常规的策略，其内在的风险性不言而喻。

（6）强制推行

在组织变革的管理者除了将变革强加给成员外别无选择，而变革必须迅速加以实施的情况下，管理者只能直接对抵制者实施威胁和压制，强制推行变革。这种方法一般不能单独使用，应尽可能结合其他方法，以避免更大的变革阻力的产生。

7.4 组织文化建设与维系

7.4.1 组织文化的概念

组织文化概念的提出和研究源自20世纪七八十年代日本企业的崛起，以及日本经济实力的增强对美国乃至西欧经济形成的威胁和挑战。人们注意到，日、美企业管理模式以及文化的不同，对企业管理和经营业绩产生了不同的影响，进而发现了社会文化与组织管理融合的产物——组织文化（企业文化）。

组织文化是处于一定经济、社会、文化背景下的组织，在长期的发展过程中逐步形成和发展起来的共同价值观，以及由此而形成的行为规范、道德准则、群体意识、风俗习惯等。

组织文化实际上是指组织成员的共同观念系统。在每一个组织中，都有各种不断发展的价值观、仪式、规章、习惯等，这些观念一旦为全体员工所接受，就变成了组织的共同观念，亦即成为组织文化的一部分。而组织文化一旦形成，就会在很大程度上对管理者的思维和决策施加影响。

美国学者罗宾斯认为，组织文化是指组织成员的共同价值观体系，它使组织独具特色，区别于其他组织。他认为，这些共同的价值观体系实际上是组织所重视的一系列关键特征。最新研究表明，下面七个方面的特征是组织文化的本质所在。

（1）创新与冒险。组织在多大程度上鼓励员工创新和冒险。

（2）注意细节。组织在多大程度上期望员工做事缜密、善于分析、注意小节。

（3）结果定向。组织管理人员在多大程度上集中注意力于结果而不是强调实现这些结果的手段与过程。

（4）人际导向。组织在多大程度上考虑到决策结果对组织成员的影响。

（5）团队定向。组织在多大程度上以团队而不是个人工作来组织活动。

（6）进取心。员工的进取心和竞争力如何。

（7）稳定性。组织活动重视维持现状而不是重视成长的程度。

案例窗 7-3

Facebook独一无二的企业文化

出生在20世纪80年代以后的千禧一代，常常无拘无束，并抱有一种幻想——工作应该是一件有趣的事情。Facebook的8 000名员工中，他们占据了大多数。薪酬调研公司PayScale本月发布的研究报告显示，Facebook员工的中值年龄为28岁。相比之下，谷歌为30岁，苹果为31岁。

强调发现员工优势

Facebook非但没有墨守成规，还接受了这群年轻人的特点，并为他们精心制定了管理方法。Facebook告知经理，在对千禧一代进行业绩评估时有80%应该专注于他们的优势。员工们不是要听命于谁，而是拥有“强烈的主人翁精神”。他们在选择、调整任务方面被赋予了不同寻常的自由，甚至超出了他们的专业领域。与平行的职业发展轨迹相比，任职管理层甚至都不算“晋升”。

Facebook的企业文化受到了马库斯·白金汉（Marcus Buckingham）的影响。白金汉是一名出生在英国的研究人员，也是管理专家。他呼吁人们扬长避短，建议经理们在分配员工职务时要迎合他们的优势。

Facebook的COO谢丽尔·桑德伯格（Sheryl Sandberg）在2008年将白金汉招致公司麾下。白金汉负责对Facebook多位顶级高管进行Strengths Finder 2.0（优势发现）测试，包括桑德伯格和Facebook的CEO马克·扎克伯格。

鼓励“以下犯上”

Facebook甚至鼓励低级别员工质疑和批评经理。丹·福尔（Don Faul）在2008年从谷歌跳槽至Facebook在线运营团队担任负责人后不久，计划与员工在早上8点开会。结果，员工们对此抵制，这让福尔这位前海军陆战队特种部队指挥官十分恼火。

“上任开始，我就如履薄冰。”福尔说。员工最后还是服从了福尔的决定，原因在于，为了让员工适应即将在爱尔兰投入运营的办事处，提前开会是有必要的。

福尔表示，谷歌的管理结构更为森严，成为一名经理意味着拥有更大的权力，而在Facebook，职务毫无用处。他说：“大家只看你的工作质量、信念的力量以及影响其他人的能力。”

Facebook人力资源副总裁罗莉·格勒尔（Lori Goler）表示：“公司的关注点在于确保所有员工能够在一个包容和具有挑战性的环境里工作，使得他们可以在人生任何一个阶段出色工作。对于能够创造一个适合所有人的企业文化，我们感到自豪。”

变换工作岗位

在Facebook供职意味着你可以经常变换工作岗位。今年28岁的帕蒂·安德伍德（Paddy Underwood）在2011年以律师的身份加盟Facebook隐私团队。两年后，安德伍德决定去开发产品，不再做律师。

安德伍德将他的主管约到了会议室，并提出了变换工作的想法。两周后，安德伍德被任命为隐私和信任分部的产品经理。安德伍德非常喜欢他的新职务，他说：“无论需要我干多少小时的工作，我都十分高兴。”

Facebook的很多管理方法已经在其他地方尝试过，其高管也承认借鉴了顾问和管理专家的建议来创造他们自己的企业文化。比如，桑德伯格就曾表示，她受到了Netflix的影响。Netflix在员工中强调创新，会力劝表现不佳的员工离职。

但是，不管是Facebook的现员工还是前员工，他们都认为，即便是在硅谷，Facebook的企业文化也是独一无二的。

资料来源 佚名.Facebook独一无二的企业文化［EB/OL］.［2018-12-06］. http://www.cnbm.net.cn/article/ar889394646.html.

分析提示：谷歌和Facebook的企业文化之所以不同，部分原因是Facebook更年轻、规模更小。Facebook是《财富》500强中首家由千禧一代创建的公司。对很多公司来说，对年轻一代员工的管理是个令人头疼的问题，因为千禧一代对他们来说属于“刺儿头”般的人群。但是到了Facebook，千禧一代就成了“香饽饽”。Facebook对这些年轻人天马行空、不受约束的特性采取了“放纵”的策略，关注这一代的优势，忽略他们的劣势，弱化了上下级的区分。这种独特的企业文化吸引了更多的年轻人，使Facebook充满了活力。

7.4.2 组织文化的功能

组织文化是由组织中占支配地位的领导集团经过多年研究、发现并加以培育和确立的。组织中一旦形成了某种独立的组织文化，它就会对组织产生巨大的能动作用。

1）导向功能

它能将全体职工的思想行为统一到组织发展的目标上来，不仅对组织的心理、性格、行为起导向作用，还会对组织整体的价值取向和行为起导向作用。

2）凝聚功能

它能对职工的思想、性格、兴趣发挥潜移默化的作用，使职工自觉或不自觉地接受组织的共同信念和价值观，进而融入集体，对企业产生归属感，增强企业的凝聚力。

3）激励功能

它能使全体职工看到本组织的特点和优点，认识到自己工作的意义，产生热爱本集体的荣誉感、自豪感，激发巨大的工作热情。

小知识7-3 惠普公司企业文化的激励效应

惠普公司开创了独具特色的“实验器材完全开放”政策。该政策充分允许公司的工程技术人员自由地使用实验设备，而且鼓励他们将设备带回家里自行使用。公司的主导思想是：不管工程技术人员在单位还是在家里使用这些设备，不管设计出来的东西是否是公司要求承担的项目，他们总是能够学到些东西，这本身就增强了公司对创新活动所承担的义务。

正是由于惠普公司勇于承担义务，言行始终如一，其组织文化中体现了对员工高度的信任和尊重，因此在惠普公司，无论走到哪里，你都可以听到人们在议论产品和服务的质量，在为本部门的成就感到骄傲。惠普公司的上上下下，无不显示出一种永不枯竭的活力和热情。

4）约束功能

组织文化具有对组织成员的思想和行为进行约束和规范的作用。组织文化是组织群体的文化，必然会影响到组织中每个成员的认识、感受、理想、伦理、道德等心理过程，使其自觉或不自觉地按共同价值观行事。一旦违背这种价值观念，不论别人知道与否，成员自己都会感到内疚和不安，从而促使自己在思想和行为上做出调整，以服从共同的价值观念。

5）辐射功能

组织文化对组织内外都有着强烈的辐射作用。对内，组织文化通过内部渠道对员工产生影响；对外，组织文化通过各种渠道对社会产生影响。例如，通过高质量的产品和满意的服务，使顾客感受到企业独特的文化特色。组织文化对内、对外的辐射过程，也正是组织形象的塑造过程，因而对组织的发展有着重要的意义。

6）创新功能

建立特色鲜明的组织文化，是组织创新的一个重要方面，也是激发员工创新精神的源泉和动力，成为组织在激烈的市场竞争中立于不败之地的重要保证。

组织文化及其价值观产生以后，具有相对独立性和继承性。由价值观所产生的特定的心理导向，能够使所有新成员受到熏陶而接受其影响，从而使组织文化得以延续和发展。即使领导人更迭，这种精神依然存在，本组织的特色、特长和竞争力依然能够保持。这就是组织文化的力量所在。

7.4.3 组织文化的结构与内容

1）组织文化的结构

组织文化的结构大致可分为三个层次，即物质层、制度层和精神层（观念层）。

（1）物质层

物质层是组织文化的表层部分，是形成制度层和精神层的条件，它往往能折射出组织的经营思想、经营管理哲学、工作作风和审美意识。对每个生产性企业来说，它主要包括以下三个方面：

①企业面貌。企业的自然环境、建筑风格、车间和办公室的设计及布置方式、工作区和生活区的美化、企业污染的治理等，都是组织文化的反映。

②产品的外观和包装。产品的特色、式样、品质、商标、包装、维修服务、售后服务等，都是组织文化的具体反映。如日本汽车以省油为特点，德国“奔驰”汽车以耐用为特点；法国香水以香味纯正、留香持久而著称。

③技术工艺设备特性。任何一个具体的设备，都与一定的技术和工艺相联系。技术工艺设备和原材料，是维持企业正常生产经营活动的物质基础，也是形成企业生产经营连续性的物质载体。一定的技术工艺设备，不仅是知识和经验的凝聚，也往往是管理哲学和价值观念的凝聚。因此，企业的技术工艺设备的水平、结构和特征，必将凝结和折射出该企业组织文化的个性色彩。

（2）制度层

制度层是组织文化的中间层次，又被称为组织文化的里层，主要是指对组织员工和组织行为产生规范性、约束性影响的部分，它集中体现了组织文化的物质层及精神层对员工和组织行为的要求。制度层主要规定了组织成员在共同的工作活动中所应当遵循的行为准则，包括以下四个方面：

①工作制度。它包括组织中领导工作制度、技术工作及技术管理制度、计划管理制度、设备管理制度、物资供应管理制度、产品销售管理制度、经济核算及财务管理制度、生活福利工作管理制度、劳资人事管理制度、奖惩制度等，这些成文的制度与某些不成文的规定，对组织员工的思想和行为起着约束作用。

②责任制度。它是指组织内各级组织、各类人员工作的权力及责任制度，其目的是使每个员工、每个部门都有明确的分工和职责，使整个组织能够分工协作，井然有序、高效率地工作。它主要包括领导干部责任制和员工岗位责任制等。

③特殊制度。它是指组织的非程序化制度，如员工民主评议干部制度、员工与干部对话制度、庆功会制度等。

④特殊风俗。组织特有的典礼、仪式、特色活动，如生日晚会、周末午餐会、内部节日等。

（3）精神层（观念层）

精神层（观念层）是组织文化的深层，主要是指组织的领导和员工共同信守的基本信念、价值标准、职业道德及精神风貌，它是组织文化的核心和灵魂，是形成组织文化的物质层和制度层的基础与原因。组织文化中有没有精神层是衡量一个组织是否形成了自己的组织文化的主要标志和标准。组织文化的精神层包括以下五个方面：

①组织经营哲学。它是组织领导者为实现组织目标在整个生产经营管理活动中的基本信念，是组织领导者对组织的生产经营方针、发展战略和策略的哲学思考。组织经营哲学是在长期的组织活动中自觉形成的，并为全体员工所认可和接受，具有相对的稳定性。

②组织精神。它是组织有意识地在员工群体中提倡、培养的优秀价值观和良好精神风貌，是对组织现有的观念意识、传统习惯、行为方式中的积极因素进行总结、提炼及倡导的结果，是全体员工有意识地实践所体现出来的。因此，组织文化是组织精神的源泉，组织精神是组织文化发展到一定阶段的产物。

③组织风气。它是组织文化的外在表现，是组织及其成员在长期活动中逐步形成的一种精神状态及精神风貌。一个组织的组织风气一般有两层含义。第一层是指一般的良好风气，例如开拓进取之风、团结友爱之风、艰苦朴素之风等。第二层是指一个组织区别于其他组织的独特风气，即在一个组织的诸多风气中最具特色、最突出和最典型的某些作风，它是组织在长期的生产经营活动中形成的，体现在组织活动的各个方面，形成了全体员工特有的活动样式，构成了该组织的个性特点。在管理实践中，有远见的企业家已认识到物质刺激的作用是有限的，而培育优秀的组织文化、建设优良的组织风气才是使全体员工产生强大凝聚力、使企业兴旺发达的根本途径。

④组织目标。它是组织生产经营发展战略的核心。有了明确的组织目标，可提高广大员工的主动性、积极性、创造性，使员工将自己的岗位工作与实现组织的奋斗目标联系起来，这样组织的管理工作就有了坚实的群众基础。组织长远目标的设置是防止其出现短期行为的有效手段。

⑤组织道德。它是指组织内部调整人与人、单位与单位、个人与集体、个人与社会、组织与社会之间关系的准则和规范。就其内容构成来看，组织道德主要包含调节成员与成员、成员与组织、组织与社会三个方面关系的行为准则和规范。作为微观的意识形态，它是组织文化的重要组成部分。

物质层是组织文化的外在表现，是制度层和精神层的物质基础；制度层则制约和规范着物质层及精神层的建设，没有严格的规章制度，组织文化建设也无从谈起；精神层是形成物质层及制度层的思想基础，也是组织文化的核心和灵魂。

2）组织文化的内容

组织文化的内容包括以下五个方面：

（1）组织的最高目标或宗旨

组织的存在都是为了某种目标或追求。例如，学校有办学宗旨，企业有经营目标。学校的办学宗旨是教书育人，是为社会培养有用的人才；企业是一个经济实体，必须获取利润，但我们绝对不能把获取利润作为企业的最高目标或宗旨。企业经营实践证明，单纯把获取利润作为最高追求，往往适得其反。世界上比较优秀的组织，大都以为社会、顾客、员工服务等为最高目标或宗旨。

（2）共同的价值观

所谓价值观，就是人们评价事物重要性和优先次序的一套标准。组织文化中所讲的价值观是指组织中人们共同的价值观。共同的价值观是组织文化的核心和基石，它为组织全体员工提供了共同的思想意识、信仰和日常行为准则，是组织取得成功的必要条件。因此，优秀的组织一般都十分注意塑造和调整其价值观，使之适应不断变化的经营环境。

（3）作风及传统习惯

作风及传统习惯是为达到组织最高目标的价值观念服务的。任何一个组织的文化都如同组织结构一样，需要根据组织环境的变化不断地创新，以更好地发挥组织文化的功能，而一种文化一旦被创造出来，就需要采取措施进行维系。从本质上来说，文化是员工在共同的工作中产生的一种共识和群体意识，这种群体意识与组织长期形成的传统的作风关系极大。

（4）行为规范和规章制度

如果说组织文化中的最高目标或宗旨、共同的价值观、作风及传统习惯是软件的话，那么行为规范和规章制度就是组织文化中的硬件。只有两者相互配合，组织文化才能得以在组织内部贯彻。

（5）组织价值观的物质载体

组织价值观的物质载体，诸如标识、环境、包装、纪念品等，是组织文化硬件的另一部分。

案例窗7-4

腾讯如水，阿里似火

作为当今中国互联网的两极，腾讯与阿里被自然而然地拿来对比，从市值到利润，从主营业务到投资收益，从员工收入到“二马”的财富。但在这些可见的数据之外，有没有能将两家巨头的底色差异一言以蔽之的概括？

业务逻辑：涓涓细流与雷霆之火

在腾讯，业务发展的逻辑是自下而上的生长，就如涓涓细流，成功的业务往往不论“出处”，是凭借天时、地利、人和最终自然汇聚成河。今天成为人们通信必备的微信，及手游第一经典的《王者荣耀》，无不是由之前不被看好的“边缘”部门做成的。反观阿里，每一项业务的推进都如雷霆之火引爆的声势浩大的运动。无论是王坚做阿里云，还是张勇做天猫，无一不是先预见趋势，战略引导，再强力执行，拼死落地，最终得以成功。

投资形式：自由流淌与聚薪成炬

阿里的投资就像火，是把吸收来的力量聚在一起，要聚薪成炬。在这个过程中，必然发生凝聚和同化；腾讯的投资就如水，并不谋求对被投资公司的控制，而是让其自由流淌。所以京东还是那个京东，美团还是那个美团，唯品会也还是那个唯品会。

企业文化：温润如水与风风火火

如果分别在阿里和腾讯坐电梯，会有全然不同的感受。

有阿里员工这样描述：“我在支付宝大楼21楼办公，每天中午如果我不逆乘电梯是下不了楼的——因为大家都逆行了，楼下的同事先坐向上的电梯上来后再下去。”这样的情形在阿里习以为常。但在腾讯，专门有一个叫“瑞雪精神”的传统——倡导不要逆乘电梯，要文明排队等。马化腾曾说：“腾讯就像一个大家庭，我们把每一位员工都当成这个家庭的一分子。但这并不意味着我们在这里可以不用基本的公德礼仪，不遵守职业的规范，没有行为的禁区。”

再举一例，阿里和腾讯都办大学。阿里的湖畔大学是高举高打，遍请名宿，而腾讯的青腾大学则低调发布，低调运营。这一切的背后，我们依然要回归业务。阿里是交易产生价值，必须快速地攻城略地，直面争夺客户且事关生死，所以必须目光如狼，行事如火，甚至以命相搏；而腾讯的业务基因里，做的是关乎用户感受的社交产品，自然要平心静气，谦和如水，如琢如磨。

最后，虽然很难评判水性腾讯与火性阿里孰优孰劣，但我们无法否认，正是这对水与火的成长和博弈，很大程度上塑造了今天的互联网格局，缺少任何一极，中国互联网的故事都不会如此精彩。

资料来源 湖边.腾讯如水，阿里似火［EB/OL］.［2018-11-09］. http://www.cnbm.net.cn/article/ar885214196.html.

分析提示：腾讯的能力植根于连接，从狭义来看社交属性极强，而社交的形态往往难于规划。阿里骨子里的交易属性则全然不同，可以做出预判和形态规划，从淘宝10余年的经营可以看出，但凡新战略的提出皆清晰，但凡落地皆需扎实。因此，无论如火的阿里投资，还是似水的腾讯投资，其背后皆有逻辑。

7.4.4 组织文化的建设

如前所述，任何一个组织的文化都如同组织结构一样，需要根据组织环境的变化不断地创新，以更好地发挥组织文化的功能，而一种文化一旦被创造出来，就需要采取措施进行维系。

1）组织文化的创造

组织文化的创造可以从多方面着手，但基础是组织习惯。无论是组织精神、价值观念还是道德规范，它们的形成都是习惯的结果。在联想集团，员工平常用的打印纸、复印纸都是用过一面的纸。仅此一项，联想每年能节约几十万元甚至几百万元纸张费用。从管理学角度讲，这就是培养一种非常好的组织习惯——节约。节约的意识逐渐植根于每一位员工的头脑中，并通过日常工作的强化、积累，形成统一的企业行为规范。行为规范的不断积淀、升华，最终形成新的组织文化。因此，组织习惯的培养是组织文化创造的最基本途径。

在现代企业发展中，以人为中心的理念是组织文化创新的核心。在产品、服务等众多理念中，以人为中心的理念是最重要的。人是组织文化的中心，组织文化创新与人密切相关，组织目标、价值观、组织精神及组织形象等其他组织文化内容都围绕"人"这个中心变化。所以，组织应时时将"以人为中心"作为组织文化创新的核心内容。

2）组织文化的维系

组织一旦形成一套运作的文化就会试图去维护它，例如甄选程序、绩效评估标准、各种训练与生涯发展活动及升迁制度等。这些都可以保证组织成员与组织文化相适应。在组织文化的维系中，以下三方面起着重要作用：

（1）甄选

组织选拔人才的标准是与职位需求相应的知识、技能等素质，当拥有知识技能的专业人员达到标准后，最后的决定就是是否符合组织文化（价值观）的要求。依靠甄选的程序，一方面可以确保员工与组织的恰当匹配；另一方面，可以筛除那些与组织价值观冲突的人员，避免对组织核心价值观的威胁，使组织文化可以持续维系下去。

（2）管理者

透过管理者的言行，组织会树立一个规范并传递给其他成员，这对于维系组织文化起着一种榜样作用。

（3）组织的社会化

由于新员工并不熟悉组织文化，因此组织必须协助其适应此文化，这种适应过程可称为社会化过程。这一过程大致可分为三个阶段：首先是职前期，新成员在加入组织之前所具有的经验决定了他在甄选时能否洞察主选人的要求，因而也在一定程度上决定了他能否被录取；其次是遭遇期，这是新员工的价值观与组织价值观相遇，成员可以从中发现自己的价值观与组织价值观之间的差距；再次是蜕变期，这是十分明显且持久的变化，从遭遇期到蜕变期，社会化的作用十分巨大。至此，新成员被组织成员所接受，对工作适应，认同组织目标。社会化过程的方法多种多样，要根据组织的特点，采取适当的方式。

本章小结

知识拓展7-3

好的企业文化，要视人为人

★ 组织就是人们为了达到共同目标，通过责权分配和层次结构所构成的一个完整的有机体。它由三个部分组成，分别是目标、劳动分配和权力层次。

★ 组织设计就是设计清晰的组织结构，规划和设计组织中各部门的职责和职权，确定组织中各种职权的活动范围并编制职务说明书。组织结构的设计一般包括以下几个步骤：工作划分与工作专门化；工作归类与部门化；确定组织层次；实行授权，建立职权关系。常见的组织结构形式主要有以下几种：直线型组织结构、职能型组织结构、直线职能型组织结构、事业部制组织结构、矩阵型组织结构、委员会式组织结构以及网络组织等。影响组织结构的因素主要有环境、战略、技术、组织规模以及人的行为等。

★ 所有的组织都处在一个变化的环境之中，而且它们本身也在不断地变化。组织变革就是组织根据外部环境变化和内部情况变化，及时对组织中的要素进行结构性变革，以提高其适应环境和生存、发展需要的应变能力。推动组织变革的因素有很多，归纳起来不外乎外部原因和内部原因两大类。

★ 组织文化是处于一定经济、社会、文化背景下的组织，在长期的发展过程中逐步形成和发展起来的共同价值观，以及由此而形成的行为规范、道德准则、群体意识、风俗习惯等。组织文化具有导向功能、激励功能、凝聚功能、约束功能、辐射功能和创新功能。组织文化分为三个层次，即物质层、制度层和精神层。

核心概念

组织　组织设计　组织变革　组织文化

基本训练

随堂测7-1

判断题

随堂测7-2

选择题

□ 知识题

7.1　判断题

1）组织是一个有生命力的有机体。（　　）

2）员工喜欢在扁平的、分权化的组织中工作。（　　）

7.2　选择题

1）组织文化从影响力来看，可以划分为（　　）。

A.强势文化　　B.弱势文化　　C.主导文化　　D.分支文化

2）组织结构设计的步骤一般包括（　　）。

A.工作划分与工作专门化　　B.工作归类与部门化

C.确定组织层次　　　　　　　　　　D.实行授权，建立职权关系

7.3　简答题

与传统的金字塔式的组织结构相比，网络组织模式的主要特点有哪些？

□ 技能题

以你所在的学校为例，分析学校的组织结构形式，并分析这种组织形式的优缺点。为了使学校更有效地运行，你认为学校应该在哪些方面进行一些改革？提出你的建议与对策。

观念应用

□ 分析题

工作专门化

20世纪初，亨利·福特通过建立汽车生产线而富甲天下，享誉全球。他的做法是给公司每一位员工分配特定的、重复性的工作。例如，有的员工只负责装配汽车的右前轮，有的员工只负责安装右前门。通过把工作分成较小的、标准化的任务，工人能够反复地进行同一种操作。福特利用技能相对有限的员工，每10秒钟就能生产出一辆汽车。

问题：

（1）通过本案例，分析工作专门化的实质与作用。

（2）工作专门化适合于所有类型的组织吗？

□ 案例题

美团的五次组织结构调整

上市之后，美团点评迎来了第一次组织结构调整，这也是继2015年美团与大众点评合并之后第五次组织结构调整。

美团网创始人兼CEO王兴在内部信中说：为更好地践行“让大家吃得更好，生活更好”的使命，我们将战略聚焦Food+Platform，以“吃”为核心，苦练基本功，建设生活服务业从需求侧到供给侧的多层次科技服务平台。吃与需求侧有关，平台与供给侧有关。王兴在信中提及的第一个变化，就是新增设了“用户平台”，包含了过去的美团平台、点评平台、服务体验平台等部门。可见，深挖用户价值将是美团下一步的重中之重，也意味着美团由过去的用户（流量）获取模式，全面进入用户运营与服务模式。

美团点评的第一次调整发生在2015年11月份。合并不到两个月，美团点评完成了第一次内部组织结构调整。同时，还对业务结构进行了重新设立：设立平台事业群、到店餐饮事业群、到店综合事业群、外卖配送事业群、酒店旅游事业群、猫眼电影全资子公司、广告平台部等业务板块。

当时美团点评身处的环境是，自己做的每一件事，都竞争激烈。外卖有饿了么、百度，酒店有携程、去哪儿，猫眼有微影、格瓦拉，到店综合有众多垂直O2O同行。还有一个原因，从2014年到2016年，中国移动互联网用户每年依然有10%的增长率，依然是流量红利期的尾声。所以，组织结构的设置，必然以最大化、最快速获取用户为目标。

2016年7月，美团点评迎来了第二次组织结构调整。这次调整有两个背景：第一，此前一个多月，光线传媒正式入股猫眼电影，美团点评变成猫眼的“娘家人”；第二，此前三个月，饿了么完成F轮融资，阿里携手蚂蚁金服投资12.5亿美元，这正是对此前美团点评合并并引入腾讯的一次回应。至此，美团的对手不再仅仅是饿了么。几乎与此同时，王兴喊响了“互联网下半场”的概念。在关于此次调整的内部信中，王兴正式把餐饮、综合、酒旅定义为美团点评的三驾马车。其中，在原到店餐饮事业群、外卖配送事业群和餐饮生态平台的基础上设立“餐饮平台”，这意味着外卖和到店两大事业群第一次会师。

半年后的2017年1月份，美团点评迎来了第三次调整。王兴在这封内部信的开头就说道：下半场已经开始，没有中场休息，我们必须不断向前。这封信也首次将酝酿多时的公司使命公之于众：Eat Better，Live Better。

而此次组织结构的调整，着力点有二：一是强化大众点评原有的特色和优势，二是借助美团平台巨大流量助推酒店业务。所以，调整的内容也就不足为奇了：原平台事业群的点评平台将与到店综合事业群合并为“点评平台及综合事业群”，原平台事业群的美团平台将与酒店旅游事业群合并为“美团平台及酒旅事业群”。其他部门的组织结构和汇报关系不变。这次发生在2017年初的调整，最终让美团的酒店业务获得爆发式增长，是转年美团酒店间夜数超过同行的组织保证。

2017年12月，美团点评迎来第四次调整。王兴在这封内部信中说：为更好地践行“让大家吃得更好，生活更好”的使命，适应公司“社会企业”的新阶段，我们将再一次升级组织，聚焦到店、到家、旅行、出行这四大LBS场景。此时的一个背景是，美团在到店、到家两大赛道已经成为领跑者，旅行板块即将在间夜数上赶超同行。而出行（主要是网约车）在灰度测试近一年之后，被提高到了战略层面。

王兴在2016年喊响了“互联网下半场”的概念，至今已过去两年。今年美团等数十家互联网公司虽然上市了，但都遇到了两个前所未有的变数：一是互联网红利期真的结束了，下半场的观众上座率不可能持续增加了；二是宏观经济环境的不确定性增大、增多。

最近这次的组织结构调整，新组建了到店事业群，整合了此前四大LBS场景之一的酒店旅行业务。至此，到店事业群涵盖餐饮、住宿、SaaS收银与点餐、营销等横纵两线的B端服务，本质就是把美团过去积累的B端服务能力一起整合、释放。这意味着美团开始打通B端服务，从过去按行业线条划分，到现在按职能线条划分。

而新组建的到家事业群与小象事业群，都是来自此前的大零售事业群（也叫到家LBS）。小象事业群就是大零售事业群里的生鲜零售业务，这次把它单独分出来，显然是重要性在上升，毕竟阿里在饿了么与口碑之外，还有一个盒马。美团需要小象单独跑、加速跑。

在把小象分离出去之后，到家事业群变化不大，但作为美团的王牌军，它通过外卖、配送其实扮演了整个生态体系中基础设施的角色。这个事业群不是在变轻，而是在变重——重要的重。

这次新成立的LBS平台，包含了LBS服务、网约车、大交通、无人配送等部门，某种程度上是建立在此前的出行事业群基础之上，增加了无人配送。换句话说，过去一年以网约车为核心的出行事业群找到了新组织。

2015年10月份，美团和大众点评合并；到2018年10月份，又一次做出组织结构调整，前后一共5次。3年36个月，平均不到8个月调整一次。合并时两家公司总估值110亿美金，到今年上市最高达500多亿美金，估值增长了近5倍。

资料来源 方浩.美团进化的秘密［EB/OL］.［2018-11-07］. http://www.chinaz.com/start/2018/1107/955371_2.shtml.

问题：

（1）影响美团组织结构变化的因素有哪些？

（2）美团组织结构变化的实质是什么？

（3）美团组织结构的变化给我们带来了哪些启示？

□ 实训题

调查一个使用矩阵型结构的组织，然后分析这种结构设计有何优缺点。

第8章

领导心理

学习目标

通过本章的学习，你应该达到以下目标：

知识目标： 了解领导的含义，知晓领导影响力的构成，熟练掌握增进领导效果的理论研究成果。

技能目标： 熟练掌握表达自己思想的技能。

能力目标： 具有影响群体内成员行为的能力。

第8章

思维导图

引例　垃圾车司机当上大企业CEO

直到今天，许多人心目中的成功企业家，仍旧属于“神级”人物：不是苹果乔布斯这种魅力先知，就是通用电气韦尔奇这种传奇总裁。

他们必须是非常强势、胆识过人、拥有完美履历的商业精英；是带着超人般自信在全世界飞来飞去的意见领袖；是眼光独到、扭转形势的策略大师……

介绍你认识唐·史莱格这号人物。他在芝加哥南方一个蓝领社区长大，跑去念技职高中，想要当建筑技工，无奈碰上房市不景气，毕业后只能去开垃圾车。

将近6年，他每天凌晨2点多上工，沿着单调的路线收垃圾，每次轮班时间长达10到12个小时，做到周末才能拿薪水，然后周而复始继续干活。

别以为他就这样过了一生。二十几年后，史莱格成为一位杰出的《财富》（Fortune）500强大企业CEO。在他的领导下，共和服务（Republic Services）废品处理公司的股价表现连续5年超越标准普尔500指数的平均回报，市值也突破220亿美元，翻涨将近1倍。2017年，美国职场评价网站Glassdoor的最佳雇主排行调查中，史莱格入选员工评价最高的百大CEO。

垃圾车司机当上大企业CEO的故事，听起来很不寻常，但在专家眼里，这并不是特例。

究竟什么样的人有条件当CEO？哪些因素能造就优秀的领导人？过去大家以为，成功的CEO必然是特殊材质打造的，但新的研究显示，我们的许多想法可能都错了。

在一项长达10年的大型研究中，两位领导力顾问柏特罗和鲍尔追踪了全美主要行业2 600名高层领导人，希望找出他们获得成功的原因和模式。“我们发现了一件令人鼓舞的事情，”柏特罗说，“出身平凡的人也可以攀上职业巅峰。”

今年3月，他们把这项研究的结论写成新书《隔壁的CEO》（The CEO Next Door），强调多数的企业领导人其实就跟史莱格一样，都是平凡的正常人，并且引用调查数据，破解外界对成功CEO的许多迷思，包括：

CEO天注定：成功是与生俱来的吗？研究团队发现，70%的企业CEO最早开始职业生涯时，从未想过要成为CEO，甚至在职业生涯中期也没有想过。往往要等到他们攀上高层职位（通常需要15年的历练）时，才会开始把CEO当成明确的职业生涯目标。

CEO必须有高学历：他们的研究发现，2 000多位CEO中，只有7%是常春藤名校毕业的，8%的人甚至没有大学毕业。名校毕业的CEO只有在500强大企业比较普遍，但分析结果显示，高学历对他们的绩效好坏并无影响。

成功的CEO不会犯错：“我认识的一位董事会成员说过，企业最危险的一件事，就是拥有一位从未体验过失败的CEO。”柏特罗指出。

在他们的研究中，几乎所有CEO都犯过严重错误，更有45%的人在职业生涯中至少犯过一次重大失误，“例如，毁掉了5亿美元的股东价值。”她举例说。

让成功者脱颖而出的关键，并不是一张完美无瑕、从不犯错的履历，而是你如何面对失误和挫折。成功的领导人会承认自己的错误，并从中吸取教训，“这些人会坦承，当时没做好，确实是一场灾难，但事后再来看，我可以告诉你原因何在。”

CEO必须有超凡魅力：领导魅力的说法，常常被夸大。毕竟，企业CEO不是好莱坞电影明星，在董事会上，绩效永远胜过魅力。

事实上，受访的CEO中，超过三分之一的人形容自己是内向型性格，而他们的表现更有可能超出董事会的期望。

CEO愈聪明愈好：智力高于平均，常是能否晋升"C字辈"高管的重要指标。

然而，一旦进入高级管理层，高智商并不会让你增加当上CEO或取得优秀表现的概率。反而是那些能够切入重点，以清晰、简单的语言与人沟通，让人愿意追随的高管，更有可能在最后脱颖而出。

CEO必须有经验：很多人以为，老鸟比较可靠，企业挑选有当过CEO经历的人来掌舵，比较可能成功。但这项研究却发现，菜鸟CEO即使初次当家，他们达成或超出预期的概率，也不会低于有经验的老鸟。

CEO都以自我为中心：研究发现，那些把"独立性"当成自己主要性格特征的领导人，表现不佳的概率比其他CEO高出了1倍。而且，表现最差的领导人在访谈中提到"我"的次数，也比"我们"来得多。相反地，成功领导人看重团队，许多人都把这种团队心态，归因于早年参加运动或指导他人所养成的习惯。

CEO男女有别：女性CEO或许会展现与男性CEO不同的领导风格和特色，但从统计角度而言，性别对于企业领导人能否达成优异绩效，并没有影响。无论女性还是男性，成功的领导人都展现了同样的行为特质。遗憾的是，男女有别最明显的地方依旧在于：至今仍只有约4%～6%的大企业，是由女性CEO领导的。

CEO能够胜任所有挑战：很多人都以为CEO是万能的，任何情况都可以派上用场。

事实上，成功的领导人会仔细界定他们有能力获得成功的角色和环境。例如，有些人擅长抢救陷入困境的公司，却未必能够领导高速成长的企业。他们会以严格的自我纪律，婉拒不适合自己的任务。

两位作者指出，打破CEO的神话与迷思，可以帮助企业挑选更好的领导人。不只这样，"我们总认为CEO异于常人，其实，造就领导人的许多要素，往往也适用于每个人。"柏特罗说。

资料来源　佚名.打破CEO的神话与迷思，领导不必是神人［EB/OL］.［2018-07-03］. http://ceo.icxo.com/htmlnews/2018/07/03/1454989.htm.

8.1　领导行为概述

8.1.1　领导的定义

在现代企业中，领导者居于独特的地位，发挥着独特的作用。从组织目标达成角度看待领导，他们往往成为影响企业经营成败的重要因素；从员工利益角度看，领导者则是员工福祉和满意度的首要影响者。因此，如何培养合格的领导人才，如何提高领导工作的效率，就成为企业管理中一个非常重要的课题。领导行为主要指由领导能力和领导素质所决定的领导方法和领导艺术。

什么是领导？对于这样一个众所周知的名词，心理学家有着许多不同的解释：

领导是对组织内群体或个人施加影响的活动过程；

领导是一门促使其部属充满信心、满怀热情来完成任务的艺术；

领导是影响人们自动为达成群体目标而努力的一种行为；

领导是一种说服他人热衷于一定目标的能力；

领导就是行使权威与决定；

领导是一种影响过程，即领导者和被领导者个人作用及其与特定环境相互作用的动态过程。

我们把上述各种表述归纳起来，对领导的实质可做如下表述：领导是指引和影响个体、群体或组织，在一定条件下实现所期望目标的活动过程。致力于实现这个过程的人，即为领导者。这样，领导实质上被看成了一个动态的过程，而该过程是由领导者、被领导者及其所处环境三个因素所组成的复合函数，可用公式表示为：

领导=f（领导者，被领导者，环境）

8.1.2 领导的功能

领导的基本功能包括组织功能和激励功能两个方面。组织功能属于管理科学的研究范畴，而激励功能是心理学研究的主要对象。领导的激励功能主要表现在以下三个方面：

1）提高被领导者接受和执行目标的自觉程度

个体积极性的发挥与个体目标和组织目标的一致程度基本上成正比关系。领导者要提高职工的积极性，就要把组织目标的实现与满足职工的需要统一起来，创造一种组织环境，使职工加强对组织目标的感受程度，从而提高职工接受和执行目标的自觉性。

2）激发被领导者实现组织目标的热情

组织目标的实现，需要职工有为实现组织目标工作的热情。领导者在职工心目中的权威性、暗示性对职工有极大的感染力。在领导者与被领导者的关系中，不仅存在着一般的组织关系，而且存在着一种感情关系。因此，领导者要注意满足职工的各种需要，特别是心理需要。

3）提高被领导者的工作效率

被领导者工作效率的高低，为实现组织目标做出贡献的大小，才干和能力水平发挥的程度，一方面和职工本人的因素有关，另一方面也和领导水平高低、领导影响力大小有关。因此，领导者应该通过自己的行为，为被领导者创造一个有利于提高工作效率的物质环境和心理环境，只有这样，才能提高被领导者的工作效率。

8.1.3 领导者的影响力

1）领导者影响力的概念

要实现有效的领导，关键是领导者在被领导者心目中有崇高的威望，而威望的高低则取决于领导者自身具备的影响力的大小。

所谓影响力，就是一个人在与他人的交往中，影响和改变他人心理的能力。影响力，人皆有之，但是由于交往的双方各自的知识、经验、能力、地位、权力等特点与条件不同，交往的环境不同，影响力所起的作用是大不相同的。人们的影响力大小是一个相对比较量。

领导者在与他人交往中的影响力大小，是由许多因素决定的，例如地位、权力、知识、能力、品格和资历等因素。作为一个有效的领导者，他必须对权力和影响力有正确的认识。一般来说，人们把权力解释为一个人因某种地位和素质而获得的一种力量，这种力量可用来影响别人，使别人根据他的劝告、建议或命令办事。

2）领导者影响力的分类

领导者的影响力包括两类：权力性影响力和非权力性影响力。这是两种产生于不同基础、发挥不同作用的影响力。

（1）权力性影响力

权力性影响力也叫强制性影响力。权力性影响力是由社会赋予个人的职务、地位、权力等所构成的影响力。这种影响力的基础，一是在于法定的地位，正式组织中的上级主管部门赋予某个人以一定的职务和权力，带有法定的性质，使被领导者认为领导者能合法地指挥、支配人们的工作行为，自己必须听命、服从；二是在于其奖惩权，领导者掌握着奖惩权，接受其领导的就给予奖励，拒绝其领导的就予以惩罚，因此，人们只有服从。

权力性影响力的基础决定了影响力的特点与作用，即它对别人的影响带有强制性和不可抗拒性，是以外推力的形式发挥作用的。这种因职务、权力、地位而产生的影响力，完全是外界赋予的，不是由领导者本身的素质及现实行为所形成的，因而在权力性影响力作用下，被影响者的心理与行为一般表现为被动服从。

权力性影响力对人的激励作用是十分有限的。如果领导者只是一味地以权力压服下属，还会带来下属的不满和反抗情绪的增强。

（2）非权力性影响力

非权力性影响力也叫自然性影响力。非权力性影响力与权力性影响力是相对的，它与法定的权力无关，是由于个人自身的品德、才能、学识、专长等因素而对他人形成的影响力。任何一个人，只要他具有高尚的品德、渊博的知识或者表现出某种出众的专长，都会受人爱戴、敬佩，都会产生这种影响力。

非权力性影响力取决于个人的品德和学识两个方面。品德高尚、受人敬佩的人，其言行影响力的强度远在一般人之上。同样，博学多才、知识丰富的人比缺乏真知灼见、低能平庸的人更具有影响力。

由领导者个人自身因素产生的影响力不是给人的行为改变以外推力的作用，而是对人们心理的自然感召，使之发自内心自愿改变行为。因此，非权力性影响力的特点是自然性。在这种影响力的作用下，人们的心理和行为多表现为自觉自愿、积极主动。同时，在具体活动中，它比权力性影响力具有更大的影响，并起着权力性影响力所起不到的作用。

3）领导影响力的构成因素

（1）权力性影响力的构成

构成权力性影响力的要素主要包括传统因素、职位因素和资历因素。

①传统因素。传统因素是指人们对领导者的一种传统观念。自古以来，人们形成了一种观念，认为领导者总是不同于一般人，认为领导者有权、有才干、比普通人强，从而产生了对领导者的服从感，这就使领导者的言行增强了影响力。这种传统观念所产生的影响力普遍存在。只要你成了领导者，这种力量就自然而来。这是一种观念性因素。

②职位因素。它指个人在组织中的职务和地位。具有领导职务的人，社会赋予他一定的权力，而权力使领导者具有强制下级的力量，凭借权力可以左右被领导者的行为、处境、前途乃至命运，使被领导者产生敬畏感。领导者的职位越高，权力越大，别人对他的敬畏感也就越强烈。职位因素造成的影响力，是以法定为基础的，与领导者本人的素质条件没有直接关系。它是一种社会性因素。

③资历因素。资历是指领导者的资格和经历。领导者的资格和经历对被领导者产生的心理影响称为资历因素影响。领导者的资历越深，影响越大。它是一种历史性因素。

显而易见，由传统因素、职务因素、资历因素所构成的影响力，都不是由领导者的现实行为造成的，而是外界赋予的。它对下级的影响带有强制性和不可抗拒性。这种权力来自领导者所担任的职务。他有了这个职务，就有了这个职务法定的权力，下属不能随便不接受他的领导。因此，这种权力是一种位置权力或地位权力，它取决于个人在组织中的地位。这种影响力对被领导者的作用主要表现为被动服从。它的核心是权力，它对人的心理和行为的激励作用是有限的。

（2）非权力性影响力的构成

非权力性影响力既没有正式的规定，也没有组织授予的形式，它是一种自然性影响力，是靠领导者自身的威信和以身作则的行为来影响他人的。非权力性影响力产生的基础比权力性影响力产生的基础广泛得多。构成非权力性影响力的因素主要包括品格因素、能力因素、知识因素和情感因素四个方面。

①品格因素。它是指领导者的品行、人格、作风等对人的影响。领导者如果品格高尚、完美，就会受人们敬重，并使人们模仿与认同。不论职位有多高，只要领导者品格不好，他就会威信扫地，失去影响力。

②能力因素。它是指领导者的领导能力与才干对人的影响。有才能的领导者会给企业带来成功，使人产生敬佩感。他的能力越强，使人产生的敬佩感也越强。

③知识因素。它是指领导者的博学多才对下属产生的影响。领导者广博的知识会使人产生信赖感，从而增强领导者的影响力。

④情感因素。它是指领导者对人有真挚的感情。他的平易近人、关心帮助会使人们产生亲切感，会增强领导者自身的吸引力。因此，搞好情感投资，领导者的影响力就会增强，这种因素是一种精神因素。

一般来讲，任何领导者都同时具有两种影响力，但对不同的人来说，两种影响力的大小却是各不相同的。对于权力性影响力相同的两个领导者来说，其威信的高低，主要取决于非权力性影响力。因此，要提高领导者的影响力与威信，一方面要合理用权，职权相称；另一方面要加强领导者的自身修养，全面提高个人素质，并且应使两种影响力互相促进、彼此呼应。一个能够将两种影响力综合运用的领导者，才是具有领导艺术魅力的人。

课堂互动8-1

课堂互动8-1
答案提示

子产治郑，民不能欺；西门豹治邺，民不敢欺；子贱治单父，民不忍欺。怎样理解这句话？

8.1.4 领导艺术

领导艺术就是寻求领导者、被领导者和环境三要素的和谐统一，它是领导者的学识、智慧、胆略、经验的综合反映，是领导素质的外在体现。

1）领导艺术的内涵及特征

领导艺术是指建立在一定知识、经验基础上的非规范化的有创造性的领导方法、方式、技能等的操作性的综合体。它表现为领导者创造性地灵活运用已掌握的各种知识和方法，具体分析各种复杂因素，妥善解决领导工作中实际问题的综合能力，贯穿于整个领导过程和领导活动的各个方面。

领导艺术高于经验，但不等于领导科学。领导科学是研究领导者工作一般规律的科学，是系统化的理论。领导艺术则不然，它是非理论形态彰显个性的技能或手法。这种“技能手法”是建立在领导者个人的经验基础之上的。如果说，领导科学是模式化的领导艺术，那么，领导艺术则是非模式化的领导科学。

（1）创造性

领导者探索和掌握领导艺术的过程，是一个不断创造的过程。领导艺术不是墨守成规的产物，没有雷同化，它总是以不同的方式、形态展现其“新”“奇”的面貌。它是领导者解决问题时主观能动性随机发挥的结果。

（2）灵活性

管理方法强调的是原则性，而领导艺术强调的是对原则的突破，是对领导环境的权变。领导艺术本身没有严格和固定的程序和模式，它常常是在随机应变的情况下显示其突出的功能，特别表现在敢冒风险的“运用之妙”和“再坚持一下的成功”之中。因此，领导艺术本身及其运用都具有很大的灵活性。

（3）彰显个性

由于领导者的实践不同，思维方式不同，因而表现出来的领导艺术也有个性特征。如有的领导处理案件以果断见长，有的则以稳健著称。这两种处理案件的不同艺术，实际上都体现出领导者个性的不同。

（4）综合性

领导艺术是领导者的知识、经验、才能、气质、思维、表现力等方面的综合性展示。也就是说，领导艺术是由各种要素组合而成的。对这些要素不能进行定量分析，它们的组合也不是简单的机械相加，而是通过思维加工转化的。

（5）实效性

企业的领导艺术有很多是从管理实践中摸索、提炼出来的。它们能解决具体的问题，能影响具体的个人，能有即时的效果，但可能一时说不出高深的道理。没有实效的领导艺术称不上是真正的领导艺术。

（6）科学性

领导艺术有它经验性、实用、技巧的一面，但还有一个更重要的方面，那就是领导艺术与领导理论是相通的。领导艺术是对领导理论富有个性的运用，领导理论则是对领导艺术的高度概括和抽象。

小知识8-1　　鹦鹉的故事

一个人去买鹦鹉，看到一只鹦鹉前标明：此鹦鹉会两门语言，售价200元。另一只鹦鹉前则标明：此鹦鹉会四门语言，售价400元。该买哪只呢？两只都毛色光鲜，非常灵巧可爱。这人转啊转，拿不定主意。结果突然发现一只老掉牙的鹦鹉，毛色暗淡散乱，标价800元。这人赶紧将店主叫来，问道："这只鹦鹉是不是会说八门语言？"店主说："不。"这人非常奇怪地说："这只又老又丑，又没有语言能力，为什么会值这个价呢？"店主回答："因为另外两只鹦鹉叫这只鹦鹉'老板'。"

2）领导艺术的内容

关于领导艺术的内容，我们主要从以下几个方面来阐述：

（1）与人交往的艺术

领导者要善于与各种层次的人交往，其中包括与下级的交往、与同级的交往以及与上级的交往。

①如何与下级交往。与下级交往的关键是如何发挥下级的作用，最大限度地调动他们的积极性。要做到这一点，必须注意以下两个方面：

第一，要正确地选人和用人。俗话说：尺有所短，寸有所长。人人都有长处和短处。作为一个领导者，就是要用人所长，即要学会选人。要保证人选合适，把所要完成的工作任务与所选用人才的长处结合起来。

人选好以后，关键还要看用得如何。如果安排、使用不当，就是对人才的浪费。古今中外的领导者对用人的重要性都有过深刻的体会。汉高祖刘邦在总结他之所以能赢得天下的原因时说："夫运筹帷幄之中，决胜千里之外，吾不如子房；镇国家，抚百姓，给饷馈，不绝粮道，吾不如萧何；连百万之众，战必胜，攻必取，吾不如韩信。三者皆人杰，吾能用之，此吾所以取天下者也。"这说明领导者不一定要什么都比人强，但他必须具备过人的用人本领。

课堂互动8-2

答案提示

课堂互动8-2

"给猴子一棵树，给老虎一座山。"怎样理解这句话？

第二，要尊重下级的职权。领导者对下级要恰当授权，授权之后，要责权分明。属于下级权限内的事，领导者最好不要插手干涉，更不要代行其工作，而要让下级自主地去处理他分内的事。事必躬亲的领导者，是那种既没有工作效率，又费力不讨好的领导者。因此，聪明的领导者要充分信任下级，遵守"用人不疑，疑人不用"的原则，这样才能充分调动下级的积极性。

②如何与同级交往。就工作成效而言，同级和自己是相辅相成的，而非有胜有败

的内部竞争关系。因此，在与同级交往时要本着“权力不争，责任不让，通力合作”的原则。一般属于别人职权范围内的事，绝不干涉；属于自己的责任，也绝不推卸。与同级交往的最重要之处就是相互配合，而不是背后拆台。

③如何与上级交往。领导者也有上级。在和上级交往时，最重要的就是要尊重上级的职权，支持上级的工作。要善尽职责，凡是属于自己职权范围内的事，不要随便推给上级。另外，即使和上级的关系比较密切，自己也应掌握一定的分寸，不能擅自做主，更不能越权代办。当然，更不能当着同级甚至下级的面批评领导。

（2）处事的艺术

领导者的处事艺术是指领导者能正确分析复杂多变的主客观形势，有效地控制局面的谋略和技巧。

①领导者要能把手头的工作划定出先后顺序，分出哪些工作是必须做的，哪些工作是可以不做或可以由别人来做的；还要分出哪些工作是必须马上做的，哪些工作是可以按照正常的顺序做或可以放一放再做的。

②领导者在不违反原则的情况下，能够根据环境、条件的变化随机应变，妥善、灵活地处理和解决实际问题。此外，领导者的处事艺术还包括能把企业的长远目标和现实任务相结合，能把集体领导与个人分工负责相结合，能把科学预测和科学决策相结合等。

（3）掌握时间的艺术

作为一名现代企业的领导者，要善于合理地运用时间和把握时间，讲究掌握时间的艺术。在处理任何事情的时候，都要问一问自己：能不能取消这件事（或活动）？能不能与别的工作合并在一起来办？能不能用更简便的方法来取代它？也就是说，能取消的活动就不要举办，能合并的工作就一起办，能用简便的方法解决的就不要用烦琐的方法使之复杂化。从某种意义上说，节约时间就意味着提高效率。

（4）谈话的艺术

谈话在领导者的工作中占据着重要地位，它是领导者一种主要的工作形式，是一门科学性与艺术性很强的工作。领导者在与下级谈话时要注意以下几点：

①善于激发下级讲话的愿望。

②善于启发下级讲真情实话。

③善于就问题的实质进行谈话。

④善于将谈话引向深入。

⑤善于掌握批评的分寸。

⑥善于表达对谈话的热情与兴趣。

⑦善于克制自己，避免冲动。

⑧善于对付谈话中的停顿。

⑨善于把谈话中的公事与私事分开。

⑩善于透过现象看本质。

3）领导艺术的内在因素

领导艺术是在正确的价值原则指导下，由领导者的智慧和经验产生的领导技巧。从领导艺术主体的角度分析，价值、经验、智商、情商是影响领导艺术水平发挥的四大内在因素，这四者的有机融合创造了领导艺术的至高境界。

（1）价值——领导艺术的方向舵

价值是指客体对主体所表现出来的意义和效用，它决定了主体对客体的偏好。在领导活动中，这种偏好就表现为领导者对领导活动对象（目标、策略、工具、手段等）的态度和选择。领导艺术作为艺术化和人格化了的领导活动，最能体现领导者的价值取向。

（2）经验——领导艺术的凝结核

经验是在实践中积累的知识和技能，它表现为一种感性的认识。领导经验是领导者在领导实践中获得的关于领导工作的知识和技能。领导艺术是以创造性为特征的领导技巧，它产生于经验又高于经验，它与领导经验一样有一个在实践中逐步积累升华的过程。在这个积累过程中，经验就像凝结核一样，把领导者在实践中的点滴感悟、心得、体会、灵感聚集在一起，不断地系统化和知识化。当这种系统化和知识化的经验结晶与人的创造性联系在一起时，就形成了独具特色的领导艺术。

（3）智商——领导艺术的催化剂

智商是人的智力程度的量度。在领导活动中，智商主要表现为领导者的思维能力，包括理性思维能力和超理性思维能力。智商的高或低会对领导艺术的形成起加速或延缓作用。理性思维能力是领导者符合逻辑的判断、推理能力，它有助于加速领导经验艺术化的进程。

（4）情商——领导艺术的调节阀

情商是人们对自己情感的开发和控制能力的量度。在领导活动中，情商主要表现为领导者根据领导活动需要开发控制自我内心情感的能力。通过情商的作用，领导者可以有效地调节领导艺术，使之更能为群众所接受。

综上所述，现代领导者要不断改善自身的价值、经验、智商和情商这四大因素，树立正确的价值观以端正领导艺术的方向，积累丰富的经验以夯实领导艺术的基础，提高智力水平以加速领导经验向领导艺术转化的进程，提高情感开发和控制能力以形成领导艺术需要的社会氛围和调节自身的行为尺度。

8.2 领导有效性理论

管理专家对领导的有效性问题进行了长期的研究，按其发展阶段形成了三种理论：素质论、行为论和权变理论。

8.2.1 素质论

素质论认为，有一种能用来识别领导有效性的个人素质与特征。这种素质与特征主要是指领导者个人所具有的品德、能力、知识、修养和领导艺术等。

1）六类素质论

这是西拉季等人提出的。他们认为，领导者的素质可分为下列六类：体质特征、社会背景、智力、性格、与工作相关的特征和社会特征（见表8-1）。

表8-1 领导者的六类素质

体质特征	社会背景	智力	性格	与工作相关的特征	社会特征
年龄 体重 身高 外貌	教育 灵活性 社会地位 同事关系	判断力 果断性 说话流利程度	独立性 自信 支配、依赖 进取性 急性、慢性	成就的需要 创造性 坚持 责任的需要 对人的关心 对成果的关心 安全的需要	领导能力 合作精神 与人共事的技巧 正直诚实 权力的需要

2）十大条件论

这是美国普林斯顿大学教授鲍莫尔提出的，他认为企业领导人应具有下列十大条件：

（1）合作精神。愿意与他人共事，能取得别人的合作，对人不用压服而用说服和感服。

（2）决策才能。能根据客观实际情况而不凭主观想象做出决策，具有高瞻远瞩的能力。

（3）组织能力。善于发现下级才智，善于组织人力、物力和财力。

（4）恰当地授权。能把握方向，抓住大事，而把小事分散给下属去处理。

（5）善于应变。能随机应变，不墨守成规。

（6）勇于负责。对国家、职工、消费者以及整个社会，都有高度的责任心。

（7）勇于创新。对新事物、新环境、新技术、新观念，都有敏锐的感受力。

（8）敢冒风险。有雄心，对企业发展不利的风险敢于承担，能创造新局面。

（9）尊重他人。能听取别人的意见，并能吸取合理的意见，不狂妄自大，能器重下属。

（10）品德超人。品德为社会和企业内的人们所敬仰。

3）杰克·韦尔奇的观点

作为美国通用电气公司的董事长兼首席执行官，杰克·韦尔奇在2000年2月9日发表的致股东、客户与员工的一封信中阐明了公司成功的秘诀。在这封信中，他披露了公司多年来筛选领导的四个标准：

（1）旺盛的精力。要有对付急剧变化节奏的精力。

（2）鼓动能力。能“激发活力”，就是要有能力使机构兴奋起来，能激励、鼓动人们去采取行动。

（3）决断力。要有“锋芒”，有自信去面对棘手的问题，要说“是”或“不是”，而不要说“也许”。

（4）实践诺言。要“实施”，即永远都要兑现承诺，绝不让人失望。

4）最新的研究

最新的研究指出，六种人格特质与成功领导者相关，即进取心、领导意愿、正直与诚实、自信、智慧、与工作相关的知识。此外，研究还表明，高自我监控者（在调节自己行为以适应不同环境方面具有很强的灵活性）比低自我监控者更易于成为群体中的领导者。

对上面介绍的研究成果进行比较综合，我们会发现它们彼此之间存在很大的一致性。这也确实说明成功的领导者具有一些不可或缺的人格品质。我们可以得出这样的结论：具备某些人格特质确实能提高领导者成功的可能性，但没有一种特质是成功的保证。

8.2.2 行为论

知识拓展8-1

FBI是怎么选拔中层管理者的

如果素质论是成立的（即解决了怎样使领导行为成功的问题），那么管理学就变得简单了。先把成功的领导者挑出来，然后对他们的人格进行测验，找出共同点就行了。另外，由于人格的形成由两大因素决定，即遗传与环境。分出哪些特质是天生的，哪些特质是后天培养的，选择具有相应遗传特质的人，再辅以一定的训练，有效的领导者就诞生了。遗憾的是，几十年的努力没有证明这些。成功的领导并不这么简单。素质论在解决领导有效性问题上没有给人满意的答复，领导行为理论就成为新的出路。

领导行为理论是着重研究领导者如何以自己的不同行为和作风来影响被领导者，以及分析判断领导是否有效的一种理论。这种观点认为，与其说有效的领导来源于具有某种素质的领导者，不如说领导者的行为（就是怎么做）是关键因素。

素质论离遗传决定论更近，行为论则完全是环境决定论。行为论似乎更合乎我们这个时代的主流观念。

行为理论主要有X、Y理论，管理系统理论，领导行为四分图理论，管理方格图理论，PM领导行为类型理论等。

1）X、Y理论

领导者的行为和作风对被领导者的影响，与领导者对被领导者的看法有密切的关系。X、Y理论是有关领导者如何看待被领导者的两种理论。

美国工业心理学家麦克雷戈在他的《企业中人的问题》一书中，总结提出了两种对立的管理理论：X理论和Y理论。

（1）X理论

X理论的基本观点是：

①多数人天生是懒惰的，他们都尽可能逃避工作。

②多数人没有雄心大志，不愿负任何责任，而心甘情愿受别人的指导。

③多数人的个人目标都是与组织的目标相矛盾的，必须用强制、惩罚的办法，才能迫使他们为达到组织的目标而工作。

④多数人干工作都是为了满足基本的生理需要和安全需要，因此，只有金钱和地位才能鼓励他们努力工作。

⑤人大致可以分为两类，多数人都是符合上述设想的人，另一类是能够自己鼓励自己，能够克制感情冲动的人，这些人应负起管理的责任。

（2）Y理论

Y理论是与X理论根本对立的，其基本内容是：

①一般人都是勤奋的，如果环境条件有利，工作就如同游乐或休息一样自然。

②控制和惩罚不是实现组织目标的唯一方法。人们在执行任务中能够自我指导和自我控制。

③在正常情况下，一般人不仅会接受责任，而且会主动寻求责任。

④在人群中广泛存在着高度的想象力、智谋和解决组织中问题的创造性。

⑤在现代工业条件下，一般人的潜力只得到了部分的发挥。

由上可见，X理论和Y理论是两种根本对立的对人性的看法。持X理论的领导者一般采取“严格控制”的专制型领导方式。他们把金钱作为基本的激励手段，将惩罚作为重要的管理原则，也就是人们常说的“胡萝卜加大棒”的管理方式。因而，他们往往只关心完成组织任务，而忽视职工的感情和心理需要。Y理论则截然相反，它对人性的看法与“人之初，性本善”的观点有某些近似之处。因而，更多的人对持Y理论的领导者的评价更好些。也就是说，人们一般认为Y理论比X理论更有效。当然，究竟哪种理论更有效还要看工作任务的性质、人员的素质以及所处的环境，不能一概而论。

2）管理系统理论

美国管理心理学家利克特等人对人的行为进行了长期的研究。他们认为，从非常专制独裁的领导作风到非常民主的领导作风，可以把领导行为分为四种基本的作风或系统（见表8-2）。

表8-2 利克特的管理系统

领导作风的变量	第一系统（极端专制独裁型）	第二系统（仁慈的独裁型）	第三系统（民主协商型）	第四系统（民主参与型）
下属对领导者的信心和信任程度	毫无信心和信任	有点信心和信任	有较大的信心和信任	有充分的信心和信任
下属感到与领导者一起讨论重要问题的自由程度	根本没有自由	只有非常少的一点自由	有较大的自由	有充分的自由
在解决工作问题方面，领导者征求和采用下属所提意见和建议的程度	很少采用下属的意见和建议	有时采用下属的意见和建议	一般能听取下属的意见和建议，并能积极地采用这些意见和建议	经常听取下属的意见和建议，并且总是积极地运用这些意见和建议

第一系统：极端专制独裁型。权力集中在最高一级，下属没有任何发言权。上下级之间存在着一种互不信任的气氛。

第二系统：仁慈的独裁型。这种领导者对待下属是采用父母对待子女的方式。权力控制在最高一层，但授予中下层部分权力。在执行过程中奖惩并用，上下级之间的意见沟通是表面的、肤浅的。下属对他们的领导者是非常小心谨慎和害怕的。

第三系统：民主协商型。重要问题的决策权在最高一层，授予中下层部分权力，有时在一些次要问题上，下级也有决定权。上下级之间有比较深的相互沟通联系，关系比较融洽。

第四系统：民主参与型。让职工参与管理，上下级处于平等的地位，有问题的双方民主协商、讨论。最后决策由最高层领导做出。另外，按分工授权的原则，在规定范围内，下级有自行决策权。领导者一般在向下级提出符合企业要求的具体目标后，不过多干预下级如何实现目标的方法，而是给予大力支持。通常，上下级之间有良好的意见沟通和感情联系。

在这四种系统中，第四系统的效果最好，第一系统的效果最差。因此，利克特比较认同第四系统。他的这一理想主义领导理论有一定的积极意义，为我们推行民主管理提供了心理依据。根据利克特本人的调查结果，具有高度成就的部门领导者，大部分都接近于第四系统，而成就低的部门领导者大都接近于第一系统。当然，事情也不总是这样简单。在一定的条件下，也需要采用第一系统或第二系统的领导方式。就像泰坦尼克号在快要沉没的时刻，如何把目标乘客迅速地转移到救生艇上去，就要求船长采取强硬的措施，甚至要用一种残酷的方式来解决问题。在这种紧急情况下，第一系统或第二系统的领导方式常常会优于第三系统或第四系统的领导方式。

3）领导行为四分图理论

在行为科学的研究中，许多研究者发现领导行为与工作绩效之间存在着密切的关系。在这方面，俄亥俄模式最为著名。俄亥俄州立大学研究小组先把鉴别领导行为的项目分解为1 000多项，最后归纳为“抓组织”和“关心人”两大因素。

“抓组织”是以关心组织任务为导向的领导行为，包括组织设计、明确职责和关系、确定工作目标等。

“关心人”是以关心、体贴职工为导向的领导行为，包括建立相互信任的气氛、尊重下级意见、注意下级的感情和问题。

该研究组按照这两类因素的内容，设计了“领导行为描述问卷”，每类列举了15个问题进行问卷调查。根据调查结果发现，两类领导行为在同一个领导者身上有时一致，有时并不一致，因此他们认为领导行为是两类行为的具体组合。他们用“四分图”来鉴别领导，评定领导类型，如图8-1所示。

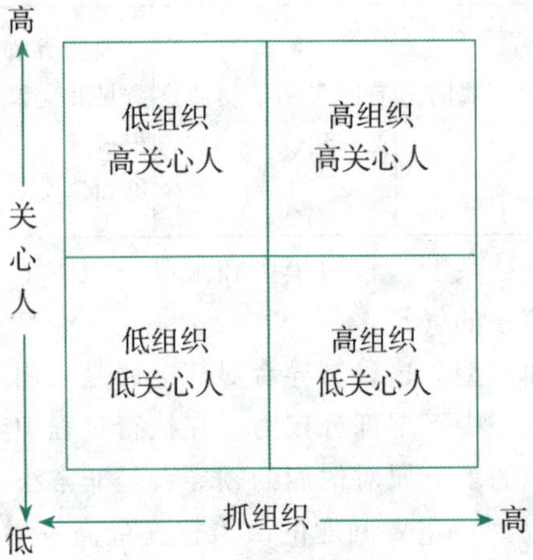

图8-1 领导行为四分图

这个四分图从两个方面来考察领导行为。同一个领导者，往往是兼具两个维度的组合体。他可能在这一维度（抓组织）有较高的得分，在另一维度（关心人）却可能得分很低。用这一方法可以看出以下四个结果：

第一，低关心人、高组织。属于低关心人而高组织的领导者，最关心的是工作任务。

第二，高关心人、低组织。高关心人而不抓组织的领导者，大多数更为重视领导者与下级之间的合作，重视营造相互信任和相互尊重的气氛。

第三，低组织、低关心人。低组织而又低关心人的领导者，对组织、对人都不关心，这种领导方式效果最差。

第四，高组织、高关心人。高组织又高关心人的领导者，对工作任务和下属需求都比较关心。

那么，这四种领导行为哪种最好呢？不能一概而论。因为在某一情况下，也许高组织、低关心人的领导者最佳；在另一种情况下，可能以高组织、高关心人的领导者为最佳。因此，要根据具体情况而定。

4）管理方格图理论

在俄亥俄州立大学领导行为四分图理论的基础上，布莱克和莫顿于1964年提出了管理方格图理论。这是一张九等分的方格图，横坐标表示领导者对生产的关心程度，纵坐标表示领导者对人的关心程度。评价领导人时，就按这两个方面的行为寻找交叉点。这个交叉点就是这个领导者的领导类型，如图8-2所示。

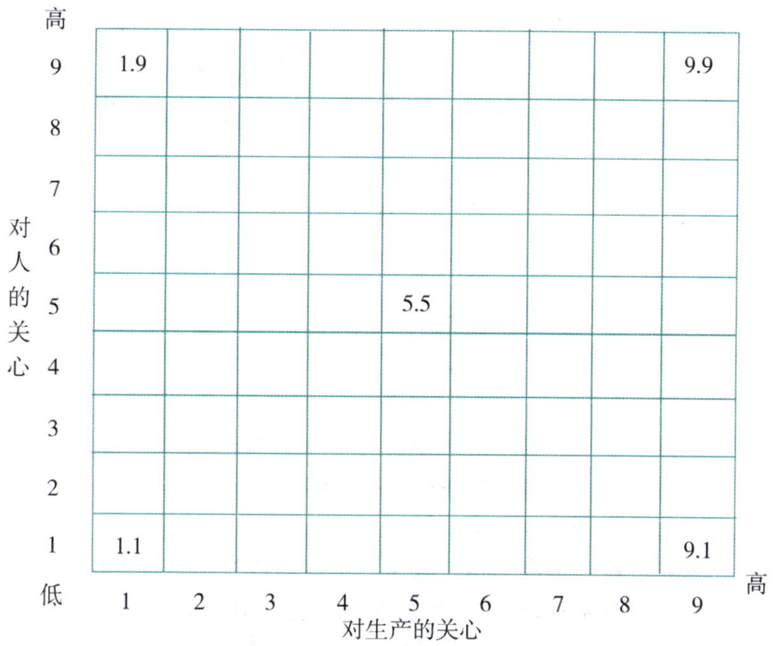

图8-2　管理方格图

例如，某领导者关心人的程度达到9，而关心工作的程度很低，只有1，这样两者交叉点就是1.9。他就是1.9型的领导者。

布莱克和莫顿在提出这个方格图时，列举了五种典型的领导者类型：

（1）1.1型领导者。这类领导者对职工和工作都不关心。

（2）9.1型领导者。这是一个任务型的领导者，只抓工作，不关心职工。

（3）1.9型领导者。这是一个俱乐部式的领导者，只关心人，注意搞好人际关系，使组织内充满轻松友好的气氛，但是对生产任务则不关心。

（4）9.9型领导者。这是一种战斗集体的领导方式。领导者既关心人，又关心生产任务的完成，因而与职工关系协调，职工士气旺盛，生产任务也完成得很出色。

（5）5.5型领导者。这是一个一般化的领导者，对职工的关心一般化，任务完成得还算过得去。

上述五种类型的领导者哪类最好呢？大多数学者认为9.9型的领导者最好，以下依次是9.1型、5.5型、1.9型、1.1型。布莱克和莫顿认为，应该根据环境条件的变化来选择最佳的领导方式，其中以最能获得工作效果的类型为最好。

5）PM领导行为类型理论

日本大阪大学的心理学教授三隅二不二，在各国有关领导行为理论和量表调查的基础上，提出了在国际上具有一定影响力的PM理论。

他将领导方式分为两类：一类是以执行任务为主的领导方式（Performance-Directed），简称P型；另一类是以维持群体关系为主的领导方式（Maintenance-Directed），简称M型。二者合起来，简称PM型。

P类型的行为特征，是将组织中每一个成员的注意力引向目标，使问题明确化，拟定工作程序，运用专门的知识评定工作成果等。

M类型的行为特征，是维持和睦的人际关系，调解成员之间的纠纷，为少数派提供发言的机会，促进成员的自觉性与自主性，增进成员之间的相互了解和交流。

三隅二不二将领导行为方式分为四种类型，即PM型、P型、M型、pm型，如图8-3所示。

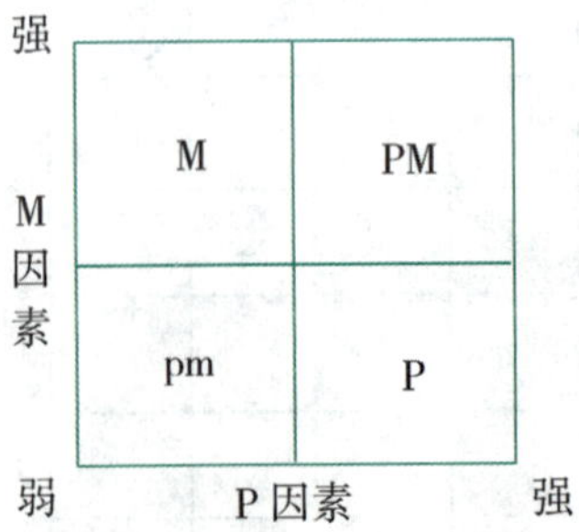

图8-3 PM领导行为类型图

这四种类型的管理效果是不同的。从表8-3可见，PM型的领导行为管理效果最好，用这种领导方式可达到最高的生产效率，下属对组织的信赖度也最高，领导对下属的亲和力也最强。P型领导与M型领导都只能取得中等的生产效率，对组织的信赖度与亲和力分别占第二位或第三位。pm型的领导行为管理效果最差，用这种领导方式只能导致最低的生产效率，下属对组织的信赖度最低，领导对下属的亲和力也最弱。

表8-3　　PM领导行为四种类型的管理效果

PM领导行为类型	生产效率	对组织的信赖度	亲和力
PM	最　高	最　高	最　高
P	中　间	第二位	第三位
M	中　间	第三位	第二位
pm	最　低	最　低	最　低

8.2.3　权变理论

权变理论又称情景论或环境论。领导行为研究成果表明，领导的有效性不仅与领导者的行为和素质有关，而且与领导者所处的环境关系更大。权变理论正是着重研究领导者行为在一定环境下有效的那些环境变量的理论，它指明有效的领导因环境的变化而变化。这里主要介绍菲特勒模式、途径-目标理论和生命周期论。

知识拓展8-2

领导特质和领导行为哪个更重要?

1）菲特勒模式

菲特勒是第一个把人格测量与情景分类联系起来研究领导绩效的心理学家。他经过大量的调查和长达15年的研究，提出了“有效领导的权变模式”，通常也叫菲特勒模式。他认为，领导效果的好坏受三种情景因素的影响：一是领导者与被领导者的关系；二是工作任务是否明确；三是领导者所处地位的固有权力以及取得各方面支持的程度（职务权力）。菲特勒认为，对领导效果来说，如果这三个环境因素都是好的，那就是最有利的条件；反之，三个因素都不好，那就是最不利的条件。

就每个条件来说，又有好坏之分：上下级关系有好有坏；工作任务明确或不明确；地位权力有强有弱。

菲特勒对1 200个群体进行调查分析的结果表明：在最有利环境条件下和最不利环境条件下，采用任务导向型的领导方式效果较好；处于中间状态的环境条件下，采用人群关系型的领导方式效果较好。

根据上述三个环境因素条件的变化和相互不同的搭配，领导方式可具体分为以下8种（见表8-4）。

表8-4　　8种领导方式

情况	领导者与被领导者的关系	工作任务是否明确	职务权力	领导者的领导方式
1	良好	明确	强	任务导向型
2	良好	明确	弱	任务导向型
3	良好	不明确	强	任务导向型
4	良好	不明确	弱	人群关系型
5	不良	明确	强	人群关系型
6	不良	明确	弱	无资料
7	不良	不明确	强	无资料
8	不良	不明确	弱	任务导向型

这8种领导方式，说明环境因素条件决定领导方式。比如第1种领导方式，在领导者与被领导者关系良好、工作任务也较明确、职权又较强的环境下，就应采用以关心任务为中心的专制的领导方式。又比如第8种领导方式，在领导者与被领导者关系不好、工作任务又不明确、职权又比较弱的情况下，也应采用任务导向型的领导方式。再比如第4种领导方式，在领导者与被领导者关系好、工作任务不明确、职权又比较弱的环境下，则应采用人群关系型的领导方式。

2）途径-目标理论

途径-目标理论是由加拿大多伦多大学教授伊凡斯和豪斯提出的。该理论认为，领导的有效性取决于领导者能激励下属达到组织目标的能力，以及使职工在工作中得到满足的能力。它要求领导者帮助职工排除达到目标的障碍，在领导过程中提供或创造各种满足职工需要的机会。

途径-目标理论认为，有4种领导方式可供同一领导者在不同环境下选择使用。这4种领导方式是：

（1）指令性方式：领导者发布指示，决策时没有下级参与。

（2）支持性方式：领导者对下级很友善、关心，从各方面给予支持。

（3）参与性方式：领导者在做决策时征求并采纳下属的合理化建议。

（4）以成就为目标：领导者向下属提出挑战性的目标，并相信他们能够达到目标。

途径-目标理论认为，最有效的领导方式必须考虑到情景因素，如下级的特点和任务的性质等。因为高组织高关心人的组合并不一定就是最有效的领导方式。例如，当下级觉得自己有能力完成任务、很需要荣誉和交往时，就应选择支持性的领导方式；而当工作任务模糊不清、职工无所适从时，他们希望采取指令性的领导方式，帮助他们对工作做出明确的规定和安排。当工作内容已经明确，或者是一些比较熟悉的例行性工作时，领导仍然不断地发出指令，就会使职工感到厌烦，引起职工的不满。因此，这时最好采取支持性的领导方式。

3）生命周期论

心理学家卡曼把俄亥俄州立大学的领导行为四分图法与阿吉里斯的“不成熟-成熟”理论结合起来，创造了三度空间领导效率模型。

这个理论认为，领导者的行为要与被领导者的成熟度相适应。随着被领导者的成熟度逐步提高，领导的方式也要做出相应的改变。这里所说的成熟度，主要是指有成就感、有负责任的意愿和能力、有工作经验和受过一定的教育等。其中，年龄是一个成熟的因素，但不是唯一因素。因为这里的成熟度主要是指心理的成熟度，而不是生理的成熟度。

一般来说，职工成熟度的平均水平有这样一个发展过程：不成熟→初步成熟→比较成熟→成熟。在这个过程中，领导的方式不能一成不变，否则将影响领导的效果。

卡曼指出，随着职工年龄的增长、技术的提高，由不成熟逐渐向成熟发展，领导行为也应该按照下列顺序逐渐推移：高任务低关系→高任务高关系→高关系低任务→低任务低关系（如图8-4所示）。

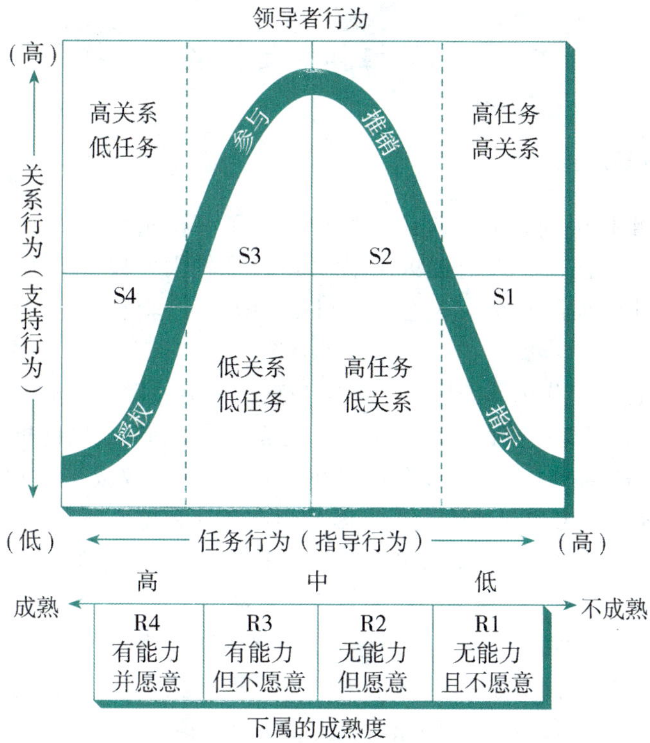

图8-4 生命周期论模式图

在图8-4中，横坐标表示以任务为主的任务行为，纵坐标表示以职工为主的关系行为。同时引进了第三个因素——成熟度。任务行为表示领导用单向沟通模式来指示下属人员干什么、怎么干等。关系行为表示领导用双向沟通方式来指导下属，并照顾职工的福利。

R1阶段，被领导者的成熟度处于不成熟阶段。他们既无能力又无工作积极性。在这种下属既不胜任工作又不能被信任的情况下，可以采用高任务低关系式领导，即指示式领导，也称为命令式领导。

R2阶段，被领导者的成熟度进入初步成熟阶段。他们缺乏能力但有工作积极性，可以采取任务行为和关系行为都略高的领导方式，即说服式最为有效。领导与下属通过双向沟通，相互交流信息，相互支持。因此，领导应该采用高任务高关系的领导方式。此种领导方式被形象地称为推销式领导。

R3阶段，当被领导者的成熟度处于比较成熟阶段时，被领导者有能力但没有工作积极性，这时领导者的任务行为要减少，关系行为要加强，即参与式最为有效。领导应该采用高关系低任务的领导方式。这就是参与式领导。

R4阶段，当被领导者的成熟度发展到成熟阶段时，他们既有能力又愿意完成领导交给的任务，领导者应采取低任务低关系的领导方式，即授权式最为有效。这时领导者无须做更多的事，给下属以权力，领导者只起监督作用，通过充分授权、高度信任来调动下属的积极性。

8.3 最新领导理论

8.3.1 魅力型领导理论

20世纪70年代中期，领导理论研究中出现了一次重大改变，这就是魅力型领导理论的建立，并且这一理论在90年代又获得了较大发展。魅力是领导者个人具备的带有鼓舞性的人际吸引力，包含个性、能力、经验和坎坷经验中形成的综合素质。

早在20世纪20年代末，德国社会学家马克斯·韦伯就提出了“魅力型领导”的概念。韦伯的研究兴趣是探讨权威、宗教、经济力量如何随着时间推移而影响整个社会。韦伯认为，社会中的权威可以分成三种类型：传统型权威、法定型权威和魅力型权威。韦伯认为，魅力型权威的获得是因为领导者具有超人的素质或者神授的权力，这将他们与普通人区别开来。魅力型权威存在于这些有非凡素质的人们之中，是其杰出素质的产物。根据韦伯的观点，魅力型领导者产生于社会边缘，在重大的社会危机时期以领导者身份出现。与传统型领导和法定型领导不同，魅力型领导的生命期很短，为使下属相信自己拥有超越常人的素质，领导者必须建立起成功的形象，任何失败都将使追随者质疑领导者拥有的超凡权力，进而侵蚀领导者的权威。

魅力型领导者自信并且信任下属，对下属有很高的期望，有理想化的远景以及使用个性化的样板。魅力型领导者的追随者们认同领导者和他们的任务，显示对领导者的无限忠诚和信心，效法领导者的价值观和行为，并且从他们与领导者的关系中获得自尊。

近来，有学者通过把诸如杰克·韦尔奇或比尔·盖茨或者一些成为顶级执行官的女性包括进来，扩展了魅力型领导者的范畴。因此，人们发现魅力型领导者具有出众的辩论和说服技巧，也有技术专长，并且他们促进了追随者们在态度、行为和情感上的变化。

最新的研究揭示了魅力型领导者的追随者会显示出更高水平的自我意识和自我管理。麦吉尔大学的康格（Conger）和凯南格（Kanungo）的研究结论是，魅力型领导者具有如下特点：他们有一个希望达到的理想目标；为此目标能够全身心地投入和奉献；反传统；非常固执而自信；是激进变革的代言人而不是传统现状的卫道士。

小知识8-2　　两块儿石头的对话

夜深人静，寺庙里的两块儿石头在小声交谈。铺在地上当台阶的一块石头向被雕成佛像的另一块儿石头抱怨说：“咱俩从一座山上来，瞧你现在多风光，每天都有那么多人跪在你脚下顶礼膜拜。我怎么这么倒霉，每天被人踩来踩去。”被雕成佛像的那块石头略微沉思，慢悠悠地说：“老兄，别忘了，进这座庙时，你只挨了四刀，我可是挨过千刀万剐呀!”

石头如人。纵观古今中外，遍阅典籍史册，那些有大成就、大功德、大名声、大造化的成功人士，哪一个不是历经千辛万苦，受尽百般磨难，最后才能修成正果，成名成家？《红楼梦》第八十二回里，袭人开导宝玉说：“成人不自在，自在不成人。”貌不惊人的小丫头嘴里，也有千古真理！大千世界，芸芸众生，谁都渴望人生辉煌，成名成家。可你得先问问自己，做好了挨“千刀万剐”的思想准备了吗？能忍受住“千刀万剐”的剧痛吗？

资料来源 佚名.两块儿石头的对话［EB/OL］.［2015-03-20］. http://www.todayonhistory.com/a/lsyy/12849.html.

8.3.2 领导者-成员交换理论

以前的领导理论都假设领导者是以一视同仁的态度和作风对待下级的。实际上，领导者对其下级是区别对待的，是有亲疏之分的。这种理论被称为领导者-成员交换理论，或“领导的垂直双向链接模型”。

该理论认为，领导者与下级个人的关系各不相同。领导者将根据自己与下级关系的亲疏而施以不同风格的领导。所谓“垂直双向链接”是指一位领导者与一部分下级形成的关系。这种关系基本上分为两大类。

一类是与“圈内”人的关系。领导者对这类下级委以重任，给予较多的关心、帮助和支持，对他们更加信任，对他们的需要也更为敏感，为他们提供较多参与决策的机会。而这些下级则以更加努力工作、愿意承担重大责任和取得优异成绩予以回报。双方的行为依靠的是这种人际交换而不是正式岗位职权的运用，因而这种关系是非正式的。“圈内”的下级往往具有较高的工作绩效、较高的工作满意度和较低的离职率。

另一类是与“圈外”人的关系。在这种关系中，下级接受上级的正式职权以换取应得的工资报酬。这也是一种交换关系，但没有密切的私人友谊，他们之间是一种职务上的正式关系。比较而言，“圈外”人的工作绩效和工作满意度要低于“圈内”人。

这种“圈内”和“圈外”的关系，往往在上下级接触的早期就会形成，一旦建立，则较为稳定，难以改变。

这种理论也受到一些批评。一些学者认为，这种理论还缺乏充分的论据，没有说明下级如何成为“圈内”人以及上下级之间的交换关系是如何运作的。但日常观察表明，一些组织中确实存在“圈内”人与“圈外”人的事实。这种现象会造成什么样的组织结果，尚待进一步研究。

案例窗 8-1

公司为什么会有“小圈子”文化

小张刚入职场不久，斗志颇高，开会勇于发表自己的意见，做PPT十分精美，资料研究工作扎实，提交的报告也可圈可点。

然而不久他就发现，自己的建议常常被领导忽视，连跟领导单独交谈的机会都很少，重要的工作也轮不到他。更令他气愤的是，一项完整的工作，却被领导拆成两部分：艰苦、烦琐的前期资料准备工作由他进行，后期出业绩的阶段却转交给别人。升职加薪等好处当然也轮不到他。

小张认为自己的能力不输给同期同事，但他怎么证明这一点呢？首先，他要获得机会。

假设小张是房地产中介，他完全可以通过销售业绩证明自己的能力，因为这个职业对公司资源的依赖性很弱。我们也发现，像二手房中介、创业性企业、小型创意公司等强调单兵作战能力的组织中，“小圈子”文化并不常见。

但假设小张是IT行业的大客户销售代表，他的问题就来了。他的业绩在很大程度上依赖于公司分给他的资源，比如销售区域是否成熟、客户是否靠谱。

又比如，假设小张是在研发部或市场部这一类职能部门，他的业绩又往往取决于领导对他的业务授权。

假设你是小张的领导，又假设你是一个正直的人，你会不会把更靠谱的客户或更多的授权给小张呢？

你也许犹豫了，因为无论是客户资源还是业务授权，都是你付出的成本。为了寻找安全感，你肯定要找你信任的人，就像你买贵一点的东西就要认品牌一样。

小张既然不是你小圈子里的成员，那么他平时与你的沟通肯定不多，他又怎么能取得你的信任呢？

然后领导觉得某些人靠谱，把重要的工作分配给他们，并配备更多的资源和授权，出了业绩之后，领导会更信任这个“小圈子”，这种预期与结果的相互影响，在心理学上叫“自我实现预期”。

时间长了，圈内人与领导还会建立稳定的情感关系，领导也形成了对圈内人的“路径依赖”。

资料来源　人神共奋.公司为什么会有“小圈子”文化？什么样的人才能进“小圈子”？［EB/OL］.［2016-12-10］. https://www.jianshu.com/p/e7dc2201d90b.

分析提示：小张表面上是这个部门的人，但实际上被一个无形的小圈子排除在外。

“小圈子”文化并不符合中国传统价值观，对它我们过去更多持批评的态度，但领导者-成员交换理论并不这么认为。

领导者-成员交换理论认为，每一个员工的能力有大小，重要的工作必须优先安排给能力强的员工。久而久之，这些员工得到更多的锻炼机会，与领导者沟通更多，更理解领导者的意图，最终在领导者身边形成了一个看不见的“小圈子”。同时，领导者的时间是有限的，要提高管理效率，就不可能绝对公平地给每一个员工机会，只能按“二八法则”，将80%的精力用于管理20%的圈子成员。

很明显，领导者-成员交换理论讲的不是公平，而是效率。调查发现，“小圈子”文化在效率型组织（营销驱动）中出现的概率，远比公平型组织（战略驱动）高得多。

8.3.3 领导归因理论

归因理论可以解释对领导的知觉现象。归因理论告诉我们，当事件发生后人们总要寻找发生的原因。人们倾向于把极端的结果归因于领导者个人，而不管事实上领导者是否真的起了作用，在组织绩效非常高和非常低时就会出现这种情况。另外，人们倾向于用这些人格特质来描述领导者：智慧、随和的个性、很强的语言表达能力、强烈的进取心、较强的理解力等。领导归因理论还发现，人们常常认为有效的领导做出的决策前后连贯或坚定不动摇。

8.3.4 变革型领导理论

变革型领导理论是西方研究的热点问题，近年来关于变革型领导理论的研究取得了较为丰富的研究成果。

伯恩斯认为，变革型领导是领导与下属之间彼此提高成熟度和动机水平的过程。伯恩斯给变革型领导下的定义为：通过让员工意识到所承担任务的重要性，激发下属的高层次需要，建立互相信任的氛围，促使下属为了组织利益牺牲自己的利益，并达到超过原来期望的结果。

变革型领导行为是领导向员工灌输思想和道德价值观，并激励员工的过程。在这个过程中，领导除了引导下属完成各项工作外，常以领导者的个人魅力，通过对下属的激励、刺激下属的思想、对下属的关怀去改变下属的工作态度、信念和价值观，使下属为了组织的利益而超越自身利益，从而更加投身于工作中。变革型领导行为可以使下属产生更强的归属感，满足下属高层次的需求，获得高的生产率和低的离职率。变革型领导理论探究的是领导者如何影响下属与工作有关的因素——自尊、自信、对领导者的信任以及责任感——所诱发的绩效动机等。

案例窗 8-2

丘吉尔作为拯救大英帝国的英雄，在第二次世界大战胜利来临之际被英国选民选下了台。那是1945年7月英国大选后，理查德·皮姆爵士去看望丘吉尔，把大选结果告诉他。当时，丘吉尔正在浴缸里洗澡。当理查德·皮姆爵士把大选失败的消息告诉他时，丘吉尔说：“他们有权利把我赶下台，那就是民主，那就是我们一直奋斗争取的，现在烦劳您把毛巾递给我。”

后来，重权在握的斯大林与丘吉尔见面，不无讥讽地说道：“丘吉尔先生，你打赢了仗，人民却罢免了你。你看我……”丘吉尔却凛然地回应：“我打仗就是保卫人民有罢免我的权利。”

资料来源 根据网络资料整理。

分析提示：这种“卸磨杀驴”“过河拆桥”的行为恰恰说明英国文化和民众的成熟。丘吉尔作为危机型领导者，应付危机是恰当人选，但领导和平重建的英国甚至世界，就可能不胜任。

变革型领导行为的前提是领导者必须明确组织的发展前景和目标，下属必须接受领导者的决策。其主要特征为：

第一，超越了交换的诱因，通过对员工的开发、智力激励，鼓励员工为群体的目标、任务以及发展前景超越自我的利益，实现预期的绩效目标。

第二，集中关注较为长期的目标，强调发展的眼光，鼓励员工发挥创新能力，并改变和调整整个组织系统，为实现预期目标创造良好的氛围。

第三，引导员工不仅为了他人的发展，也为了自身的发展承担更多的责任。变革型领导行为拓宽了领导行为的研究范围。

8.3.5 基于价值观的领导理论

基于价值观的领导理论是由罗伯特·豪斯在综合了20世纪70年代以后的领导理论后率先提出的，代表了新的领导理论研究进展。领导者唤起成员们共同的价值观、理想、愿景或者信念，给予下属信心的行为是一个企业走向成功不可缺少的要素。

罗伯特·豪斯将基于价值观的领导定义为：持有明确而崇高价值观的领导者向组织注入核心价值观，并以此作为种子因素孕育组织文化，在此文化中通过沟通信仰、传递愿望和从事所有组织实践，强化领导者提出的核心价值观，使下属认可并内化组织核心价值观，以形成持久工作的行为动机，激励下属做出岗位要求以外的努力。这种领导方式就是基于价值观的领导。

基于价值观的领导理论认为领导过程包含以下四个阶段。

1）领导者注入价值观

领导者的价值观是种子因素，组织变革成功与否关键取决于领导者价值观的优劣。如果领导者的价值观不具备某些优秀的品质，那么领导者根本不能发挥任何作用，相反倒有成为旧组织文化俘虏的可能。

2）价值观共鸣激发下属的动机与情感

领导者价值观需要同下属的价值观存在一定的共性，否则就失去了形成组织共同价值观和共同愿景的前提。

3）共同价值观的形成

组织共同价值观是领导者价值观的衍生因素。领导者价值观的灌输目的是在组织中形成一套为所有人共同认可的行为模式和价值体系。在这个共同基础之上，产生能够让组织成员自愿接受并自觉奋斗的共同愿景。

4）对共同价值观的强化

对共同价值观强化的目的在于保持组织价值观的生命力，使它成为维护组织使命的一个重要组成部分，而不至于受到领导者变更的影响。

基于价值观的领导理论与以往许多领导理论的很大不同之处还在于：它衡量激励效果的指标是下属的归属感——他们眼中的高层管理者的有效性、工作积极性和满意程度。以往的领导理论在激励效果衡量方面要么是以任务或工作为导向的，要么是以员工的满意程度为导向的，而基于价值观的领导理论则更加综合。

8.3.6 服务型领导理论

服务型领导理论是在实践中发展起来的一种领导理论和模式。服务型领导主张领导者通过提供服务而不是控制下属帮助员工成长、发展，并为他人取得物质和精神上的成功提供机遇。为他人服务是服务型领导者的主要目的。

服务型领导完全颠覆了传统权力模式，要求领导者能够牺牲个人利益，“同意担任服务员的领导者愿意对大型组织的正常运转承担责任”。

世界知名跨国企业壳牌石油公司就是按照服务型领导模式进行领导行为改造的。壳牌石油公司鼓励组织内部推行服务型领导，并将服务型领导者定义为具有如下特征的人：

（1）能够认识到个人不能回答所有的问题；

（2）展示出谦虚和弱点；

（3）促进个人以及他人和组织的改变；

（4）具有构建组织和个人的能力。

服务型领导者除了要具有上述特征外，还要按照下述四种方式采取行动：

第一，服务比个人利益更重要。服务型领导利用手中的权力和影响力帮助个人和组织成长，而不是谋求个人利益。他们认为，组织是为了给员工提供有意义的工作而存在，而员工的存在是为组织工作。服务型领导意味着做对别人有益的事情，尽管这不能给自己带来经济利益。

第二，在支持别人之前认真倾听。服务型领导者应该清楚自己不能解决所有的问题，因此，他必须认真倾听他人的意见。通过认真倾听，他们可以更好地认识其他人面临的问题，并能够采取符合他们需要的行动。

第三，通过值得信赖而提倡信任。服务型领导者通过履行诺言、对他人完全诚实、放弃控制以及关心他人利益来建立信任。他们分享所有的信息，不论是好是坏，并且为群体而不是个人利益做出决策。另外，相信他人做出的决策也可以巩固信任。服务型领导者可以获得信任，因为他们放弃了一切——权力、控制、奖励、信息和赞誉。信任促进了一切。

第四，培养他人并帮助他人成长。服务型领导者帮助其他人接受其责任和自我实现。也就是说，帮助他人成为有能力的人，这需要愿意并乐于分享他人的痛苦和难题；和他人保持密切联系意味着领导者是软弱的，并愿意公开自己的痛苦和博爱。

本章小结

★ 领导是指引和影响个体、群体或组织，在一定条件下实现所期望目标的活动过程。领导的基本功能包括组织功能和激励功能两个方面。

★ 本章介绍了三种领导有效性理论，即素质论、行为论和权变理论。素质论认为，有一种能用来识别领导有效性的个人素质与特征。这种素质与特征主要是指领导者个人所具有的品德、能力、知识、修养和领导艺术等。行为论认为，与其说有效的领导来源于具有某种素质的领导者，不如说领导者的行为（就是怎么做）是关键因素。权变理论又称情景论或环境论。领导行为研究成果表明，领导的有效性不仅与领导者的行为和素质有关，而且与领导者所处的环境关系更大。权变理论正是着重研究领导者行为在一定环境下有效的那些环境变量的理论，它指明有效的领导依环境的变化而变化。

★ 最新领导理论主要有魅力型领导理论、领导者–成员交换理论、领导归因理论、变革型领导理论、基于价值观的领导理论和服务型领导理论。

核心概念

领导　领导影响力　领导艺术

基本训练

随堂测8-1
判断题

□ 知识题

8.1 判断题

1）只要找到一个具有领导素质的人，就可以解决领导的有效性问题。（ ）

2）影响力是一个人在与他人的交往中，影响和改变他人心理与行为的能力。（ ）

3）领导者的资格与经历是产生影响力的因素。（ ）

随堂测8-2
选择题

8.2 选择题

1）在领导生命周期理论中，可以看出被领导者的（ ）对领导者的影响。

A.知识范围　B.成熟度　C.技能水平　D.经历

2）领袖魅力的人格特点包括（ ）。

A.自信　B.远见

C.清楚表述目标的能力　D.特立独行

8.3 简答题

简述领导行为四分图理论。

□ 技能题

以你所在的班级为例，根据你的观察，班长（或辅导员）在日常的管理工作中是下述哪种理论（X理论或Y理论）的实践者？请说明理由。

观念应用

□ 分析题

最伟大的CEO就是最伟大的教练

美国通用电气公司前董事长杰克·韦尔奇留下这样的名言："最伟大的CEO就是最伟大的教练。"这说明一个好的领导者就是一个好的教练。当今西方成功的企业无不应用教练技术，也要求企业管理者具备教练的能力。10余年来，教练技术在德国企业管理中被广泛应用。在德国企业中，领导者如果不具备教练的能力，根本就没有可能胜任高职位的管理工作。

有一家非常有名的报社，其报纸通过流水线、高度自动化高效率地印制出来。报纸在夜里印刷，以便早晨及时发行。在夜班生产线上只有一个员工控制着整个流水线的进程，他的职责是对指示灯进行监控，以掌握整个流水线是否正常作业。

一天，报社领导与一个即将上夜班的员工进行一次谈话。领导警告这名员工，如果再不努力就不能在这里继续工作。这个工人感到很沮丧，以至于没有心思进行监控，因为他大脑里想的都是刚才的谈话。夜班开始了，他站在流水线前，越想越生气。他走进卫生间，拿起一卷手纸砸向流水线。顿时所有的流水线都停止了工作，这家报馆一整天的生产就这样被轻易毁掉了。

领导者仅仅由于一次工作方法的失误，就给企业带来逾千万美元的直接经济损失，还有事件本身给企业内部员工和外部顾客造成的难以挽回的负面影响。由此可见，软性管理在现代企业运营中扮演着不容忽视的角色。要想切实提高企业长远的经济效益和社会效益，必须应用教练技术，以人为本，让员工在企业中发挥最大的能动作用。

具有教练能力的领导者是一位发现人、开发人的大师，如同一位专业的雕塑家一样。教练型领导者知道对方潜在的资源、能力，并与其一道去发现、挖掘。具备教练的素质并不意味着他需要很多专业知识、某些相关的技术和商业方面的理论。教练主要是具备良好的洞察能力、倾听能力和引导人的能力，知道如何发现问题、确定目标、交流、与别人合作。教练的任务是通过沟通来引导人，带领他人去达成目标。

一家医疗器具集团公司的总裁经常去参加某一课程的学习。当被问到他怎么会有如此多的时间来学习时，他回答说："我们公司尽管有几千人，但我只管三个人，一个是主管销售的副总，另外两个分别是主管行政的副总和财务总监，你说我能不清闲吗？"他分享成功的秘诀是：有权而不滥权，授权而不弃权，用人而不佣人，懂钱而不动钱。

究竟是什么原因让他能如此气定神闲、游刃有余地管理企业呢？因为他达到了教练的境界。一个具有教练境界的领导者在企业中主要从事价值观、身份定位和愿景的工作。他会把教练技术引进企业，在企业中建立教练文化，让员工的价值观与企业的价值观趋同，让员工认同企业的身份定位和愿景。于是员工们养成主动学习的习惯，通过提高自身的能力来为企业服务，员工的行为在为企业目标服务，从而在结果这个层面上实现了企业目标，提升了企业效益。

资料来源　杨佩昌.德式管理：最伟大的CEO就是最伟大的教练［EB/OL］.［2019-02-28］. http://www.cnbm.net.cn/article/ar898254281.html.

问题：为什么说当今时代更需要教练式的CEO？该案例对你有什么启示？

□ 实训题

教授本课程的老师属于何种领导风格？是否有效？如果并不有效，你认为采取什么样的风格更为有效？就此问题与任课老师一起讨论，并写出一份书面建议。

主要参考文献

[1] 荣晓华，吕璞．管理学原理［M］．6版．大连：东北财经大学出版社，2019.

[2] 范逢春．管理心理学［M］．北京：中国人民大学出版社，2019.

[3] 刘永芳．管理心理学简明教程［M］．北京：清华大学出版社，2019.

[4] 贾海薇．管理心理学［M］．北京：科学出版社，2019.

[5] 肖祥银．管理心理学［M］．天津：天津科技大学出版社，2018.

[6] 俞文钊，苏永华．管理心理学［M］．6版．大连：东北财经大学出版社，2018.

[7] 原光．管理心理学［M］．北京：中国人民大学出版社，2018.

[8] 孙健敏．管理心理学［M］．北京：中国人民大学出版社，2017.

[9] 陈国海．管理心理学［M］．3版．北京：清华大学出版社，2017.

[10] 窦胜功，等．组织行为学教程［M］．4版．北京：清华大学出版社，2016.

[11] 赵国祥．管理心理学［M］．大连：东北财经大学出版社，2016.

[12] 邢以群．管理学［M］．3版．杭州：浙江大学出版社，2013.

[13] 苏东水．管理心理学［M］．5版．上海：复旦大学出版社，2013.

[14] 沈莹，张永智．管理心理学［M］．2版．北京：化学工业出版社，2012.

[15] 刘宏，高丽君．管理心理学［M］．北京：清华大学出版社，2011.

[16] 冉苒，苏宗荣．管理心理学［M］．北京：科学出版社，2010.

[17] 段锦云．管理心理学［M］．杭州：浙江大学出版社，2010.

[18] 刘玉梅．管理心理学理论与实践［M］．上海：复旦大学出版社，2009.

[19] 景怀斌．管理心理学［M］．北京：科学出版社，2009.

[20] 罗宾斯，贾奇．组织行为学［M］．李原，孙健敏，译．12版．北京：中国人民大学出版社，2008.

[21] 关培兰．组织行为学［M］．北京：中国人民大学出版社，2008.

[22] 刘永芳．管理心理学［M］．北京：清华大学出版社，2008.

[23] 许芳，等．组织行为学原理与实务［M］．北京：清华大学出版社，2007.

[24] 廉茵．管理心理学［M］．北京：对外经济贸易大学出版社，2007.

[25] 陈岳林，窦路明，李怀萍．管理心理学［M］．北京：清华大学出版社，2006.

[26] 荷尔瑞格，等．组织行为学［M］．胡英坤，等，译．大连：东北财经大学出版社，2006.

[27] 汪凤炎，郑红．中国文化心理学［M］．广州：暨南大学出版社，2004.

[28] 于立.MBA管理案例［M］．大连：东北财经大学出版社，2004.
[29] 张声雄，等．学习型组织金典故事［M］．上海：上海三联书店，2003.
[30] 王璞．组织结构设计咨询实务［M］．北京：中信出版社，2003.
[31] 格里格，等．心理学与生活［M］．王垒，等，译.北京：人民邮电出版社，2003.
[32] 辜鸿铭．中国人的精神［M］．2版.桂林：广西师范大学出版社，2002.
[33] 林语堂．生活的艺术［M］．北京：华艺出版社，2001.
[34] 洪晓楠．当代中国文化哲学研究［M］．大连：大连出版社，2001.
[35] 关培兰．组织行为学［M］．武汉：武汉大学出版社，2001.
[36] 弗莱蒙特．组织与管理［M］．傅严，等，译.北京：中国社会科学出版社，2000.
[37] 孙喜林，等．现代心理学教程［M］．2版.大连：东北财经大学出版社，2000.
[38] 严文华，等．跨文化企业管理心理学［M］．大连：东北财经大学出版社，2000.
[39] 安科拉，等．组织行为与过程［M］．孙非，译.大连：东北财经大学出版社，2000.
[40] 程麻．中国心理偏失：圆满崇拜［M］．北京：社会科学文献出版社，1999.
[41] 斯皮罗．文化与人性［M］．徐俊，等，译.北京：社会科学文献出版社，1999.
[42] 沙莲香，等．社会学家的沉思：中国社会文化心理［M］．北京：中国社会出版社，1998.
[43] 张春兴．现代心理学［M］．上海：上海人民出版社，1998.
[44] 卢盛忠．管理心理学［M］．杭州：浙江教育出版社，1998.
[45] 周健临．管理学［M］．上海：上海财经大学出版社，1997.
[46] 罗锐韧．哈佛管理全集［M］．北京：企业管理出版社，1997.
[47] 周晓虹．现代社会心理学［M］．上海：上海人民出版社，1996.
[48] 冬青．揭开行为的奥秘——行为科学概论［M］．北京：中国经济出版社，1987.
[49] 陈仲庚，等．人格心理学［M］．沈阳：辽宁人民出版社，1986.
[50] 弗洛伊德．精神分析引论［M］．高觉敷，译.北京：商务印书馆，1984.
[51] 弗里德曼，等．社会心理学［M］．高地，等，译.哈尔滨：黑龙江人民出版社，1984.